修身与修心兼顾，修君臣之义、修心底无私。
谋事与谋势并重，谋世道人心、谋天时地利。

读史衡世·名相篇

一生只为酬三顾 诸葛亮

林葳 ◎ 著

华中科技大学出版社
http://press.hust.edu.cn
中国·武汉

图书在版编目(CIP)数据

一生只为酬三顾:诸葛亮/林葳著.——武汉:华中科技大学出版社,2023.5

ISBN 978-7-5680-9257-9

Ⅰ.①一… Ⅱ.①林… Ⅲ.①诸葛亮(181—234)—传记 Ⅳ.①K827=362

中国国家版本馆 CIP 数据核字(2023)第 055693 号

一生只为酬三顾:诸葛亮　　　　　　　　　　　　　　　　林葳　著
Yisheng Zhiwei Chou Sangu: Zhuge Liang

策划编辑:亢博剑
责任编辑:田金麟
责任校对:林凤瑶
封面设计:VIOLET
版式设计:王江风

出版发行:华中科技大学出版社(中国·武汉)　　电话:(027)81321913
　　　　　武汉市东湖新技术开发区华工科技园　　邮编:430223

印　　刷:天津中印联印务有限公司
开　　本:880mm×1230mm　1/32
印　　张:10
字　　数:210千字
版　　次:2023年5月第1版第1次印刷
定　　价:49.80元

本书若有印装质量问题,请向出版社营销中心调换
全国免费服务热线:400-6679-118　竭诚为您服务
版权所有　侵权必究

前言

在中华民族五千年灿烂的发展历程中,三国是一个重要的历史阶段。人们常说,要学计谋就看三国。三国是一个风云变幻、英雄辈出的时代,而诸葛亮无疑是那个时代最具魅力、最有光彩的明星,可谓"两汉以来无双士,三代而后第一人",是杰出的政治家、军事家和发明家。

诸葛亮逝世以后的千余年间,历代胸怀壮志、关心国事的知识分子深情地缅怀和颂扬着他,广大民众一代又一代地传颂着他的功绩,各种通俗文艺作品也反复讲唱着他的故事,把诸葛亮塑造成"智神""军神",忠君爱民的一代贤相,集忠、勇、智、仁等美德于一身。诸葛亮的形象已经超越了他所生活的时代,成为我们中华民族智慧的化身,家喻户晓、妇孺皆知。

其中,四大名著之一的《三国演义》无疑起到了极大的"造神"作用。全本120回小说中诸葛亮共出现了66回,从第38回诸葛亮以"隆中决策"出山,到第104回"丞相归天"为终结,尚不包括诸葛亮出山前水镜先生对他的赞美、离世后"魏都督丧胆"的余威。这将近70回中,又有一半以上的章回是专门写诸葛亮事迹的。而每一事迹的描写都充分突出诸葛亮在刘蜀集团中的关键地位和作用；竭力渲染诸葛亮的智慧，特别是其出神入化的军事谋略。那些引人入胜的故事，如火烧博望坡、草船借箭、筑坛借东风、三气周瑜、空城计……虚虚实实、真真假假，精彩纷呈。鲁迅先生在《中国小说史略》中批评作者罗贯中"至于写人，亦颇有失，以致欲显刘备之长厚而似伪，状诸葛亮之多智而近妖"。

诸葛亮形象的嬗变正体现了中国古代知识分子的"庙堂情结"，《三国演义》虽以历史人物诸葛亮为原型，但比其历史原型更高大、更完美，成为古代优秀知识分子的崇高典范，寄托着作者圣君贤相的社会理想。作为艺术形象，《三国演义》在中国文化史上，为诸葛亮塑造了一座高大得让人难以超越的丰碑。

正因如此，人们便有了追本溯源、窥探真相的冲动。本书试图穿越千年历史风尘，尽可能还原历史真相，探索发生在诸葛亮身上的动人故事。诸葛亮一出山便是大手笔，以隆中献策奠定三分天下的格局，可谓高屋建瓴；初出茅庐的诸葛亮，临危受命，出使东吴智激周瑜，促成吴蜀联盟；赤壁之战与东吴协同作战，火烧赤壁、大破曹军；随后，助刘备征服荆州江南四郡，借荆州为根据地，全力扩张势力，为三国鼎立奠定基础。出谋西取蜀地，尤其是刘备白帝城托孤后，定南蛮，数擒孟获；抗北魏，几出祁山。八年驻守在汉中，尽心竭力，夙夜在公，整顿配备好朝中官吏，提倡"仁政""法治"并用，休士劝农、军屯耕战、开拓农田、兴修水利、鼓励生产，使当时地广人稀、民生凋敝的汉中经济得到很大发展，广大百姓"安其居，乐其业"……纵观诸葛亮的一生，他运筹帷幄的风采、宁静淡泊的气度、谦虚务实的作风、鞠躬尽瘁的精神、百折不挠的意志，无不体现了中华民族的优秀品格。诸葛亮身上的闪光点足以照亮一个时代，他的精神足以激励一代又一代人砥砺前行，他的智慧足以开启无数心智之门。人们不难发现，走下神坛的诸葛亮更接地气、更聚人气。

　　本书以文献史料记载为框架，没有史料记载的辅以合理推断，绝不做毫无依据的虚构，拒绝戏说，不先入为主，不穿凿附会，对于众说纷纭的某些问题，尽量沉潜玩索，含英咀华，力求全景式回顾诸葛亮波澜壮阔的一生。同时，深度剖析蕴含其中的哲学思想，让读者从中真正了解诸葛亮的理想、智慧、谋略、品格、精神。

目录

第一章 乱世飘零

第一节 郡丞家的小顽童 ... 001

第二节 风雨飘摇的刘氏王朝 ... 008

第三节 战乱中颠沛流离 ... 010

第二章 隆中磨砺

第一节 司马徽的启德教育 ... 020

第二节 能者为师 ... 029

第三节 娶妻娶贤不娶色 ... 041

第四节 隐居以待明主 ... 049

第三章 献策出山

第一节 隆中对策

第二节 逃离荆州 057

第三节 游说孙权结盟 065

第四节 火烧赤壁 076

第四章 军政大计

第一节 夺取荆南四郡 084

第二节 孙刘联姻 091

第三节 再图荆州 099 103

第五章 两州并举

第一节 借来的南郡 … 111

第二节 引狼入室的刘璋 … 117

第三节 诸葛亮入蜀 … 122

第六章 蜀汉初立

第一节 培基固本 … 132

第二节 重分荆州 … 141

第三节 夺取汉中 … 146

第四节 加强吴蜀联盟	201
第三节 邓芝不辱使命	193
第二节 制定联吴战略	185
第一节 平息内乱与权力制衡	178

第八章 再定国策

第三节 一场不该发生的战争	167
第二节 辅佐刘备称帝	158
第一节 守不住的荆州	154

第七章 临危受命

第十章 平定南蛮

第一节 巧施反间计 … 230
第二节 收服孟获 … 238
第三节 开发南中 … 245

第九章 治国施政

第一节 治国必有法 … 207
第二节 盘活蜀汉经济 … 211
第三节 不拘一格举人才 … 216
第四节 以「礼」「法」治军 … 225

第十一章 北伐中原

第一节 上表北伐 253

第二节 挥泪斩马谡 257

第三节 策应东吴发兵 262

第四节 再图陇右 271

第十二章 鞠躬尽瘁

第一节 屯粮练兵以备战 277

第二节 葫芦谷的雨 283

第三节 风起五丈原 289

第四节 将星殒灭 295

附录 诸葛亮年表 303

第一章 乱世飘零

第一节 郡丞家的小顽童

从琅邪郡的阳都城（故城遗址在山东省临沂市沂南县砖埠镇孙家黄疃村、里宏村、大小汪家庄一带）出西门，过了护城河桥，再左拐沿一条满目葱茏的小径走百来米，便来到了一栋两进的宅院，这就是琅邪望族诸葛氏中诸葛珪的私宅。

诸葛珪原本住在城里，因为崇尚邹衍的"阴阳说"，他在官场遭遇挫折后，经一个认识的阴阳术士指点迷津，从城里迁到了这块风水宝地。

这儿的风水确实不错。在诸葛宅邸附近，有一条小溪直通汶河，虽然不算大气，但也符合"水融注则内气聚"的风水之说。宅邸四周草木繁茂，生气十足。庄稼、树木、花草更是把田野遮盖得严严实实，空气清新，使人的呼吸也变得更加轻松，早晚都能闻见阵阵青草香，天空与大地间的距离仿佛都被拉远了。

这天傍晚，诸葛珪刚从官衙回到家里，他的夫人章氏就临盆待产。这是章氏第四次生产，且家里已做好各种准备，所以诸葛珪并不紧张和担心。可是，这次生产似乎不怎么顺利，从傍晚折腾到子夜，孩子一直倔强地不肯出来；到了丑时，肚子里的孩子反倒安静下来了。

诸葛珪躺在床上，隐隐感到有些不安，直到寅时才迷迷糊糊地入睡。睡了还不到一个时辰，他就醒了，再也无法入眠，于是起床走到院子里。此时东方熹微，不一会儿，云层中透出一抹绝美的霞光，淡月很快被这片红霞掩蔽，看不见了。

这一天是东汉光和四年（181年），随着一声响亮的啼哭声，一个男婴降生了。诸葛珪已经为这个儿子取好了名：亮。

诸葛亮有个哥哥叫诸葛瑾，比他年长八岁；还有两个姐姐，出生年月和名字皆未见史载。诸葛亮还有一个弟弟，叫诸葛均。后来，诸葛珪任泰山（今山东省泰安市）郡丞，他带着妻儿依依不舍地离开老家福地，前往三百多里外的泰山郡上任。

泰山郡因境内的泰山而得名，在西汉元狩元年（前122年）置郡，隶属兖州，郡治为奉高县（今山东省泰安市范镇故县村），枕汶水而面泰山。黄河经过绵延的向南垂落的地势，在华山脚下忽而折转向东，横亘过坦荡的华北平原，奔涌向渤海。山川秀美，沃野千里，灵气十足。泰山地区也是华夏文明的东部发祥地，东夷海岱文明的源头区，儒家文化的承载区，深受楚文化和鲁文化的熏陶，人们温饱有余而知书达礼，文人墨客无不争相而至。

诸葛珪被调任到泰山郡这样一个人杰地灵的地方，可谓得偿所愿、心满意足了。郡丞，品秩六百石，是品秩二千石的郡太守的下属。其时，一个郡的规模介于现在的省与地市之间，大郡相当于一个省，小郡相当于现在的一个市或若干个县，因此，诸葛珪算得上是一郡重吏。

诸葛亮身处这样的官吏之家，上有父母疼爱，下有兄弟姐妹相伴，按说应当幸福满满，然而，其母章氏在诸葛亮童年时就不幸病逝。这个失去了女主人的家，顿时平添了几分凄凉。诸葛亮幼年丧母，内心有无法言说的痛苦，使他的性格从此变得有些怪异。

为了照顾好几个年幼的孩子，诸葛珪纳顾氏为继室，然后把长子诸葛瑾送往洛阳，入太学；诸葛亮也被送入乡塾启蒙。

关于诸葛亮童年的学习经历，有一些趣闻流传了下来。虽然史料语焉不详，但又颇有眉目，权且当轶事一观。据说从入学的第一天起，诸葛亮就对闭门读书毫无兴趣，每次先生讲课，他都忍不住打瞌睡。课后，他不想着补一下上课的内容，反而看起了与学业无关的闲书。先生提问时，他总是答非所问；问他为何不读圣贤书，他就说读圣贤书太无趣。第一个来塾馆的先生授课不到两个月，就被他气走了，临走时还发誓说："就算要讨饭，也不再进诸葛家的大门！"

诸葛亮最讨厌先生把他们关在屋子里死记硬背书本上的知识，多次请求先生带他们到户外做游戏，先生自然不答应。

一天午后，诸葛亮又提出同样的要求，先生生气地把他训斥了一顿，然后午睡去了。诸葛亮觉得很委屈，突然想到了一个恶作剧，他悄悄把先生的麻鞋拿走，一把火烧了个干净。先生一觉醒来，惊诧道："斯文扫地！如此顽劣，怎么可能成才呢？"他工钱都不愿领了，愤然离去。

不久，乡塾请来了第三位先生，受课不到半个月，又跟诸葛亮起了争执。先生说："你年纪虽小，却能说出一堆歪理，是哪位先生教的？"

诸葛亮说："我听说鱼出生三天，就能在江海中游；兔子出生三天，就能在地上来回跑；小马出生三天，就能追随自己的母亲；人出生三个月，就能认识父母，这些都是天生自然所成，哪里需要什么人来教？"

先生听了气得说不出话来，愤然道："我教不了这样的大才！"言罢也愤然离去。

诸葛珪家教甚严，训斥儿子从来不留情面。他跟儿子讲道理，儿子有时却把他反驳得哑口无言，气得他不得不动粗。

其实，诸葛亮并不是不爱学习，他对自己喜爱的知识，不仅学得很认真，而且总是刨根问底。他自幼喜爱象棋、七弦琴，并且在这些方面颇有天赋。

诸葛亮七岁那年，模仿楚汉争战，组织了一帮男孩玩兵家交战的游戏。想当年，楚、汉在荥阳、成皋对峙一年多的时间，表面上陷入胶着，实际上侧翼打得十分激烈。楚、汉两国的主力，就是兵、卒；汉之张耳、韩信，楚之司马欣、田横等，就是车、马、炮。

诸葛亮将孩子们分为两方,各选定一帅,然后仿照象棋的楚河汉界布阵。一条土路就是楚河汉界,把对垒的双方隔在两边,然后在自己一边的田地里布兵,向对方发起进攻,捉到对方的帅即为胜。

孩子们都爱玩这个游戏,有时趴在地里埋伏,搞得满身都是泥土,有时把地里的庄稼都给踩坏了。大多数时候,诸葛亮哪一方都不加入,而是充当指挥和裁判。

因为经常有驴车从土路上经过,影响游戏的顺利进行,诸葛亮便模仿春秋时的项橐,在土路上用沙土、石块筑"城",让往来驴车避"城"绕道。然而,这里虽然离孔子的故乡不远,但一些坐驴车的人可没有孔子那么好的涵养,大多无视诸葛亮筑好的"城",直接碾压过去。

诸葛亮十分生气,立马实施恶作剧。他和小伙伴们在土路中间挖了一条沟,用草覆盖,又在上面撒一些泥土掩饰好。然后,他们在离沟不远处筑"城",看有没有人从"城"上直接碾过去。

这天,一帮孩子又开始玩打仗的游戏。和往常一样,诸葛亮筑"城"后,喊了声"开始"就守在"城"边,一边当裁判,一边阻止驴车经过。就在游戏进行到最紧张的时候,一辆装饰华美的驴车疾驶而来,诸葛亮赶紧迎上前去大声说道:"前面正在进行一场战役,请绕'城'而行!"

驾驶驴车的人觉得这孩子莫名其妙,哪里肯听劝告,继续驾车前行。驴车刚从"城"上碾过,就听见"轰隆"一声,驴车陷进了沟里,坐在车上的人差点栽下来。

诸葛亮哈哈笑着,走过去看笑话。这时车里走出来一个人,诸葛亮定睛一看,脸色顿时变了,吞吞吐吐地叫道:"叔……叔父。"原来,这人正是诸葛亮的二叔诸葛玄。

"你这小子,真是野得没边了!"诸葛玄生气地骂道。

诸葛亮一脸羞愧,担心叔父会向父亲告状,只能不停地道歉认错,并恳求叔父千万不要将此事告诉父亲。

诸葛玄一脸严肃地说:"你不是崇拜神童项橐吗,还有你解决不了的难事?还有你真正害怕的人?"

诸葛玄见诸葛亮一脸紧张的模样,不禁笑了,又说:"此事可作为'军事秘密',绝不外传,但你现在必须马上把这条沟填平,然后回家!"

诸葛珪一向治家严谨,儿子每次从外面回来,他都要仔细审视一番。这次虽然诸葛亮和二叔都缄口不言,但还是被他看出了端倪,于是严词责问。诸葛亮不敢强辩,只得承认说自己模仿项橐做了个筑城游戏。

诸葛珪不信,骂道:"你要是有项橐那般本事,别说是筑城,就是烧了一城我也不责怪你,可你除了搞恶作剧、不尊重师长、耍小聪明,还会干什么?"他一边责骂,一边操起皮鞭,狠狠抽打起诸葛亮来。

诸葛玄忙上前劝阻,说:"兄长,对孩子的教育,循循善诱即可,谁不是从年幼懵懂犯错过来的。亮儿年幼,玩游戏就是这个年龄的孩子的天性，也是一种学习方式，不必太苛责了。"

诸葛珪看向弟弟，严肃地说："你自己也是整天东游西荡、不务正业，尽交一些酒肉朋友。这顽童说不定就是跟你学的，你竟然还这样袒护他！"

诸葛玄一脸尴尬，见劝说不了兄长，便岔开话题说："我这次去都城洛阳，到太学去看了瑾儿，听说他在学业上很用功，品行也很不错。"

诸葛珪听弟弟谈起长子诸葛瑾，脸上露出欣慰的表情。他一向很器重诸葛瑾，并对其寄予厚望，自然想多知道一些关于大儿子的情况，于是放下鞭子，不再抽打诸葛亮了。诸葛玄乘机对跪着的诸葛亮说："要好好向你兄长学习，还不赶快去读书。"

继母顾氏见诸葛亮不敢动，走过来拉起他，一边走一边故意训斥道："把鞋找来穿上，衣冠不整，成何体统！"诸葛亮这才明白过来，立马起身跑进里屋去了。

七八九，嫌死狗。这是说这个年龄段的小孩子最淘气，诸葛亮也想努力改变自己在父亲心目中的形象，并开始尝试做些父亲希望自己做的事情。不料第二年父亲便患了一场重病，不久就撒手人寰。诸葛珪去世后，诸葛玄带着一家人护送诸葛珪的灵柩，搬回了阳都老家。

父亲英年早逝，使诸葛亮受到了沉重的打击，他悲痛莫名，又后悔莫及。同时，父亲的离世也使兴盛一时的诸葛家从此一蹶不振，十五岁的诸葛瑾不得不从洛阳辞学回家，承担起抚养弟弟妹妹的重任。此后，诸葛亮的性格、品行都有了很大的转变，也因此改变了他的人生轨迹。

第二节　风雨飘摇的刘氏王朝

　　诸葛亮的孩童时期，正是汉灵帝刘宏执政的最后几年。此时的东汉政权摇摇欲坠，而汉灵帝又是一个出了名的昏庸皇帝，他轻信宦臣，施行党锢，并设置西园，巧立名目搜刮民脂民膏，甚至卖官鬻爵用于自己享乐。他在位后期，许多地方又有蝗灾、瘟疫等天灾发生，老百姓生活在水深火热之中，愤怨四起。

　　中平元年（184年），太平道创始人张角以"苍天已死，黄天当立，岁在甲子，天下大吉"为口号，发起了史上有名的"黄巾起义"。他们烧毁官府、杀害吏士、四处劫掠，一个月内便将战火烧遍大半国土。

　　黄巾起义仅历时9个月的时间，主力便被打垮了，不过余部仍在各地活动。为了彻底平息起义，汉灵帝采纳宗室刘焉的建议，改刺史为州牧，真正掌管一州的军政大权，并直接对皇帝负责，成为地方的最高军政长官。

　　其时，全国共有十三州，州下设郡（或国），郡（或国）下面是县。州牧兼有行政、司法、立法、军事和外交等多种权力，可以招募军队、任免官吏，并且税务归自己管辖，可以说是一个独立的王国，只是名义上听命于东汉朝廷罢了。

　　汉灵帝在位22年，不仅没有为发展国家经济出谋划策，没有履行对国家和百姓最基本的义务，还使天下百姓处于水深火热之中，带坏了朝廷和地方官员，尤其是州一级的主官，他们在地方为所欲为，野心越来越大，多个州借平定黄巾军的机会，发展地方武装，渐渐成为独霸一方的割据势力。

这样一来，汉灵帝不仅在宫中大权旁落，而且失去了对地方官员的管控大权。他索性破罐子破摔，不思上进，不理朝政，贪恋美色，沉迷享乐。

中平六年（189年），汉灵帝驾崩，年仅三十三岁。其长子刘辩继位，是为汉少帝。由于刘辩年幼，实权掌握在临朝称制的母亲何太后和母舅大将军何进手中。

皇室式微，自少帝刘辩即位之日起，外戚与宦官集团的斗争就开始了，两大政治集团水火不容，剑拔弩张。

此时，一直混迹于并州地区的董卓已风生水起，被朝廷授为并州刺史、河东太守，拜中郎将。他坐观局势，驻兵河东，以应时变。

如果这个时候外戚何进自己不"作死"，那么董卓可能不会有可乘之机。然而历史不容假设，不该发生的事情还是发生了。何进接受司隶校尉袁绍的建议，大张旗鼓地征召地方军队，以诛杀手握实权的宦官。

由于董卓收服了韩遂、马腾，坐拥西凉兵约二十万，势力最大，何进便给他写了封密信，请他出兵。董卓喜出望外，马上给朝廷回奏，不料奏章落入张让、段珪手里，他们抢先一步，假借太后懿旨把何进骗进宫来杀了。

大将军何进被杀的消息传出后，朝野震动，袁绍更是惊骇无比。他作为密谋者并肩负京师高级官员监察要职，理应承担后果，尽力平定乱局。但袁绍一向优柔寡断，又感到自己实力不足，因此，他联络自己同父异母的兄弟，时任河南尹、虎贲中郎将的袁术，带兵进入都城，对宦官进行了一次报复性的大屠杀，一口气砍了两千多人的脑袋。

宦官张让、段珪等无力还击，便劫持少帝刘辩及其异母弟、陈留王刘协向宫外逃去。尚书卢植率军追赶，杀死张让、段珪，把少帝和刘协迎回宫中。

董卓见京师一片混乱，而自己手中又握有"诏书"，于是就打着"勤王"的幌子，率领三千悍兵强行进入京师，由此拉开了各地军阀大混战的序幕。

此时的诸葛亮年方九岁，年少失怙，一家人都依赖叔父诸葛玄照顾。家里虽然也有些家底，但并不能支撑一大家人生活太长时间。为了解决一家的生计，十七岁的诸葛瑾决定到江东谋求出路，史书所言为"避难"。诸葛玄也在四处奔走，希望能尽快进入仕途，谋个一官半职，有个好的前程，同时以官俸来抚养后辈。

第三节　战乱中颠沛流离

光熹元年（189年）夏，逃出京师的少帝刘辩，与前来勤王的董卓几乎同时入京。董卓得知京城发生暴乱的前因后果，立刻产生了取代宦官、外戚集团执掌朝廷大权的念头。他认为，只要控制住小皇帝，凭着他拥有的强大军事实力，没有人敢不屈从。

因为少帝刘辩是何太后、何进等一帮外戚及袁绍等实权人物拥立的，所以，董卓首先拿袁绍开刀，袁绍自知实力远不及董卓，只得忍气吞声，回冀州去了。之后，董卓在京城为所欲为，逼迫少帝罢免司空刘弘，然后自任司空。

后来董卓更是冒天下之大不韪废少帝刘辩为弘农王，拥立陈留王刘协登基，是为汉献帝。自此，董卓开始操控皇权，自封为丞相，后又加封自己为太师，独掌朝政。他的军队在洛阳劫掠财物、奸淫妇女，无恶不作。他自己的名声也不好，为了笼络人心，巩固自己在朝廷中的地位，他假借汉献帝的名义加封袁术为后将军。袁术不肯依附，担心董卓加害自己，就从洛阳逃奔到南阳。

袁术逃往南阳的时候，恰逢长沙太守孙坚杀掉南阳太守张咨后前来投奔，袁术顺势占据南阳各县，大力扩充军队，但他生活奢侈，荒淫无度，横征暴敛，老百姓苦不堪言。

这个时候，诸葛亮的叔父诸葛玄在兖州奔走求职而不得，转而来到徐州，但也没有求得满意的职位。他作为官宦子弟，结交的朋友不乏有权有势之人，袁术便是其中之一。因此，诸葛玄决定到洛阳去投奔袁术，不料袁术已经去了南阳，诸葛玄只得又辗转来到南阳。

袁术得知诸葛玄的来意后，表面上挺高兴，因为有人前来投奔，说明自己有权势，被人看重和拥戴。但是，诸葛玄和孙坚不一样，既没有当官处理政务的经验，也不会带兵打仗，所以袁术一时无法把诸葛玄留在身边。诸葛亮或许因此在南阳留下过足迹（无可稽考）。

初平元年（190年）春，袁绍在勃海郡兴兵讨伐董卓。各地州郡的刺史、州牧、太守等纷纷起兵响应，十几路人马共伐董卓。袁术也加入反董卓阵营中。由于起兵的州郡都在关东（潼关以东），所以史称"关东联军"。董卓担心他们借迎废帝弘农王刘辩复位为名出兵，干脆派人毒杀了刘辩。

刘辩死后，关东联军共推渤海太守袁绍为盟主，从北、东、西三面包围洛阳。董卓初战告败，挟持汉献帝由洛阳迁都长安。伐董的关东联军随之解体。在长安，王允担任新朝司徒，主持朝中的具体政务。他表面上依附董卓，暗中则心向汉室，身边聚集了一批朝中官员，组成了一个反董团队。

初平二年（191年），关东诸侯为了争夺政治上的领导权，以袁绍、韩馥为首，倡议立幽州牧刘虞（皇室后裔）为帝。袁绍派人到南阳寻求袁术的支持，袁术却打算自己当皇帝，这也使他和袁绍之间产生了嫌隙。

袁绍乘孙坚伐董出函谷关之际，以会稽的周昕为豫州刺史，想夺取孙坚的地盘，但被袁术出兵击退。袁氏兄弟终于兵戎相见。此后，袁术与公孙瓒、陶谦结盟，而袁绍则向南与刘表结盟，袁氏兄弟分别站在了敌对阵营中。

这两大阵营的地盘相邻交错，一言不合就动刀动枪。相对而言，袁术和公孙瓒、陶谦的阵营要强大一些，所以袁绍又与北面的曹操结盟。

曹操出生于宦官世家,曾在京城为官(洛阳北部尉),因得罪权贵,被调任顿丘(今河南省濮阳市清丰县)令,之后又受人牵连而被免去官职。黄巾起义爆发后,曹操被拜为骑都尉,受命与皇甫嵩等人合军进攻颍川的黄巾军,因功升为济南相。后拜郡太守、议郎,因不肯迎合权贵,他托病回归故乡。董卓乱政后,曹操重出江湖,在荥阳汴水(即汴河)与董卓大将徐荣交锋,因敌我力量悬殊,曹操大败。初平二年(191年),曹操在东郡大败农民起义的黑山军于毒、白绕、眭固、於扶罗等部,袁绍特上表推荐曹操为东郡太守,但曹操未去上任,称病返乡了。

袁绍与曹操结盟后,又联络南面的刘表,一起对袁术进行夹击。袁术也不甘示弱,立刻召回孙坚攻打刘表,想乘势向东南方向抢占地盘。不幸的是,孙坚在襄阳战死。袁术失去了一个得力帮手,之后数次与曹操交战均告失利,几经周折来到九江郡,杀死扬州刺史陈温,自领扬州牧,兼称徐州伯。

汉献帝刘协为了摆脱董卓的控制,想凭借关东联军的力量还都洛阳,于是派刘虞的儿子、侍中刘和潜出潼关求援。但各地军阀正忙于扩充自己的军事实力和势力范围,无暇征讨董卓。因此,以司徒王允、司隶校尉黄琬、仆射士孙瑞、中郎将吕布为骨干的反董团队,开始密谋刺杀董卓。

初平三年(192年)初夏,吕布刺死了董卓。王允录尚书事,吕布晋升为奋威将军,二人共同主持朝政。不久,董卓部将李傕、郭汜等人击败吕布,攻占长安,杀死王允,重新控制了东汉政权。

兴平元年（194年），因为父亲曹嵩被徐州牧陶谦派兵杀害，已出任兖州牧的曹操以为父报仇为名，再度攻打徐州。陶谦抵挡不住，连忙向青州刺史田楷求救。当时刘备正在公孙瓒旗下效力，和田楷屯兵一处，于是一起前去救援徐州。

刘备是出身寒门的皇室后裔，父亲早亡，少年时和母亲以织席贩履为业，生活非常艰苦。刘备十五岁时，与同宗刘德然、辽西人公孙瓒一起拜九江太守、同郡人卢植为师学习。黄巾起义爆发后，刘备加入行伍，为朝廷平乱，立下战功，并当上了安喜县县尉。他本想就此安度一生，但朝廷下令，凡因军功被表为官吏的人都要被辞退。刘备一气之下暴打郡督邮，开始了逃亡生活。董卓为乱时，大将军何进派人到丹杨募兵，刘备应召入伍，在下邳（今江苏省徐州市睢宁县）与盗贼力战立功，被任命为下密县丞，不久又辞官。后来他又任高唐尉、高唐令等职，高唐县被盗贼攻破后，他投奔公孙瓒，任别部司马。

刘备拥有兵士千余人及一些幽州乌丸杂胡骑，另有数千名饥民。到徐州后，陶谦给刘备增加了丹杨兵四千人，于是，刘备又归属陶谦。因为张邈、陈宫叛迎吕布，反过来攻打曹操，导致曹操根据地失陷，他只得回兵兖州。徐州之战后，陶谦上表推荐刘备为豫州刺史，让他驻军小沛（今江苏省徐州市沛县）。

袁术自诩为徐州伯，眼见这么多人都在争抢徐州，自然不会坐视不理，于是又出兵攻打徐州。他本来和公孙瓒、陶谦属于同一阵营，但经过这么一搅和，这个阵营也就瓦解了，陶谦和刘备不仅要北拒曹操，还要阻击南来的袁术。双方相持一段时间后，袁术所部退保雍丘（今河南省开封市杞县），他本人回到寿春（今安徽省淮南市寿县），但守将陈瑀不让他入城，袁术只得退往阴陵（今安徽省滁州市定远县），集合军队将陈瑀赶到了下邳。

兴平二年（195年），诸葛玄似乎时来运转，袁术上表推荐他到豫章郡（治南昌，今江西省南昌市）去担任太守。诸葛玄对太守一职是相当满意的，不过袁术的任命并没有得到朝廷的认可，而且豫章也不是袁术的大本营。不过，诸葛玄还是兴冲冲地带着诸葛亮姐弟几人到豫章赴任去了。诸葛瑾则留在阳都，打算变卖家里的田产、房产后，再带上继母去与他们会合。

然而，政局如此动荡，谁也没有把握说自己什么时候是官，什么时候是寇。

诸葛玄带着诸葛亮等人好不容易来到豫章郡，走马上任没几天，朝廷又任命了一个名叫朱皓的人来担任太守，两个太守之间发生了激烈的冲突。

朱皓请求扬州刺史刘繇出兵，共同攻打诸葛玄。诸葛玄一介书生，不善领兵打仗，很快战败，退守西城。此时袁术正和曹操交战，自顾不暇。诸葛玄苦撑一个多月后，因为没有后援，被迫弃官而逃。诸葛亮不得不再次踏上流浪之路。

逃出豫章后，诸葛玄茫然不知何所往。他觉得很多人愿意投靠袁术，都是冲着袁术的许诺去的。袁术四处给人封官许愿，虽然一时部众甚多，但真正能为他卖命且有本领的人不多。同时，袁术身为朝廷命官，心怀异志，企图乘乱世另立门户，一开始就使自己成了众矢之的。在群雄并起之时，且不说普通人能不能成就大业，就连容身之地恐怕也很难找到。如果诸葛玄继续跟随袁术，定然不会有安身立命之处。

诸葛瑾变卖家里的财产后，得知叔父这边出了变故，只得带着继母前往相对安定的江东地区。经孙权的姐夫弘咨推荐，诸葛瑾与鲁肃一起做了孙权的宾客。

诸葛玄眼看兖州、徐州成了军阀争战的中心，一时不知何去何从。老家是无法回去了。他思来想去，决定带着几个孩子去荆州投靠山东老乡——荆州牧刘表。他认为，刘表是皇室宗亲，又是一方诸侯，既是正统，势力又强盛，坐拥荆襄九郡，肯定比跟着袁术四处征伐要有前途。而且刘表早年已名列"八俊"之一，声望极高，他不赞成卷入不必要的战争，所以一向闭关自守，既不参加董卓和反董卓联盟的战争，对袁绍、袁术之间的明争暗斗也尽量保持中立，所以荆州境内还算稳定。况且荆襄之地，文风鼎盛，对几个孩子来说，不仅是个不错的"避风港"，也是接受教育的佳地。于是，诸葛亮姐弟随诸葛玄一路奔波，来到荆州治所襄阳（今湖北省襄阳市）。这一年，诸葛亮十四岁。

不过，刘表算不上是一个才智出众的人物，他和袁术不同，毫无抢占地盘、扩大自己势力范围的野心，他认为自己是皇室后裔，自然要守皇室的规矩。汉献帝虽然只是个傀儡，但毕竟是被人供着的，那些权势熏天的大军阀，除了袁术的叛逆之心昭然若揭，其他人都不敢公然反叛朝廷。

刘表遇事总是瞻前顾后，畏首畏尾，优柔寡断，面对复杂的形势只想静观其变。所以，他得到荆州后，始终无从决断，更没有任何进取行动。在用人方面，他也比较谨慎、保守，像水镜先生司马徽、鸿儒徐元直等都是人才中的佼佼者，却没有被他招纳。《后汉书·刘表传》对他的评价是"刘表道不相越，而欲卧收天运，拟踪三分，其犹木禺之于人也。"木禺即木偶，木偶坐卧不动而想成王霸之业，岂不是天大的笑话？

诸葛玄投到刘表门下后，并没有受到重用，只是其众多幕僚之一，过着寄人篱下的生活。不过，诸葛玄是一个交际能力超强的人，短时间内就结识了一些当地的文人名士。他这样做，一方面是为了拓展自己的官场人脉，另一方面，他的两个侄女都待字闺中，该找个好人家了。当时，荆州被以庞、习、黄、蒯、蔡为首的家族把持，庞家以庞德公为首，蒯家是蒯良、蒯越，黄家是黄承彦，习家是习祯、习询、习竺等人，蔡家则是蔡讽。蒯良、蒯越兄弟是刘表集团的核心人物，而刘表依赖联姻，娶了蔡讽最小的女儿，蔡讽的大女儿则嫁给了黄承彦。诸葛玄经过一番活动，把大侄女（诸葛亮的大姐）嫁给了蒯祺，二侄女嫁给了庞德公的儿子庞山民。这虽然有点政治联姻的味道，但也算了了他作为长辈的一桩心愿。

诸葛玄深知，一个人要想成就一番事业，除了借助人脉，还必须努力学习。因此，他对诸葛亮兄弟非常严格，寻访名师，实施精英教育。诸葛亮每天鸡鸣就得起床念书，必须经过叔父检查学习成果后才可以吃午饭，下午则学习兵书。这些学习经历给诸葛亮往后的传奇人生奠定了扎实的基础。

此时诸葛亮已年满十五，在几年的流浪旅程中，他看到的尽是战争带来的兵荒马乱：土地荒废；老百姓妻离子散；平民被迫拿起刀剑铤而走险，干起盗匪的勾当。这些悲惨的见闻，对诸葛亮的人生观有着深刻的影响。他强烈认识到，文韬武略对一个立志奋发图强的男儿有多么重要，他决心刻苦学习，把过去几年耽误的读书时间补回来。

诸葛亮读书的地方叫做学业堂，在襄阳城南岘山下。学业堂是刘表创建的，刘表本人是儒生出身，十分重视教育。学业堂建成后，他聘请了很多名士如司马徽、宋忠等人来当教师。诸葛亮很珍惜这个难得的机会，每天起早睡晚，学习非常刻苦。此时襄阳的儒学风气已相当浓厚，诸葛亮的业师就是荆州名士司马徽。

然而，当诸葛亮刚刚觉醒，开始规划自己的人生时，一场不幸又突然降临到他的头上。

建安二年（197年），诸葛玄一夕染病，骤然离世！叔父的死，深深刺痛了少年诸葛亮的心。他将叔父葬在岘山下，一个深夜，他呼叫着、痛哭着，发疯地奔向小山岗，任凭电闪雷鸣、狂风暴雨，仰天长啸！

身后的大树倒下了，人世艰难，何处才有他的栖身之地？还好刘表顾念旧情，出面安抚了诸葛亮一家，并表示愿意把诸葛亮留在身边做事。但诸葛亮有点瞧不起目光短浅、碌碌无为、毫无抱负的刘表。

从这时起，少年诸葛亮更加坚定了自己的信念：不再寄人篱下、仰人鼻息，而要凭借自己的本事，过自食其力的全新生活；

要用自己的才智，解救自己和民众于苦难之中；用要自己的能量，去照亮黑暗的世界，光耀诸葛家族。

诸葛亮也拒绝了两位姐姐要他去江东的建议，决定带着弟弟独立生活。他变卖了叔父诸葛玄留下的些微财产，直接去见刘表，表明自己想自力更生的意愿。

刘表起初打算留下诸葛兄弟，只是出于对这两个孩子的同情，既然诸葛亮主动提出要离开，他自然求之不得，但面子上的功夫还是要做的。他帮助诸葛亮在襄阳城西二十余里处找了一块坡地，搭建了几间茅舍，使兄弟俩得以安顿下来。

这个地方属伏龙山脉，忽有一山"隆然中起"，北枕汉水，林泉幽邃，蔚然深秀，这便是古隆中。至此，诸葛亮结束了流浪生涯，在隆中找到了第二故乡，自行耕种，过着半耕半读的隐居生活。

第二章 隆中磨砺

第一节 司马徽的启德教育

诸葛亮隐居隆中的前两年，在由刘表于襄阳创立的学堂"学业堂"里读书，他的业师是鼎鼎大名的鸿儒司马徽，人称"水镜先生"。"水镜"喻指明鉴之人。

司马徽是颍川阳翟（今河南省禹州市）人，博学多识，精通道家、奇门、兵法、经学。他在客居襄阳期间，以讲学为业，与汉末名士宋忠齐名。南阳人刘廙、襄阳人向朗都是司马徽的学生，刘廙后来成了曹魏重臣，而向朗曾跟随诸葛亮北伐，并代理丞相册封后主刘禅的皇后及太子刘璿；益州涪人尹默、李仁因为益州只流行今文经学，特意来到襄阳，向司马徽、宋忠学习古文经学。

此时的襄阳成了战争的缓冲带，从各地前来避难的人络绎不绝，所以司马徽的学生还有很多来自各地的有志之士，比如：博古通今、为人忠厚的博陵人崔州平，文韬武略兼备、性情豪爽的颍川人徐元直，学识渊博、胆大心细的颍川人石广元，谨言慎行、幽默风趣的汝南人孟公威。

在司马徽门下，诸葛亮读了许多书，甚至不顾刘表独尊儒术的三令五申，在夜深人静之时，如饥似渴地攻读诸子百家的著作，对儒、道、法、兵、农、阴阳等诸家经典著作都有涉猎。他读过的儒家著作有《诗》《书》《礼记》《春秋》等，兵书有《孙子兵法》等，法家著作有《申子》《韩非子》《管子》等。

有一次，司马徽想知道学业堂里到底有没有"杂家"，于是让学生们谈谈对诸子百家的看法，结果所有人都赞成对诸家之说兼收并蓄。

诸葛亮是"插班生"，所以最后一个发言，他侃侃而谈："诸君博闻广识，又尤重儒学，肯定读过《孟子》，文中讲，有个研究神农学说的人叫许行，他从楚国来到滕国，走到门前禀告滕文公：'远方的人听说您实行仁政，愿意接受一处住所做您的百姓。'滕文公便给了他住所。许行有门徒几十人，都穿着粗麻布的衣服，靠打草鞋、织席子为生。陈良听说许行的学说后，完全放弃自己所学的东西而向许行学习。陈良还去见孟子，说贤君应和百姓一起耕作而取得食物，一边做饭，一边治理天下。"

诸葛亮顿了顿，从儒学典籍提到的论点入手，继续说道："孟子听了陈良的话，问他：'许子一定要自己种庄稼，然后才有饭吃吗？许子一定要自己织布，然后才有衣服穿吗？'陈良回答说：'他可以和各种工匠进行交换。'孟子因而说：'那么，治理天下难道就可以又种地又兼着干吗？有做官的人干的事，有当百姓的人干的事。况且一个人的生活，如果各种工匠制造的东西都要具备，一定要自己制造然后才用，这是带着天下的人奔走在道路上不得安宁！'"

诸葛亮最后作出小结："所以，天下不可能有人能掌握所有技能，必然是通过交换来满足自身衣食住行的需求；天下也不可能有一种学说全具诸学之流，必然是以诸学总括，才能囊括万般有用之学，为政、为军、为民。"

另外，对于古人所说"守文之代，德高者位尊；仓卒之时，功多者赏厚"的用人之道，诸葛亮评价说："老子擅长修身养性，却不擅长应对危难局面；商鞅擅长以法理治国，却不能施行道德教化；苏秦、张仪擅长外交辞令，却不能结盟守约；白起擅长攻城略地，却不能团结民众；伍子胥擅长图谋敌国，却不能保全自己的性命；尾生能守信用，却不能随机应变；王嘉（西汉）擅长在明君手下发挥长处，却不能事奉昏君；许劭擅长公正地品评别人的长短，却不能笼络人才。儒不足，法补之，法有亏，儒润之，至于农、道、阴阳诸家。一事变，儒法若退让难济，其他学说亦可为资，怎么可以一家之说独断乾纲。"这就是王者用人之所长的艺术。

司马徽教导说："治学也好，治国也罢，诸家都有自己的见解，策无所谓上下，能利于世事时局就好。但诸家之说有一个共同点，就是要有道有德。倘若社会失去了正确的治国之道，人们被贪欲迷惑了淳朴的本性，官贪民私，以致社会纷乱、物欲横流，于是倡仁义之名以为救济。是非之彰，道之所以亏。上用智慧治，下便以计谋应，上下都偏离了质朴而崇尚文饰机诈，便使天下失去了真诚，以致大的诈伪必然出现。家庭亲属不和睦，才有了所谓的孝慈；国家陷于混乱，才有了君子和忠臣。"

诸葛亮在课后认真思考了司马徽的话，还是感到有些疑惑，于是又独自前去请教："先生，我记得《论语》中说：'为政以德，譬如北辰，居其所而众星共之。'也就是说，只要是施以德政的国君，百官和百姓就会像众星拱卫北斗一样拥戴他。那先生为何说，国家陷于混乱，才能出明君和忠臣？"

"这个问题你问得好。"司马徽点头称赞道，"那我们现在就来说说'北斗'和'君子'之喻。北斗又称北极星群，主星居于中央紫微，是为天之中。北辰之旁有三星三公，以象三公，后有大星以象天子正妃，余三星以象天子后宫，众星匡卫，以佑天子。若位不正，上下欺凌，便是纲常失序，也预示着天下会大乱，黎民会受苦。在乱世，更容易显露出国君的德行和才能。和平时期，每个大臣都对国君言听计从，只有到灾难发生的时候，才更容易看出谁是真正的忠臣，谁是真心地拥护国君。"

诸葛亮听了恍然大悟，说道："先生说得是，乱世更容易显现出明君和忠臣，而不是说只有在乱世才能出现，对吗？"

司马徽笑道："很对！我们再来说说'君子'。'君子'一词最早出现在《易经》中，但是被全面引用，最后上升到士大夫及读书人的道德品质，则是从孔子开始的。孔子曾经说过：'君子有九思：视思明、听思聪、色思温、貌思恭、言思忠、事思敬、疑思问、忿思难、见得思义。'他说的'君子'，不仅指国君，还包括其他品格高尚、才德出众之人。"

诸葛亮思索片刻，说道："君子上以赤心报效国家，下以孝心敬事父母。《荀子》曾经说过：'议论效法圣王，就知道应该尊重什么人；用道义来处理政事，就知道什么办法有利。通过议论时知道要尊重的人，就会懂得应当吸取些什么。通过处理政事知道有利的办法，就懂得应该做些什么。这两个方面，是正确与错误的根本原因，是成功与失败的根源。周成王对于周公，没有什么方面不听从，这是明白了所要尊重的人。齐桓公对于管仲，凡是国家大事没有什么方面不听从，这是明白了有利的办法。'我以后要效法管仲，克己修身，待明君而奉，终不改远志。"

"你想要成为管仲那样的君子？"司马徽欣赏地看着诸葛亮。

诸葛亮重重地点点头，回道："是的，管仲能处变而不变。天下会变，世事会变，但君子永远不变，危难、清贫、颠沛、不名，都不能让他有丝毫的动摇。"

司马徽严肃地说："君子之志不变，固然值得称赞，但立身处世的法则不可不变。"

诸葛亮试探地问道："那您是说，唯有知变，方是君子？"

司马徽不仅擅长诗书礼乐，对奇门、兵法也有很高的造诣，自然懂得变与不变的真谛。他谆谆教导说："真正的君子，能持守不变，也当知权变；信念不变，谋略可变；正道不变，形势可变；目的不变，处断可变。变者为外，不变者为内。各种实用法门都是讲求变化的，比如棋局，布局、作势、行子为外，求胜、谋功、成事为内。不变为变之权，变为不变之本，二者不可偏执，亦不可相杀相承。"他顿了顿，又接着说，"再如兵阵，谋局、布阵、攻城、诛心、进退种种，无不是随机应变。一个人即使有匡扶国家社稷的远大志向，却不懂得一些实用的法门，充其量只能成为一个腐儒。"

司马徽的一席话，令诸葛亮醍醐灌顶，又像重锤敲击着他的心，他开始重新思考自己的人生道路和修炼方向，并打算以先师为楷模。在对司马徽有了更深入的了解，并且听说了他的一些趣闻轶事后，诸葛亮深受启发。

据说有一次，司马徽到好友庞德公家拜访，恰遇庞德公渡过沔水（汉江）去祭祀先人的坟墓。司马徽便对庞德公的妻子说，徐元直（即徐庶）让他传话，等会儿有客人来，要她快点做饭。客人来了，入席后，庞德公的家人忙前忙后地为他们端饭上菜。过了一会儿，庞德公回来了，直接入席，亲如一家，根本看不出谁是客人、谁是主人。

《司马徽别传》也记载了一个有趣的故事：若有人因为别的人来询问司马徽，司马徽不能够分辨他们的好坏，每次总是说"好"。他的夫人劝谏他说："人们质疑他们所疑虑的事情，所以来询问你，你应该对他们的问题加以辨别和评论，但是你一概都说好，难道这就是别人来询问你的意义吗？"司马徽说："像您刚才的话，也很好！"品评人物时，只言其好，不说其坏，这便是成语"好好先生"的来源。

这个故事不仅反映了司马徽的处世态度,也折射出在世事动荡时某些知识分子淡泊明志、旷达仁厚的生活态度和处世哲学,这些对诸葛亮产生了深远的影响。

建安二年(197年),诸葛亮来到隆中后,一边垦田耕种稼禾,一边勤学苦读求真知。

隆中山川秀丽、环境清幽,是个非常适合读书的地方。隆中归荆州南阳郡邓县管辖,沿隆中小山东行,不到四里便是汉水南岸,乘船北渡则是邓县的县城。而从隆中到荆州治所襄阳,快马不到半个时辰,即使步行,二十多里的路程也要不了多长时间。襄阳去中原的道路,交通十分便利,全国各地发生的重大事件很快就能传到这里。所以,"隐居"的诸葛亮其实很容易获知外界的各种信息。这里既可以躲开都市的嘈杂浮华,利于安心读书和思考问题,又没有脱离政治文化的中心地区,有充分的机会和朋友们促膝交流,及时把握天下形势的变化,这就为他将来出山打好了基础。

在隆中,诸葛亮对自己要求非常严格,白天外出耕种,晚上则在一盏昏暗的油灯下捧卷阅读。由于白天的劳作很辛苦,晚上的阅读又太认真,刚到隆中时,诸葛亮的隐居生活多少带有一种自虐的苛刻与严酷。这个时候的他,只能算是一个稚嫩的儒生,打量世界的目光中时时透露出一股惊怯与疑惧。他渴望获得新知识,更希望老师能为他指点迷津,让他重新认识这个令他感到困惑的世界。

不过一年，诸葛亮就体悟了很多道理，生活渐渐变得轻松起来。他徜徉田园，躬耕自足，读书写字，弹琴绘画，悠然自得。他的书法以篆书、草书写得最好，其书法作品在宋代还曾作为具有示范意义的"法帖"而流行一时。音乐方面，他精通音律，写过一部音乐理论专著《琴经》；能吟唱、操琴，甚至会制作乐器，比如七弦琴和石琴。

诸葛亮曾经说过："学习必须静心专一，而才干来自勤奋学习。如果不学习就无法增长自己的才干，不明确志向就不能在学习上获得成就。纵欲放荡、消极怠慢就不能勉励心志使精神振作，冒险草率、急躁不安就不能修养性情。"他又说"静以修身，俭以养德""淡泊明志，宁静致远"。享受在闲暇时间喝喝茶、弹弹琴的生活，并不代表诸葛亮一点也不关注天下大事。"淡泊"是一种古老的道家思想，《老子》就曾说"恬淡为上，胜而不美"。

后世人也很赞赏诸葛亮这种"心神恬适"的意境，他日后的入世进取、忠贞不渝、克己奉公及生活有所节制等道德观念和行为规范，都可视为此段学堂教育的结果。

农闲时期，诸葛亮经常去拜访附近的宿老名流，一是增长学识，二是搜集和分析有关天下大势的情况。

当时，他的老师司马徽在水镜山庄隐居。水镜山庄位于思安县（今湖北省南漳县）城南玉溪山北麓，"山峰高耸挺秀，山下有溪，水声淙淙如玉佩"。这里看似世外桃源，实则成了各家名士的聚集之地。水镜山庄成了这些人探讨学术、评价人物、议论时局、规划人生道路，以及学习为人处世之道的重要场所。

诸葛亮的大姐夫蒯祺、二姐夫庞山民都是官场中人，又是望族名士，尤其是庞山民的父亲庞德公，是荆州在野名士的领袖人物。庞德公有"知人之鉴"，在品评人物方面颇具权威。他对当世的儒生心存偏见，认为他们大多是一些迂腐的庸才，而真正的有用之才是那些能识时务的俊才。诸葛亮很尊重他，经常登门求教。

据说诸葛亮每次见到庞德公，"独拜床下"。拜见于床下，是古代向有才能、贤德的人表达尊重的一种礼仪，庞德公能够让诸葛亮行此大礼，足以证明他在诸葛亮心目中的分量！

庞德公对诸葛亮的印象也不错，但开始只觉得他是个知书达礼的晚辈，虽欢迎他到自己家中借阅藏书，但并没有指教他。后来接触时间长了，庞德公看出诸葛亮颇有才华，才开始器重他。

另外，在离襄阳不远的宜城，有个比较有名的家族是马家，其年轻一代的领袖人物叫马良。马良写信给诸葛亮时称"尊兄"，这也说明两人关系密切。刘备在荆州建立政权时，马家成了他一个重要的地方支持力量。后来被诸葛亮挥泪斩杀的马谡，就是马良的亲兄弟。

就这样，诸葛亮与荆州各界名流建立起了密切的联系，形成了一个庞大的人脉关系网。身处这样的环境，他的才学和见识都得到了迅速提升。

第二节 能者为师

耕读于隆中的诸葛亮,在学问上入静去浮、精诚刻苦、脚踏实地、持之以恒,这就是他的学习态度。不过,他觉得诸子百家中的主流思想理论似乎不能满足人们治理乱世的客观需要,他更赞同农学家许行的主张:"贤能的人和百姓一起耕作,一起做饭来治理百姓。"为老百姓办事,农为天下之本,但没有相应的技能肯定是不行的。

经过两年的辛苦垦荒和耕种实践,诸葛亮发现种地也是一门学问。而要学习农事,襄阳城东门外的庞德公无疑是最好的老师。但是,庞德公脾气有点古怪,荆州牧刘表多次请他出来做官,他都没有答应。

据《襄阳耆旧记》记载,有一次,诸葛亮听说刘表亲自登门拜访庞德公,就偷偷跟在后面,打算看个究竟。他躲在一旁,偷听到了他们谈话的部分内容。

刘表说:"你为什么不愿意做官呢?一个人不做官,充其量只能保全自身,而不是保全天下呀!"

庞德公回答说:"有一种叫鸿鹄的鸟,筑巢于高大的梧桐树上,晚上就得到了栖身之所;有一种叫鼋龟的动物做洞穴于深渊下面,夜间就有了住的地方。我住的房子小舍也只是人的巢穴,(我们)都各得了栖宿的地方而已,天下并不是我所能保全的。"

刘表又劝道:"先生您辛苦地在田间耕种而不肯为官食禄,

那么，在您百年之后有何功业留给子孙呢？"

庞德公笑答："当官的人都把危险留给子孙，我却把勤耕苦读、安居乐业留给他们。只是所留下的东西不同罢了，不能说我没有留下什么东西吧？"

刘表见劝说不动庞德公，只好叹息着离开了。

他们的对话，让诸葛亮觉得庞德公确实很有个性，不禁对这个怪老头肃然起敬。

在躬耕隆中的第三年初夏，诸葛亮种的几亩麦子熟了，他看准了一个大晴天，清晨便和弟弟一起开镰收割。太阳还未露头，兄弟俩就割完了一垄田。二人正干得起劲，一个老农模样的人向他们这边走来，高声道："你们别忙活了，今天不是收割麦子的好日子。"

诸葛亮抬头循声看去，只见来人身穿蓑衣、头戴斗笠，觉得很是奇怪，说道："敢问老伯，你为什么这么说呢？眼看太阳就要升起来了，不趁天凉快干点活怎么行？"

"要下暴雨了！"老农望着天边，很认真地说道。

诸葛亮一脸疑惑，此时天空万里无云，天边的一抹红霞十分耀眼，一轮红日已经从这片霞光中喷薄而出，哪有半点要下雨的征兆？他笑了笑，对老人家说："老伯您是说笑吧，这天气不是很好吗？"

"你们务农种地，想必听说过'旱上起霞，等水烧茶；傍晚起霞，干死蛤蟆'这句俗谚，你看到的只是日出，却没有细看日头在厚重的乌云中奋力挣扎，霞光是太阳一时透过乌云显现的，过一会儿乌云会更加浓厚，不到一袋烟的工夫就能把太阳遮住。你们赶紧把割下来的麦子捆好，搬到小溪的西边去，免得被暴雨淋了，烂在地里。"老农耐心地解释道。

诸葛亮听了仍半信半疑，他对天象也有过一些研究，并没有看出有下雨的征兆，更不相信小溪东边会下暴雨，而西边则平安无事。所以，他弯下腰来继续割麦子，嘴里嘟囔着："这老人家该不是个疯子吧？"

尽管诸葛亮的声音很小，但老农还是听见了，他没有生气，仍耐心地劝说道："看在你们勤劳的份上，我出于好心才实言相告。正所谓'天有不测风云，人有旦夕祸福'，很多事情都发生在常人的意料之外。"

诸葛亮没再理会老农，奋力地挥动镰刀割着麦子，却发现天色骤然变暗，从东面刮来一阵大风。不一会儿，暴雨的征兆便显露出来。诸葛亮连忙喊弟弟将割好的麦子打捆，但已经来不及了，天空中的乌云越压越低，几乎压到地面了，接着一声声炸雷响起，云团四散开来，霎时间大雨倾盆，诸葛亮兄弟俩顿时被淋成了落汤鸡。

老农摇摇头，惋惜道："你们淋场大雨买到一个教训，不算亏。只可惜这差不多四五百斤的麦子怕是要糟蹋了。"说完，他头也不回地走了。

等诸葛亮回过神来，老农已经走远了。他回头看向小溪西边，果然滴雨未落。大雨如同被一道巨大的雨幕挡住了一般，只在溪东肆虐。诸葛亮忍不住在心里惊呼："真乃神人也！"

事后，诸葛亮多方打听，才知道这位老农是荆州很有名气的农学专家，人称"赛神农"。据说他种的地总是比周边农家的地收成好，究其缘由，就是因为他懂天象，熟悉这一带的山川地理和水土特性。于是，诸葛亮找上门去，要拜赛神农为师。赛神农见他心诚，又能放下孤傲的架子，便爽快答应教他。

农闲之时，赛神农带着诸葛亮踏勘山川河流，每到一地，他们都会收集一些关于当地天气的民谣俗语，加上赛神农原本熟记的谚语，足够诸葛亮学习一段时间了。

赛神农一一告诉诸葛亮那些谚语的用处，比如，透过天象看天气的："虹高日头低，明朝穿蓑衣，虹低日头高，明日晒得背皮焦"；"东虹日出，西虹雨，晨虹有雨，晚虹晴"；"有雨亮四边，无雨顶上光"；"星星水汪汪，下雨有盼望"；"云行北，好晒谷；云行南，大水漂起船"；"黄昏天发红，渔翁笑声隆"；"月晕而风，础润而雨"；"瓦片云，晒死人"……

以动植物异态看天气的："蜜蜂归窠迟，来日好天气"；"蚊子聚堂中，来日雨盈盈"；"蜻蜓千百绕，不日雨来到"；"狗进灶，雪就到"；"竹子开花，连月不下"；"桐树叶子往下垂，两三天内雨纷飞"……

以时令异常看天气的："处暑落了雨，秋季雨水多"；"春东风，雨咚咚，夏东风，一场空"；"有钱难买五月旱，六月连阴吃饱饭"；"重阳无雨春十三，十三无雨一冬干"……

赛神农最后总结说，看天气不仅要细致，还要全面。有的时候判断天气，只要一句谚语就能得出结论，但更多的时候则需要佐证，并作全面分析，才能掌握其中蕴含的必然规律。所以，需要在实践中不断验证、总结、归纳。

听了赛神农的一番话，诸葛亮对他敬佩有加，赞叹道："没想到农谚有这么大学问！"他还发现赛神农比自己更注重观察天象，于是又向赛神农请教如何夜观天象。

到了夏天，天气比较热的时候，诸葛亮吃过晚饭便在一块硕大、平滑的石板上铺好蒲席，然后躺在上面，仰望星空，静心观察。赛神农已经教会了他如何观北斗和发现星辰位置的变化："北斗七星分别是天枢、天璇、天玑、天权、玉衡、开阳、瑶光，七星以象七政，又为春、夏、秋、冬、天文、地理、人道。这个星群在天宇中有着极其重要的位置，古人认为通过天象可以知晓天下大事，而天象又以北斗行宫为参照，这门学问在古代称为占候。"

据古书《鹖冠子》中记载："斗柄东指，天下皆春；斗柄南指，天下皆夏；斗柄西指，天下皆秋；斗柄北指，天下皆冬。"这是以黄昏时所观察的北斗七星的位置来判断当令的季节。

诸葛亮将这些牢记于心，又向赛神农提出想学风角、望气、卦术、奇门，以及排兵布阵等玄妙之术。赛神农尴尬地笑了笑，说："乡野村夫哪里懂得这些玄妙之术，不过，一旦你掌握了基础，一定会有人将你引入法门。所以，最要紧的是现在把底子打牢。"

诸葛亮无奈，只得向司马徽和庞德公求教。司马徽和庞德公相视一笑，却不表态。庞德公说："术业有专攻，我们虽然都懂点奇门、兵法布阵之类，但算不上'专'。不过，我可以推荐一个师傅给你，此人叫酆玖。如果你与他有缘，相信他会满足你的某些愿望。"诸葛亮闻言喜不自禁，立马动身去寻访这位世外高人。

酆玖是汝南灵山人，既懂兵阵，又熟悉韬略，被人们尊称为酆公。司马徽初次拜见酆玖后，折服于其博闻强识的才学，自称和其相比"如蠡测海"。

酆公见到诸葛亮时，觉得他器宇轩昂，谈吐不凡，又胸怀远志，意志坚定，可堪造就，于是答应收他为徒。不过，他并没有传授奇门及兵法给诸葛亮，而是让他帮自己家打柴挑水。

诸葛亮也不好强求，只得将军事家孙武的著作《孙子兵法》翻来覆去地研读。每天晚上，他手里捧着兵书苦思冥想；白天一有空，他就反复琢磨、分析。日子久了，这部兵书他可以倒背如流。

一天，他从河边挑水回来，见酆公正对着弟子们发脾气。原来，中午炖的两条鲤鱼不知被谁偷吃了一条，弟子们都不肯承认，这让酆公很是恼火。诸葛亮见状，立刻说道："先生，大事不好了，要出人命了！这两条鱼是用荆芥炖的，荆芥炖鲤鱼会产生剧毒，原本是想拿来毒耗子的，人怎么能吃呢？"

众人听了都惊骇不已，有个弟子当即跪下，求饶道："鱼是我偷吃了，请先生救命！"

酆公也慌了，忙让人去请郎中。这时，诸葛亮哈哈笑道：

"敢做不敢当，怎配做酆公的弟子？"

酆公马上反应过来，对诸葛亮打心眼里赞赏，他嘴里却说："孔明，灵山虽小，倒也清静安定，不似尘世纷纷攘攘。打柴挑水虽说劳筋动骨，却可健身强体，不知你能否坚持下去？"

诸葛亮毫不犹豫地答道："弟子能坚持下去！"

又过了几个月，诸葛亮将自己批注的《孙子兵法》和绘制的阵图拿给酆公看，并跪下恳切地说："请先生指点！"

酆公看完，对诸葛亮的批注进行了评说："兵不在多而在精。对于兵法，一个人学精了就可以教十个人；十个人学了就可以教百人，百人教千人，千人教万人。这样的军队就一定比那百万之师的乌合之众强得多。天下古今之战，莫过于步战、骑战、车战、舟战、夜战、昼战、威战、骄战、赏战、罚战、实战、虚战、山战、地战、雨战、雪战、进战、退战、火战、水战、分战、合战、远战、近战、缓战、速战……不可胜数。能达纵横捭阖之妙，贵在一个'变'字。然而万变不离其宗，其妙全在于'计''谋'二字。"

酆公坚信诸葛亮定能成为一个谋略奇才，他扶起诸葛亮，大声笑道："起来吧，老夫被你的诚意和恒心打动，有意助你水、火二阵融于八阵图中。从今日起，你就不要再打柴挑水了，抓紧时间做学问吧。"

诸葛亮闻言惊喜万分，接连给酆公磕了九个响头才站起身来。

酆公带着诸葛亮来到山门口，用粗大的毛笔在山门两边分别写上"火"和"水"字，然后说："水与火，是生活中经常见到的东西，却不为人们所重视。然而水火无情，且不相容，你若把无情而又为人们视而不见的水与火融于八阵图中，水可淹七军，火可生炎烧万马千军。八阵添水火即成绝阵，如此便无敌于天下。"

从此，诸葛亮正式开始跟酆公学习奇门遁甲、兵法布阵及制图。三年期满时，酆公将自己毕生所著的书等赠给诸葛亮。诸葛亮如获至宝，将这些著述反复研读，并进行一些模拟练习。特别是作为军事用途的八阵图，更是研习至深。他后来应用的阵法，都是从这些著述及前人的军事著作演化而来。

据元代《历世真仙体道通鉴》记载，诸葛亮在阅读酆公所赠著述百日之后，就深悟其理。酆公考核后认为诸葛亮已掌握了这些著作的精髓。

转眼诸葛亮已在隆中修炼多年，在学业外的几位老师中，跟他沾亲带故的庞德公却是最后一位接受他的老师。

当时在荆州，若论最有势力的几大家族，庞氏家族定在前列。不过，庞德公早就没有和家族中人同住，而是独自隐居在鱼梁洲上，他有三大特点：一是满腹经纶，才华横溢，胸藏不世之才；二是淡泊名利，躬耕陇亩，以在田野间弹琴、读书为乐；三是友善好客，与隐居襄阳一带的名士来往甚密。

他的住地除了堆放各种耕作农具外，最引人注目的是房前的两部大水车。诸葛亮每次前去拜访，总会不自觉想起酆公写的那个大大的"水"字。由于之前多次拜师被拒，诸葛亮便把新结识的朋友庞统拉来替自己说情。

庞统是庞德公的侄子，字士元，大诸葛亮三岁，年少时朴实憨厚，反应较慢，因此不被世人看好。庞统从小就接受庞德公的教育，他十八岁时，经庞德公推荐去拜访司马徽，司马徽和他交谈后，感叹道："庞德公确实有知人之明，庞统确有与众不同之处！"司马徽认为，南州士子没有人可以和庞统相比。

诸葛亮找来庞统为自己说情，但庞德公依然没有松口。他并非不愿收诸葛亮为徒，相反，他早就看出诸葛亮乃大器之才，对于这样的人才，首先要磨一磨他的性子。这一磨，几年就过去了。

后来诸葛亮来访，庞德公带他来到平时从不让人进的后院里。诸葛亮不明所以，庞德公也不说话，直接走到一个周围堆满秦砖的巨大磨石前，拿起一块砖，认真地在磨石上磨了起来。

诸葛亮深感不解，过了一阵子，他发现不远处有一个很大的案子，上面整整齐齐地排放着许多已经磨好的秦砖。他走过去随手拿起一块，发现砖上有个"壹"字，翻过面来，只见上面刻着两个苍劲有力的汉隶大字"诗经"。诸葛亮当即明白了"磨练"的真正含义。一个人若想成就大事，必须经得起磨练。

在庞德公门下，诸葛亮花了很多时间研习卜算与经史，不仅完成了八卦到八阵的推演，而且广泛涉猎自三皇五帝以来的各种史书和论著，对各个朝代的兴衰演变有了比较全面的了解。同时，他对《梁父吟》也有了更透彻的认识和理解。

诸葛亮回到隆中后，把自己关在屋子里，经过无数个日夜的苦心研究，终于绘制出了八阵草图。庞德公看后很高兴，对他说："八阵通不通，须拜司马公！"

诸葛亮虚心请教的求知精神，终于使庞德公将自己耗费半生心血的研究成果——从八卦到八阵的推演——教给了诸葛亮，他希望诸葛亮能够据此推演出完善的八阵图本。诸葛亮的几位老师，包括司马徽、酆公、庞德公，以及诸葛亮的岳父黄承彦，都为之做出过贡献。诸葛亮后来还以此为基础，创造了八卦奇门阵法。

有一次，司马徽、庞德公、黄承彦等人聚在一起，对门下的弟子进行评议。一向喜欢给人取绰号的庞德公，给在场的两个人封了绰号，一个是诸葛亮，绰号"卧龙"——一位尚未为人所知的俊杰，如同一条蛰伏在大泽内的龙，一旦有了机会，便可飞上云天，施展非凡的本事；另一个则是庞统，绰号"凤雏"。司马徽、黄承彦听了，都连连点头表示赞同。后来司马徽向刘备推荐诸葛亮和庞统时，便说他们是富有谋略、高瞻远瞩、能识时务的俊杰。在庞德公赠送雅号后，年轻的诸葛亮在荆襄地区渐渐有了名气。

与此同时，司马徽、庞德公、黄承彦等人还比较了门下弟子的学习方法，最值得回味的是司马徽说的一段话："孔明与博陵崔州平、颍川石广元与徐元直、汝南孟公威四人为密友，此四人务于精纯，唯孔明独观其大略。"

也就是说，徐元直等四人做学问倾向于"精熟"，重在对某些经典的专精研究，让自己有相当彻底的了解，再将心得用于日常的为人处世上；而年轻的诸葛亮则不同，他独观"大略"，涉猎甚广，并着重在实务应用上，努力做到多方面知识的融会贯通。这也反映出诸葛亮具有很强的学习能力，除了精通儒、法、道、杂等诸子经典，他还较深入地研究了天象、地理、土木工程、易经、兵法等，可以说是一个博学多才的"杂家"。

在诸葛亮学问不断长进之际，建安十年（205年）春，曹操听从谋士郭嘉的建议，辟用青、冀、幽、并四州名士为掾属，以图拉拢士人，并将曾经痛骂自己的袁绍部将陈琳收于门下，于是四州人心渐渐归附曹操。荆州牧刘表一向标榜自己宽宏博爱、雅量待人，此时也似乎对人才分外关注起来。他请来荆州名流共聚一堂，专门为荆州的优秀人才摆了个"才子宴"。诸葛亮也在邀请之列。

宴会当天，诸葛亮随庞德公一同赴宴。刚要进门，他就听见有人说："刘州牧做着三分天下的美梦，却越来越不思进取，尽做些表面文章，华而不实。"

诸葛亮听了大吃一惊，不知何人如此大胆，竟敢在州牧主办的宴会上公开议论其不是。他抬脚就要往里走，看见庞德公摆了摆手，于是停住脚步。这时，一个熟悉的声音响起："刘景升（刘表字）这几年为维护荆州的稳定与发展确实出过不少力，他的目标也只是维护荆州一方而已。但沧海横流之际，哪里可能得到真正的安宁呢？和平局面维持不了多久，他心里自然是明白的。他也曾寻求名士入幕，可他想求才却又放不下架子，总是说只要你到我荆州来，我就会重用你，给你空间，给你前程，好像一切都要靠他赏赐。如果他愿意换个态度，说荆州需要你，你能来荆州屈就，为百姓谋福祉、保平安，我和荆州百姓都不会忘记你。这样或许才会有人才上门来。"说这番话的正是司马徽，前者则是名士黄承彦。

诸葛亮和庞德公听了一会儿，才一起走进内院，跟里面的人相互见过礼，然后坐下来谈论大家共同关心的时局话题。几位在场的前辈都平易近人、和蔼可亲，一些名士、生徒也毫不拘束，谈吐随意，纷纷展示自己的学术成果或发表对当前时局的见解。

诸葛亮见气氛如此和谐、活跃，也准备把自己思考已久但仍不够成熟的"三分天下"之论拿出来，请前辈和文友们指点一二。这时，荆州牧刘表到场，众人立刻将目光投向宴会的主人。刘表开口说明了这次宴会的主题。原来，他的目的并不是让才子们展示才华，从中发现和招募良才，而是让才子们为在他治理下的荆州这些年的和平稳定及教育文化的发展唱赞歌。

诸葛亮一向看不上刘表，此刻更是大失所望，他四下看了看，发现前些时候从关中来的名士王粲竟然没有到场；再细看，也没有见到刘廙之兄刘望之的影子，他本是刘表幕中的一个名士。

诸葛亮之前就听说过王粲不被刘表重用，今日看来恐怕确有其事。他思索片刻，便悄悄离开了宴会。

第三节　娶妻娶贤不娶色

诸葛亮一心想着做学问，顾不上考虑个人的终身大事，直到二十三四岁还没有娶妻成家，在那时是个典型的大龄未婚青年。

这个时候，他在襄阳已经建立起层次较高的人脉关系网，得到不少前辈、宿老的器重，有了一定的知名度，而且他"有逸群之才，英霸之器，身长八尺，容貌甚伟"（晋·陈寿《三国志·诸葛亮传》），活脱脱一个"型男"，不少荆襄望族都认为他是理想的女婿人选。

实际上，给诸葛亮说媒的人也不少，有人甚至拿着大家闺秀的画像找上门来。看着那些貌似天仙的女子画像，诸葛亮十分头疼，对来说媒的人嚷道："为何要娶一个陌生人为妻呢？自古以来，帝贪色，倾国；士爱色，毁业；人恋色，败名！我今生求才不求貌。"

这时，有个人向诸葛亮投来了关注的目光，他就是荆州黄氏大家族的黄承彦。他是沔南名士，很爱开玩笑，虽其貌不扬，但满腹经纶，颇有才学。传说他有两部绝世奇书，一部讲兵法韬略，一部讲奇门遁甲，很多名士恳求一饱眼福而不得。

黄承彦与蔡家有亲戚关系，是蔡瑁的姐夫。他和庞德公一样，婉拒了刘表请他去做官的邀请。诸葛亮对黄承彦一直心怀崇敬。

黄承彦在司马徽的水镜山庄和庞德公的鱼梁洲隐居处都曾与诸葛亮谋面，发现诸葛亮是个天资极高、文思敏捷的青年，对诸葛亮的才智很是赞赏,便想亲自向这个晚辈给女儿做媒,但多少有点难以启齿。加上有之前说客的前车之鉴,他决定先以文交友,再慢慢谈儿女之事。

有了说媒的想法后,黄承彦和诸葛亮的"学术交流"变得频繁起来,而且他经常有意无意地提到的自己的女儿阿丑。

交谈中,诸葛亮得知黄承彦和他的夫人蔡氏曾育有两个儿子,可惜长子六七岁就夭折了,次子也没活过十岁。痛失二子后,蔡氏整天沉浸在无尽的悲痛中,对生育后代产生了一种莫名的恐惧。在他们的第三个孩子出生后,就被视为掌上明珠,但是孩子的体质也不是很好,夫妻俩为此担忧不已。为了让孩子好养活一些,黄承彦给女儿取了个贱名叫"阿丑",并把她当男孩子养。

大家闺秀遵从三从四德,足不出户,附近村民都知道阿丑的名字,但很少有人见过其真容,所以都以为她面貌丑陋。黄承彦也不管别人怎么议论,他最大的愿望就是女儿能健健康康地长大。

阿丑从小聪明伶俐,不仅很爱看书,而且手工做得不错。与圣贤书相比,她更喜爱读各种讲解技艺的书。到了豆蔻之年,她便开始种植花草并自己修剪,然后又学木工技艺,时常琢磨一些巧妙的机关,并尝试着制作。黄承彦本不愿让女儿学这些东西,但他想到一个体质太弱的女孩如果整天关在闺房里读书,不仅闷得慌,对身体健康也不利,所以就默许她动手尝试,并在技术上加以指导。心灵手巧的阿丑到及笄妙龄,已经成了能工巧匠。

黄承彦陆陆续续讲了许多关于女儿阿丑的故事，诸葛亮并不知道黄承彦的用意，只当是闲谈，不过他渐渐对这个特立独行的阿丑姑娘产生了强烈的好奇心。

一天，诸葛亮和好友崔州平、石广元一起去拜访黄承彦。几人来到黄家，兴冲冲地往里走，堂屋两廊间突然蹿出两只猛犬，向他们扑了过来。他们正急着躲闪，忽然从门后又跳出一只老虎，诸葛亮吓得转身就跑，却被崔州平一把拦住。他回头一看，那老虎并没有来咬他们，而是把那两只狗撵走了。

这时，一个丫鬟从里厢闻声赶了过来，连忙把老虎"叫停"，并走过来用手轻拍老虎的额头，老虎马上就乖乖地匍匐在她的脚下。诸葛亮等人小心翼翼地走进去，仔细一看，原来狗和老虎都是木头做的，以机械原理驱动。几人相视一眼，不由得哈哈笑了起来。

黄承彦听到笑声，从内院走出来，见来人是诸葛亮一班才子，满怀歉意地说："这木犬、木虎都是小女闲暇时捣鼓出来的小玩意儿，不想让你们三位受惊了，真是抱歉！"他客气地把几人请进去。

进到院子里，诸葛亮看见有几盆花开得正好，过去闻了闻，赞道："原来是难得一见的迷迭香，清秀婉约、幽香雅致。"

"这些都是小女一手栽培和护理的。据说迷迭香花可以入药，能帮助人增强记忆。"黄承彦说道。

诸葛亮心里嘀咕，没想到这阿丑姑娘懂的还真多。待进到屋子里,他又被挂在墙壁上的几幅字画吸引,仔细欣赏一番后,赞道:"这诗文字画,运笔娴熟,宽博疏朗,文静中透着几分倔强,不知是哪位大家手笔?"

黄承彦笑而不答,只吩咐下人摆席,他要好好招待几位才子。席间,黄承彦又向他们展示了几件作品。诸葛亮他们得知这些作品皆为阿丑姑娘所作时,都惊叹不已,称赞一番后,请求让阿丑姑娘出来一见。但黄承彦脸色一敛,当即拒绝。他见众人有些尴尬,又说明了不愿让阿丑出来相见的缘由。

诸葛亮从黄家告辞后,一直在想黄承彦所说的话。一位聪慧好学、顽强不屈的女子,却因为容貌不出众,待字闺中,无人赏识,这深深触动了他的心弦。

过了没多久,又有人上门给诸葛亮说媒,诸葛亮直截了当地说:"那个姑娘比阿丑有才学吗?"一句话把说媒的人问得无言以对。

诸葛亮的话很快传到了黄承彦耳中,他十分兴奋,知道时机已经成熟,得抓紧办这件事。于是,他匆匆赶去隆中,开门见山地对诸葛亮说:"听说你正在选媳妇,我家阿丑头发黄、皮肤黑,外貌不好,才华却是相当的高,品德也不错。我想把她许配给你,不知道你愿意吗?"诸葛亮稍一愣神,马上答应了。像阿丑这样的奇女子,堪称凤毛麟角,不可多得。

黄承彦很高兴,回家后吩咐家里的人说:"以后只要诸葛相公上门,不用通报,更不得阻拦,直接让他进来。"

诸葛亮虽然答应了这门亲事,但毕竟是人生大事,心中不免有些忐忑。黄夫人他是见过的，虽然人到中年，但风韵犹存，而且黄夫人的妹妹嫁给刘表为继室，如果没有几分姿色，刘表为何那么宠她？黄夫人姐妹俩都算得上漂亮，难道她的女儿会丑得见不得人？

诸葛亮思来想去，还是想在成亲之前和阿丑姑娘见上一面。他拿定主意后，找了一天来到黄家，老管家对他说："老爷过一会儿才能回来，诸葛公子是到客房喝茶还是到后院转一转，看看花草？"诸葛亮不好意思道明自己是专门来见小姐的，只得随口应道："我到后院去。"

黄家的后院有几片花圃，一方水塘。诸葛亮一眼便看见水塘边有一架水车，跟庞德公鱼梁洲的水车相似，只是小很多。这架水车没有踏脚，而是长着三叶"翅膀"，风一吹，翅膀就不停地转动，并带动链轮转动。诸葛亮觉得这个设计十分精妙，正认真思考它的原理，突然传来"吱呀"一声巨响，他回头一看，只见一头装有三个轮子的木牛在他前面不远处栽倒了，旁边站着一个丫鬟。

那不就是上次为他们"拦老虎"的丫鬟吗？她推的这个像牛的东西是干什么的？这个丫鬟瘦瘦小小的，搬动这东西显然很吃力。诸葛亮赶紧过去，一边帮忙把"牛"扶起来，一边问道："不知这是什么有趣玩意儿？"

丫鬟看了他一眼，说道："这个东西叫'木牛流马'，不是什么有趣玩意，它是运输工具。"

"什么，运输工具？"诸葛亮疑惑不解，"那它到底是牛还是马呢？"

丫鬟没有回答他，只是问道："诸葛公子这次过来有何贵干？"

诸葛亮也不拐弯抹角，直接说道："我是来跟黄老先生商谈我与黄月英小姐的婚事的。"他已经知道了阿丑姑娘的大名。

这丫鬟盯着诸葛亮看了几眼，不再说话，扔下他和"木牛流马"，独自穿过苑圃，进了内屋。诸葛亮愣在那里，一时不知道该不该跟着她进去。他犹豫半晌，最终没有挪步。

过了一会儿，老管家拿着一把鹅毛扇子出来，将鹅毛扇子递给诸葛亮，说道："我家小姐同意这门婚事，这是送给你的信物。我家小姐还特别交代：出嫁时，一不坐轿，二不骑马，三不乘船（即民间的采莲旱船），只坐'木牛流马'。什么时候公子把'木牛流马'造好了，就什么时候来接她过门。"

诸葛亮拿起扇子细看，只见扇柄上一边写着一个"亮"字，另一边写着一个"月"字，他也没顾得上细想这是什么含义，开始发愁怎么造出能坐人的"木牛流马"来。他弯着腰，把刚才丫鬟落下的"木牛流马"仔细研究了大半天，但还是没有把握能造出这种工具来。

回隆中后，诸葛亮脑子里仍在想着之前见到的"木牛流马"的外观形貌、内部结构、运作原理，但始终找不到一个好的解决方案。他心神不宁，坐卧难安，于是出门到山坡上转一转。他坐在一块石头上苦思冥想，突然听见山下有人惊叫："牛惊了！牛惊了！"他定睛一看，原来是山下拉碾子碾米的牛受了惊，把碾盘中心的轴桩拉断了，牛拉着石碾磙在地上奔跑。

诸葛亮望着牛拉着石碾磙跑动的情形，脑子里灵光闪现，他猛地一拍自己的后脑勺，说道："有了！在碾磙上安个固定的架子，不就可以坐人了吗？"他兴奋不已，拔腿便往家里跑。到家后，他就地取材，锯的锯，砍的砍，一连干了三天三夜，终于做出了"木牛流马"。

为了能供婆亲使用，他又特意把"木牛流马"装饰了一番：用大红色布幔围着木架"坐台"，在"坐台"下，一边一个如同大碾盘一样的轮子滚动着，看似前面有一个似牛非牛、似马非马的东西拉着走，说它是轿子却没人抬，说它是马却不是马，说它是船却在旱地走，完全符合黄月英提出的"三不"要求。

建安十年（205年）腊月，诸葛亮迎娶才女黄月英为妻。把新娘迎进家门的这天晚上，诸葛亮在草庐外来回踱步，刺骨的寒风呼呼地吹着，他却迟迟不愿进入洞房。

此时此刻，他心里又喜又愁，喜的是娶了荆州名门黄家的才女，愁的是这个媳妇可能比他想象中的还要丑。自古英雄爱美人，他虽然不是什么英雄，但爱美之心人皆有之，他也不例外。他心里有些忐忑，暗自感叹道："月英啊月英，你心灵手巧，才智超群，上天为什么不让你两全其美呢？"

诸葛亮一直徘徊到深夜，才有点不情不愿地进了洞房。他走到床边，硬着头皮掀开黄月英的红盖头，仔细一看，顿时惊呆了：这不是黄家的那个小丫鬟吗？哪里像人们说的那么丑？虽说头发黄了点，皮肤黑了点，却不失为一朵好看的黑牡丹。

黄月英在屋里被晾了那么久，多少有点生气，她望着目瞪口呆的诸葛亮，气鼓鼓地问道："阿丑真的像别人说得那么丑吗？"

诸葛亮忙说："别人说你长得丑，只是因为他们无缘一见，把你想象得很丑罢了，连我也被你们父女给骗了，令我有眼不识荆山玉，把你想象成了丑八怪，哪知你竟是如此漂亮的美人儿呢？"

结婚后，诸葛亮和黄月英相敬如宾，生活甜蜜而幸福。黄月英温柔体贴，做起家务来井井有条，让诸葛亮没有后顾之忧，可以全身心地投入到做学问中。后来即使当上丞相，诸葛亮也没有纳过妾。

据说诸葛亮娶了黄月英后，荆州就流传出一句谚语，说"莫作孔明择妇，正得阿承丑女"。人们甚至因为诸葛亮心甘情愿地娶丑女而怀疑他的动机和目的，说他是为了政治联姻，因为黄家的关系网非常庞大。

当年，荆州首屈一指的实力派人物蔡瑁把两个姊妹分别嫁给刘表和黄承彦，所以，刘表和黄承彦是连襟，也就是说，刘表现在不仅是诸葛亮叔父的好友，还变成了他的姨父，关系更近了一步。而在荆州担任重要军事职务的蔡瑁则成了诸葛亮的舅父。通过这些关系，诸葛亮得以迅速了解时局的发展、朝廷和诸侯等各类人物的政治动向，以及各政治集团的内幕活动等相关信息。

不过，诸葛亮婚后既没有亲近刘表，也没有求助蔡瑁，依然我行我素，和妻子过着与世无争的生活。后来他出山辅佐刘备，也没有在刘表集团得到过任何关照、优待与支持；征战沙场时，也只有妻子相伴相助。

第四节　隐居以待明主

当诸葛亮在隆中清静修炼时，外面的世界风云激荡，变幻莫测。军阀之间分分合合，昨日还是盟友，今日又成敌人，一直混战不休。

在北方，曹操采取步步为营之策，稳扎稳打，将兖州各城逐一收复；又经钜野（今山东省巨野县）一战击败吕布，稳稳占据了兖州。

吕布战败后退往徐州，此时的徐州牧已是刘备。原来，陶谦在第二次徐州之战后不久病逝，临终时托孤给刘备，并请他代行徐州牧之职。于是，吕布就投在刘备门下，屯兵小沛。

兴平二年（195年）三月，东汉王朝的实际掌权者李傕，为了争得政治上的主动权，派兵将汉献帝刘协、皇后、宫人及大臣们劫走，与郭汜互相攻杀，都城长安城几乎变成一片废墟。建安元年（196年）七月，汉献帝刘协从长安东归洛阳都城，下诏让各路诸侯勤王。

八月，曹操接受谋士荀彧的提议，亲率大军抵达洛阳，将汉献帝迎至许县（即许都，今河南省许昌市）。汉献帝封曹操为司隶校尉，录尚书事。十一月又加封曹操为司空，行车骑将军事，百官总己以听。这标志着曹操"挟天子以令诸侯"的新时代开始了。

同年,占据淮南地区的袁术勾结吕布,打败了刘备。在袁术、吕布的夹击下,刘备进退失据,只得向吕布请降,把徐州牧让给了吕布。吕布因不忿袁术运粮不继,让刘备担任豫州刺史,屯兵小沛。刘备在小沛重整兵力,招募了一万多人,准备征讨吕布。吕布得知消息,再次率兵攻打刘备,刘备战败后依附了曹操。

建安二年(197年)二月,袁术在寿春(今安徽省寿县)称帝,建号仲氏(又称仲家),以九江太守为淮南尹,置公卿百官,郊祀天地。

建安三年(198年),曹操亲自率兵东征,采纳谋士郭嘉和荀攸的计划,以大水灌城,在下邳擒杀了吕布。与此同时,曹操又给刘备、夏侯惇增派援兵,让他们去攻打袁术。

自袁术称帝以来,有好几个部将和盟友弃他而去。孙坚长子孙策得知袁术自称天子后,也果断退出了和袁术的合作,这样一来,袁术便失去了江东的势力范围,经济和军事实力大减。他长时间图谋徐州、兖州而不得,使兵员大减;吕布被杀又使他失去了一个强有力的助手。

建安四年(199年),日益陷入孤立和经济困顿的袁术将帝号归于袁绍,以此作为投靠兄长的资本。在得到袁绍的默许后,袁术即北上青州去投奔袁绍长子袁谭。曹操得知后,马上派刘备率朱灵和路招前去截杀,封住了袁术北去的道路。刘备他们还未追上袁术,他就病死了。

之后，刘备带着自己的结拜兄弟关羽、张飞，随曹操回到许县，被拜为左将军。在许县，刘备受到了汉献帝刘协的接见和设宴款待。得知刘备是中山靖王之后，汉献帝还降低辈分，称刘备为"皇叔"。

曹操早知刘备有匡扶汉室之志，对他有几分忌惮，现在汉献帝这声"皇叔"一喊，更让曹操多了几分戒心。汉献帝也察觉到曹操有不臣之心，于是用鲜血写了一份诏书缝在衣带里，秘密交给董承，令他设法除掉曹操。董承暗中联合刘备、种辑、吴子兰等大臣商议此事，而后刘备被派去截击袁术，没有动手。

另一边，曹操的谋臣也劝他早日杀掉刘备，免得刘备日后坐大。曹操故作淡定，嘴上说没有什么可畏惧的，其实心里还是颇为担忧的。刘备的仁义之名天下皆知，而关羽、张飞都是虎狼之将，他们会不会反叛闹事，谁也说不准。所以，刘备虽然被封了官，曹操仍把他留在许县闲居。

刘备也是聪明绝顶之人，从一开始就察觉到了曹操心里的算盘，但他还是装作对曹操感恩涕零，接受了这一切。闲居之时，他经常到地里种菜浇水，以表明自己胸无大志、安于现状。

当时袁术还在逃亡之中，刘备找了个机会，以追击袁术残部为借口逃出许县，回到徐州自己的地盘上。

刘备此时已经有了独占徐州之意，无奈势单力薄，又担心曹操追上来灭了自己，经过反复权衡，他打算与曹操的强劲对手袁绍结盟，共同来守徐州、攻兖州。

自此，在这个英雄辈出的时代，一出波澜壮阔大戏的两个主角——曹操与刘备，开始了正面较量。

这个时候，诸葛亮在隆中耕读还不到三年，但他已经把目光投向外面的世界，时刻关注时局的进展，收集相关信息，分析各个集团分分合合的策略和计谋，以及军阀之间不断上演的一出出欺骗与背叛的戏码，以超前的目光审视着形势的发展变化。这也为他后来"三分天下"的战略构想提供了现实依据。

建安四年（199年）十二月，曹操亲自率军屯于官渡（今河南省郑州市中牟县渡桥村一带），准备迎击袁绍。建安五年（200年）正月，董承等人密谋诛杀曹操的事败露，董承一干人等均被曹操诛杀。事先已溜出许县的刘备则进军下邳，袭杀徐州刺史车胄，占据了徐州。

随后，刘备留关羽守下邳，自己则回到小沛。东海昌豨以及诸郡县多从了刘备，短短数月，刘备又聚集数万兵马，有资本与袁绍结盟了。

此时袁绍已经打败了北边的劲敌公孙瓒，占据冀、青、幽、并四州，拥有几十万军队。恰巧"衣带诏"事发，曹操杀了董承等人，袁绍以此为借口，下令讨伐曹操。曹操采纳谋士荀彧、郭嘉的建议，在黄河边布下重兵。为避免腹背受敌，他还加强了对徐州刘备所部的攻势。

自此，袁、刘同盟与曹操的矛盾彻底公开化，再也没有和平相处的回旋空间，一场决定双方命运和改变历史走向的大决战由此拉开了序幕。

建安五年（200年）二月，袁绍发布讨伐曹操的檄文，然后亲领大军进抵黎阳（今河南省浚县），在这里建立大本营，又派颜良包围了白马（今河南省滑县）。曹操闻讯，立马带上张辽、关羽等大将，统兵北上迎敌。一个多月前，关羽在下邳被曹军困于土山，为保护刘备家人而投降，被迫为曹操效力。后曹操以声东击西之计，救白马之围，斩杀颜良，迁徙民众沿黄河向官渡撤退。

袁绍依仗自己人多势众，于八月率大军渡过黄河，逐渐逼近官渡，紧靠曹军扎营，军营东西绵延数十里。这里离许县已经不远，曹军不能再退，只得立营相据。

双方相持一百多天后，曹操派人奇袭袁绍在乌巢（今河南省延津县）的粮仓，继而击溃了袁军主力。袁绍及其长子袁谭皆单骑逃遁，渡河至黎阳北岸，才聚集了八百骑兵。

官渡之战大大增强了曹操的实力，为其击溃袁绍、统一北方奠定了坚实的基础。

官渡大战结束后，刘备在汝南（郡治在今河南省息县）的日子却过得提心吊胆。曹操虽然没有立马回过头来攻打他，但是危险仍然存在。建安六年（201年），也就是在诸葛亮在隆中耕读的第四个年头，曹操率大军攻打汝南。刘备自知无力与曹操对抗，只得南下荆州投奔了刘表。刘表拨给他一些人马，让他驻守新野（今河南省新野县）。此后几年，刘备的日子过得还算安逸，曹操则忙于扫平北方的割据势力。

袁绍在官渡战败后一直郁郁寡欢，于建安七年（202年）病逝。之后，曹操对袁绍的两个儿子各个击破，终于在建安八年

（203年）打跑袁尚，占据了邺城。

在曹操与刘备、袁绍争战期间，诸葛亮仍在隆中躬耕修习。他在庞德公那里读了不少史籍，对前几代王朝的更替和社稷兴衰有过探讨，对天下大势也做过一些分析。

当然，他更关注同时代的一些风云人物，认为袁绍在官渡之战失败，在于他空有兵强马壮，先自毁长城，拘田丰于狱中，关沮授于军营，驱许攸于阵前……自傲而不善用人，多疑而优柔寡断，不知道抓住有利战机。诸葛亮从中还意识到，生于乱世，要想成就一番伟业，至少要具备两个前提：一是遇到贤明的主公，二是自己要有突出的才能。因此，他选择潜心隐志，以待天时。

诸葛亮常常把自己和管仲、乐毅相提并论，可见他的志向并不是要君临天下，而在于辅佐明君。刘备有匡扶汉室之志，与诸葛亮的宏愿是一致的，但刘备集团的力量还太弱，所以没有得到诸葛亮的足够关注。

在遇到明主之前，诸葛亮能做的只有耐心等待。每天耕作累了，到田埂高地上休息时，他经常吟诵《梁父吟》：

步出齐城门，遥望荡阴里。
里中有三墓，累累正相似。
问是谁家墓，田疆古冶子。
力能排南山，又能绝地纪。
一朝被谗言，二桃杀三士。
谁能为此谋，国相齐晏子。

《梁父吟》记述了春秋时期齐国宰相晏婴以权谋帮助齐景公铲除功高震主的三大功臣的故事。其大意是：走出齐国都城临淄的大门，远远望见荡阴里这个地方，那里有三座坟墓，建造得很相似。那是谁的坟墓呢？原来葬的是田开疆、公孙接和古冶子三位勇士。这三个人力气大得能推倒南山，剑术之精妙足可斩断地基。可是别人仅用两个桃子就杀死了他们。谁能想出这样的妙计呢？原来是齐国的宰相晏子。

诸葛亮时常吟唱《梁父吟》，也许是因为怀念离别十几年的故乡，也许是对先贤的政治思想有所领悟而发出感叹，又或许是出于寻觅明主而不得的惆怅。

当然，对于自己的才华，他还是很有自信的。《三国演义》中写道，诸葛亮常常"抱膝危坐，笑傲风月"，并曾吟唱道：

凤翱翔于千仞兮，非梧不栖；
士伏处于一方兮，非主不依。
乐躬耕于陇亩兮，吾爱吾庐；
聊寄傲于琴书兮，以待天时。

意思是说：凤凰翱翔在千仞高山上，只会停留在梧桐木上；高士蛰伏在一个地方静待，不是真正的明主不会依附；开心地躬耕在陇上田地，我喜欢我的清庐草居；无聊时寄托情怀，志向在琴棋书画中，以此等待天时而出。

有一次，诸葛亮和石广元、徐庶、孟公威三个要好的学友闲聊，他们感慨眼下战乱不休，想要建功立业，却找不到可以施展才华的地方。诸葛亮劝慰大家说："当今天下大乱，总有一天要由乱而治，我们只要静观其变，择明主而事，还怕不能成就一番功业吗？以你们的才干，将来一定可以做到刺史或郡守。"三人反过来问他将来可以做到什么官职，诸葛亮笑而不语。正如诸葛亮所言，后来石广元历任郡守，累官至典农校尉；徐庶在曹魏王朝官至右中郎将、御史中丞；孟公威则当上了凉州刺史、征东将军。

而诸葛亮呢，他的志向与抱负远大得很，对做一般的刺史、郡守并不感兴趣，要做就做管仲、乐毅那样能够拯衰复兴、济世救民的辅相。很多人对他的妄自尊大有些不屑一顾，但徐庶、崔州平等好友了解他的才干，所以对他能够实现自己的理想都深信不疑。

第三章 献策出山

第一节 隆中对策

自董卓作乱以来,刘备雄心勃勃,南征北战,打拼了十几年,但仍一事无成,连一块地盘都没有打下,更谈不上实现匡扶汉室的理想了。如今躲在刘表的屋檐下,何时才会有出头之日?

每当夜深人静之时,刘备心里就闷得慌。他走出屋外想透透气,排解内心的苦闷,可仰望星空,一种无奈和惆怅反而越来越强烈。

想到自己四十多年的人生一事无成,刘备不由得悲从中来。他想不明白,为什么自己会离目标越来越远?个人方面,他是皇室后裔,形象、声望俱佳,有一定的知名度;军事方面,他拥有一流的勇将关羽、张飞和赵云;幕僚方面,他有孙乾、简雍、糜竺等名士。有这么多的文臣武将,为何一块地盘都占不稳呢?几个勇将找不出原因,谋士也只能说时机未到。

因为一直找不到答案,刘备专程去思安(今湖北省襄阳市南漳县)拜访了水镜先生司马徽,恳请他对自己事业上的问题进行彻底的诊断。

司马徽心里认为刘备面临的问题归根结底在于四个字——志大才疏。刘备有远大目标却没有具体计划,打到哪里算哪里,一个地方待不住就换一个地方;没有军事指挥才能,靠义气带兵,往往因救一人或一城而损失千百人,缺乏全局观念。

不过,司马徽没有说得这么直白,只是稍微提了一下刘备手下文臣的弱点,然后告诉他必须招募真正识时务、看得懂天下大势、能够谋划布局的奇才。

刘备问:"先生可知何人堪称这样的奇才?"

司马徽笑道:"荆州一带有'卧龙',还有'凤雏',刘将军若能请到其中一位,就可以平定天下了。"

刘备急切地问道:"'卧龙''凤雏'是谁?"

司马徽不慌不忙地说:"卧龙者,隆中诸葛亮,字孔明;凤雏者,鱼梁坪庞统,字士元。"

刘备对司马徽的话半信半疑,因为这两人都曾是司马徽的学生,老师推荐学生,多半有点私心。最终让刘备下定决心的是诸葛亮的好友徐庶的举荐。

徐庶早年喜欢练武习拳,尤好击剑,一心想做个侠客,后来因为给朋友报仇而经历了牢狱之灾。他由此意识到,惩奸除恶不能只靠刀剑,那样风险太大,要讲究策略,效果才好。所以,他决定弃武从文,之后辗转流落到荆襄地区,与诸葛亮结识,成为学友。

荆州牧刘表曾多次礼聘徐庶出仕,但徐庶认为刘表虽然号称皇室宗胄,颇有礼贤下士之名,其实骨子里高傲又好面子,知善不能举,知恶不能去,性格优柔寡断,心胸狭隘,招贤纳士只不过是表面文章罢了。所以,徐庶坚辞不就,躲到老家蛰伏待机。

刘备到荆州大约两年后,徐庶听说他在招贤纳士,便从颍川重返荆州,想投到刘备门下效力。刘备虽然能力不行,却很有人格魅力,无论文士还是武将,都被他的人格魅力折服。

刘备听说徐庶前来投奔,心里非常高兴,热忱地欢迎了他;又见他举止风雅,觉得他不是"卧龙"就是"凤雏"。徐庶则自称单福,这是人们根本不熟悉的名字。不过,刘备还是认真对他进行了"面试",问荆州(新野)当下的急务有哪些。徐庶也不客气,当即提出三条:"一是练兵,王者统帅军队,必须精心训练士兵,按其才能高下授予职位;二是屯田,自古圣人治理国家,或者崇尚用权力谋略来治理国家,或者推崇用道德教化来安定百姓,但都把农耕作为最重要、最紧急的事务;三是防奸,古代的君王,对敌人的计谋研究得越清楚,防患越严密。七术是人主之所执,六微是人主之所备。"

刘备听了,觉得徐庶确有实学,于是留他做自己的谋士。

建安十二年(207年),曹操出兵征讨乌桓(原东胡部落联盟中较强的部落之一),歼灭了乌桓主力及袁尚、袁熙残余势力,基本统一了北方。在成为北方最强大的势力后,曹操准备调兵南下，派曹仁、李典带降将吕旷、吕翔等统领三万人马进驻樊城，一是打探荆州方面的消息，二是待大部队集结后，作为南进的先锋。

此时刘备仍在新野招兵买马。曹仁打听到新野的一些情况后，派出立功心切的吕旷、吕翔率五千人攻打新野。刘备利用徐庶之计，轻而易举地击败了二吕。曹仁知道后，又亲率二万余人攻打新野。徐庶又给刘备献计，乘樊城空虚，派关羽突袭樊城。曹仁攻打新野数日不下，只得退回樊城，不料樊城已被关羽占据，曹仁被打了个措手不及，只好逃回许县去了。

经过一段时间的检验，徐庶的一些治军措施和计谋都取得了显著成效，刘备大喜过望，盛赞他有王佐之才。徐庶则十分谦让，称自己的才学远远无法与"卧龙"相比。他对刘备说："我有个老朋友叫诸葛亮，字孔明，人们称他为'卧龙'，将军是否愿意见见他呢？"

这是刘备第二次听到"卧龙"这个名字了，之前司马徽向他推荐"卧龙"，他还一直在犹豫。在徐庶详细介绍了诸葛亮的经历、学识和才能后，他再也按捺不住了，说："既然您跟他这样熟悉，就请您辛苦一趟，把他请来吧！"

徐庶摇摇头说："这恐怕不行。像'卧龙'这样的人，一定得将军亲自去请他，才能表示您的诚意。"

刘备见司马徽、徐庶都这样推崇诸葛亮，想必是个了不起的人才，于是就带着关羽和张飞一起去寻访诸葛亮。

他们来到隆中，只见这里的山冈蜿蜒起伏，好像一条等待时机腾飞的卧龙，冈前一大片松林疏疏朗朗，山麓下一条小溪流水潺潺。"好一个幽静之地！"刘备赞叹道。在离草庐还有半里左右时，他就下马步行。

得知刘备等人要来拜访，诸葛亮特意躲开了，以试探一下刘备是否真有诚意。刘备见诸葛亮不在家，便打听他的去处和归期，书童回道："先生踪迹不定，不知归期。"

刘备惋惜不已。张飞说："既然没遇见，就回去吧！"

刘备让他们再等一会儿，关羽劝道："不如先回去，以后派人来探听。"

刘备满腔热忱却扑了个空，心中有些失落，但也只能怪自己运气太差，带着关、张怅然离去。

过了些时日，刘备带着关、张二人再次拜访诸葛亮。他们进了草庐院门，只见茅庐门上写着一副对联："淡泊以明志，宁静而致远。"意思是用淡泊、简朴来彰显自己的志趣，似乎是在告诉刘备，他还没有出山入仕的意愿。

关羽忍不住说道："人家根本就没有出山的意思，枉费了大哥一番苦心。"

刘备却说："真正的高人，可不是随随便便就能请到的，这次见不到，我就下次再来，总有机会见面的。"

转眼到了建安十二年（207年）新春，刘备料想这个时节诸葛亮不会出远门，于是派人去隆中打听，得到回报：诸葛亮回来了。他立即吩咐备马。

张飞有些不耐烦地说："一个乡野村夫，何必劳烦大哥一趟又一趟地跑？派个人把他叫来得了！"

刘备斥责道："你怎么这样无礼！过去齐桓公想见东郭野人，五次往返才见到一面；孔明是当今大贤，怎么可以随便派个人去叫呢？"说完就出门上马，关、张也只好骑马相随。

初春的天气非常寒冷，北风呼啸，雪花纷飞，三人冒雪再次来到卧龙岗。时值晌午，刘备走到柴门前敲门，书童出来告诉刘备说："先生正在午睡。"

刘备吩咐关、张二人在院外等候，自己轻轻走进去，恭恭敬敬地站在茅庐门前的台阶下，等诸葛亮午睡醒来。关羽、张飞在外面站了很久，不见动静，便走进院子里看个究竟，结果看见刘备仍毕恭毕敬地站在那儿。张飞急了，怒道："这个时候了竟然还在睡午觉，这家伙也太傲慢了！等我去屋后放一把火，看他起不起来！"关羽一再劝说，才把张飞劝住。刘备仍叫他们在屋外等候。

过了好长时间，诸葛亮终于睡醒了。他起床后，随口吟道："大梦谁先觉？平生我自知。草堂春睡足，窗外日迟迟。"然后问书童："有客人来吗？快请进屋来！"

刘备进至屋内，拱手说道："久闻先生大名，曾经两次拜见，都没有遇到。"

诸葛亮连忙说："将军光临草舍，没有及时迎接，怠慢之处，还请见谅。"

两人礼让一番后坐了下来，一边喝茶，一边谈论天下大事。刘备感叹道："自董卓之乱以来，汉室倾颓，奸臣窃命，主上蒙尘。因此我不自量力，也不避讳自己低微的声望，一心想要匡扶汉室，彰显天下大义。无奈智术短浅，力有不及，争战多年仍一事无成。我心中焦虑不安，还请先生赐教！"

诸葛亮见刘备虚心请教，也就推心置腹地表明了自己的主张："现在曹操已经战胜袁绍，拥有百万雄师，而且又挟持天子发号施令，这就不能光凭武力和他争胜负了。孙权占据江东一带，经营已久，政权稳固，而且地势险要，物产丰富，现在百姓愿意归附他，还有一批有才能的人为他效力。这般情形只能和他联合，不能打他的主意。"

接着，诸葛亮分析了荆州和益州及汉中的形势，认为荆州北靠汉水、沔水，一直到南海的物资都能得到，东面和吴郡、会稽郡相连，西边和巴郡、蜀郡相通，是个军事要地，但刘表是守不住这块地方的。益州地势险要，土地肥沃广阔，自然条件优越，向来被称为"天府之国"，可是那里的主人刘璋是个懦弱无能的人，张鲁在北面占据汉中，那里人民殷实富裕，物产丰富，刘璋却不知道爱惜，大家都对他不满意。

刘备听了诸葛亮一番议论，更加敬佩他，接着问道："先生如何看待今后的天下大势？"

诸葛亮见刘备态度诚恳，便继续为他分析道："天下大势，可谓三分：一分天下者，是乱世之枭雄曹孟德。此人自陈留起兵以来，斩黄巾、除豪强，挟天子以令诸侯，占天时而纵横天下，继杀吕布、二袁之后，又得冀州、平幽州，北方既定，一分天下已稳操胜券。

"二分天下者,是江东孙仲谋(孙权)。此人外柔内刚,爱才用贤,屯田积粮,凭长江天险之固,虎踞龙盘六郡八十一州,占地利一分天下,足以和曹操分庭抗礼。

"三分天下,二分已去,唯荆州、益州这一分天下,将为谁所有尚不明朗。现在这二州的主人,一个无四方之志,一个昏庸无能,如果能有一个大智大勇、爱才重贤、为国为民的仁德之主,乘曹操无暇南顾、孙权羽翼未丰,一举囊括荆、益险阻之地,可以说大势可成。"

刘备一边听,一边连连点头。诸葛亮最后说:"将军是皇室的后代,而且声望很高,天下闻名,如果您能占领荆、益两州,守住险要之地,与西边各民族和好,并安抚南边的少数民族,内修仁政于民,外结盟好于孙权,聚兵积粮,一旦有机会,就可以从荆州、益州两路进军,攻击曹操。到那时,有谁会不欢迎将军呢?如果能依照这个计划行事,那么将军便可叱咤风云于神州大地,扭转乱世之乾坤,重兴汉室而一统天下。"

诸葛亮在对策中,为刘备成就蜀汉大业规划了一条明确而又完整的内政、外交政策和军事路线,详细描绘出了一个天下鼎足三分的蓝图,同时也树立了自己善于审时度势、透过现状掌握全局,并且高瞻远瞩、善于推知未来的政治家和军事家的形象。

刘备听了诸葛亮这一番精辟、透彻的分析,豁然开朗,于是恳请诸葛亮出山助他完成兴复汉室的大业。

诸葛亮见刘备精诚之至,答应出山辅佐刘备。当天,诸葛亮便随刘备前往新野。

刘备之所以能请动诸葛亮，还在于他拥有令人难以抗拒的个人魅力。在《三国志·先主传》中，陈寿说："刘备气量大度宽厚，对待他人有汉高祖的风范、英雄的器量才能。"比如公孙瓒手下大将赵云，忠诚正直、勇于进言，不得公孙瓒欢心，但他和刘备一见如故，成为刘备阵营中的一员得力将领。刘备当平原相时，有人曾派刺客去暗杀他，但他接待刺客时"待人甚厚"，结果刺客不忍心杀他，反而告诉他自己的来意，然后就离开了。至于自己的结拜兄弟关羽、张飞，刘备更是"同席而坐、同床而眠、同簋而食"，同甘苦共患难。俗话说，士为知己者死，冲着刘备的这些表现，诸葛亮愿意跟随他也就不难理解了。

第二节　逃离荆州

刘备三顾茅庐，好不容易请出了诸葛亮，转头却又失去了同样很有能力的谋士徐庶。

原来，曹操在建安十二年（207年）班师回到大本营邺城之后，立马在冀州筹建水师，并在玄武池开始训练。就在这个时候，传来了曹仁在新野吃败仗且丢了樊城的战报，曹操根据自己对刘备的了解，认为刘备一定得到了高人指点，于是让曹仁尽快查出刘备身边的高人是谁。

曹仁不敢怠慢，经过一番查证，得知这位高人叫单福，是颍川名士徐庶的化名。曹操急于得到徐庶，便派人抓来徐庶的母亲，然后让她写信招降徐庶。徐庶收到信后顿时乱了方寸，只得向刘备和诸葛亮辞行。诸葛亮虽然不舍，但也想不出什么好办法。之后，徐庶去了许县，为曹营"效力"。

诸葛亮来到新野后，开始考虑如何帮助刘备夺取荆州，他发现荆州的局势非常复杂，于是几乎每天都跟刘备在一起了解情况、分析形势、制定应对之策，甚至同食同寝。关羽和张飞看见诸葛亮受到如此重用，心里很不痛快，在刘备面前也不免抱怨几句。他们觉得诸葛亮年纪轻轻，未必有多大本事，怪刘备把诸葛亮看得太重要了。

刘备对他们说："我有了孔明，就像鱼儿得到了水一样。希望你们不要再说什么了。"既然刘备都这么说了，关羽和张飞也就只能闭嘴了。

这天，诸葛亮向刘备提到了征兵之事，他说："曹操随时可能南下，而将军手下只有几千人马，现在最重要的是尽快壮大队伍。"

刘备听了，有些无奈地说："我也正为此事发愁，可是又能怎么办呢？我现在投靠刘表，暂居荆州，扩军之事由不得我做主。况且刘表是按户籍征兵，能征的人也被征得差不多了，哪里还能征到兵呢？"

诸葛亮对此显然早有调查，他一副成竹在胸的模样，说："现在荆州不是人少，而是登记户籍的人少，如果直接征调他们为兵，会使人心不悦。将军可以对刘景升说，让荆州境内的游民和漏户自报户籍，分给他们田产让他们可以自己养活自己，然后再从中征兵，这样就可以增加军队的数量了。"

刘备闻言大喜，第二天便到襄阳去见刘表，提出了"游户自实，以益兵众"的建议。刘表正卧病在床，他一直想利用刘备的力量来抵抗曹操，所以在听了刘备的建议后，当即表示赞同。不过，他也担心刘备的实力壮大起来后威胁到自己，不久又下令让刘备从新野移屯樊城，以方便控制。他没想到这样做反而帮了刘备一个大忙，因为荆州的游民大部分集中在襄、樊一带，刘备移屯樊城后，一边登记游民，一边挑选壮丁，使自己的队伍一下子增加了数万人，财赋收入也大大提高。诸葛亮一边让人造册登记，一边抓紧时间训练新兵，忙得热火朝天。

看着短时间内迅速壮大的军队，刘备兴奋不已，从此对诸葛亮更加信任和器重。这支军队后来成为孙、刘联合抗曹的重要力量，并为刘备建立蜀汉政权立下了汗马功劳。

当刘备忙着招兵买马时，曹操也于建安十三年（208年）春开始调兵遣将，准备攻打荆州。

其时，荆州江夏郡太守黄祖是个强硬的抗曹派，他的部将甘宁因不受重用，到江东投奔了孙权。孙权十分器重甘宁，拜他为副将。因为父亲孙坚在征讨荆州时被黄祖的兵士射杀，而黄祖是奉刘表的命令迎战孙坚，孙权因此怨恨刘表，一心想找机会报仇雪恨，所以跟荆州摩擦不断。

现在，孙权听说曹操准备南下攻打荆州，恰巧甘宁又叛投而来，觉得这是个报复刘表的好机会，于是亲自领军攻打江夏郡。他率领江东诸将势如破竹，很快便杀了江夏守将黄祖。黄祖之死，也使荆州境内最大的反曹势力被消灭。

攻占江夏郡后，孙权原本打算派将士留守，但谋士张昭说："这是座孤城，暂时还没必要花费人力守护。刘表必定来攻，我们还是回江东以逸待劳，等到打败刘表夺下荆州，占据江夏才有意义。"孙权便依张昭所言，下令班师回江东。

如此一来，荆州可谓内忧外患，危在旦夕。就在这时，曹军大将于禁屯驻颍阴（今河南省许昌市），大将乐进在阳翟（今河南省禹州市），大将张辽在长社（今河南省许昌市长葛县），他们三人都相当自负，谁也不服谁，不愿协作共事。曹操派赵俨去整顿这三个地方的军务，经赵俨开导劝谕，他们才开始和睦共事。这也使曹操对荆州的军事行动延缓了几个月，但在这段时间里，刘表没有做任何迎战的准备。

刚刚出山的诸葛亮，面临着严峻的考验。他的隆中策提出了三分天下的中长期规划，以及可实施的路线、方针，使刘备对眼下的局势有较为完整的了解，扩展了他的视野，也增强了他争霸天下的信心。现在，曹操攻打荆州已成定局，诸葛亮和刘备经常一起商讨对策。诸葛亮建议派人到江东去打探一下虚实，刘备依计而行。

过了一段时间，刘备派出的探子从江东回来报告说："孙权攻破江夏后便撤军了，现在正操练水陆军马，准备对抗曹操。"刘备听了便和诸葛亮商议如何化解与江东的矛盾。

诸葛亮推断，刘表定会出兵报复孙权，那样一来，荆州和江东的仇怨就会更深，正好便宜了曹操。因此，刘备打算亲自去襄阳劝说刘表。他留关羽驻守新野，命张飞带领五百人马随行。

路上，刘备问诸葛亮："见了刘表，应该怎么说呢？"

诸葛亮说："最好先说襄阳那件事（让刘琦继任），如果他让使君征伐江东，千万不要答应，就说先回新野整顿兵马。"也就是要刘备整军待变，不要贸然反攻江夏。

抵达襄阳后，张飞留在城外，刘备和诸葛亮一起入城去见刘表。刘表听刘备汇报了江东的军情，果然要求刘备发兵进攻江夏，为黄祖报仇。刘备便按诸葛亮的嘱咐应对，并且强调："如果起兵东征，曹操引兵杀来，我们将腹背受敌，仅以荆州之力肯定难以抗拒。"

本来荆州属地辽阔，北有汉沔、襄阳之蔽，南方直通南海，东面连接吴郡、会稽郡，西面可通巴蜀，有夷陵之防，是兵家用武的好地方。可惜刘表缺乏战略眼光，不思进取，试图以长江、汉水为依托，战略上坐守自保，没有充分发挥这块风水宝地的优势。早在曹操征伐辽东时，刘备就曾建议以锄奸臣的名义，先发制人，直捣曹操的老窝许县。可刘表不同意，以致坐失良机，现在眼看曹操大军压境，他却疾病缠身，既郁闷又后悔。他向刘备认错说："当初不听你的建议，失去了大好机会，我真是后悔莫及啊！"

既然人家打上门来了，总得有人出来扛起重担。刘表心想，自己和刘备虽然非亲非故，但毕竟同为皇室后裔，让刘备出来主持荆州大局也在情理之中。于是，他诚恳地说："我年老多病，治理荆州已力不从心，希望贤弟能来帮忙。等我死后，荆州就交给你吧！"

刘备一听高兴极了，却不敢答应下来。一方面，荆州实权掌控在蔡、蒯等几大家族手中，而他们都是主张与曹操联盟的，刘备没有把握能说服这几大家族；另一方面，刘备还是比较重情义的，不愿意乘人之危抢占荆州。所以，他哭着说："我一定竭尽全力辅佐贤侄，不敢有其他的想法。"

诸葛亮一直在旁边给刘备递眼色，希望他接受刘表重托，刘备却装作没看见。诸葛亮无奈，又请刘备退而求其次，极力推荐刘表长子刘琦继袭其职位，刘表的态度却很暧昧。

刘表有两个儿子，长子刘琦和次子刘琮都是原配夫人所生。起初，刘表因为刘琦的相貌最像自己，十分宠爱他。而且按照传统，继承人也应该是长子刘琦。但是后来次子刘琮娶了刘表后妻蔡氏的侄女为妻，蔡氏因此宠爱刘琮而厌恶刘琦，经常在刘表面前说刘琦的坏话，赞美刘琮。荆州豪门蔡家、蒯家也支持蔡氏，力挺刘琮的核心人物就是刘表的军师蔡瑁。刘表宠爱蔡氏，又怕与蔡氏家族交恶，所以也渐渐倾向于让刘琮继位。

刘琦郁闷不已，以前曾求助于刘备，结果刘备不仅没能替刘琦说上话，反而得罪了"亲曹派"的蔡瑁、蒯越等人，以至于他们以刘表名义在襄阳举办各郡县军政主官庆丰收的宴会，刘备都不敢参加了。

刘琦既失望又沮丧，诸葛亮做了刘备的幕僚后，他又悄悄向诸葛亮求教。诸葛亮表示不便参与刘表的家庭事务，而且他担心这样做会影响刘备在荆州本来就不稳固的地位，所以一直避免与刘琦单独见面。

但刘琦不甘心,这次诸葛亮陪刘备来襄阳讨论军情,他乘机邀诸葛亮游观后院,两人上到藏书的阁楼上,刘琦命人把梯子撤了,不让任何人上来。他对诸葛亮说:"现在上不着天,下不着地,话从您口里说出来,只有我一个人听到,可以说了吗?"

诸葛亮无奈,只得给他支招:"你想想看,当年晋献公有两个儿子,申生住在都城内,始终处在危险之中;重耳住在外面,不是很安全吗?"

刘琦悟出了其中的道理,于是暗中策划离开州府,恰巧江夏太守黄祖阵亡,他便自请接任江夏太守。刘表也不愿意因为继承人的问题导致荆州政局混乱,和刘备商量后,便答应了刘琦。

建安十三年(208年)夏七月,曹操统领大军南征,直逼荆州。关羽驻守的新野是荆州的北大门,曹军南下,新野首当其冲。刘备驻守樊城,也深感恐惧,连忙召集关羽、张飞、赵云、诸葛亮、糜竺、孙乾等武将谋士商量对策。

此时诸葛亮仅负责刘备阵营的行政事务及参谋工作,他虽然刚加入刘备阵营不久,但对刘备手下的几员大将还是比较了解的。论单兵作战,这几员大将可以说个个都能以一当百,但在排兵布阵和指挥能力上则存在很多弱点。他建议刘备将主力迅速撤往襄阳,与刘表的六万余人马合二为一,乘势控制州府,然后据城御敌。

但刘备依然坚持原来的观点:刘表与他同宗,并且把他当兄弟,他绝不会乘人之危,占兄弟的便宜,不然就太不讲道义了。

诸葛亮解释说，在曹操大军压境之际，刘表阵营肯定会进一步分化，荆州的军政大权若被那些亲曹派掌握，他们必将投降曹操。在特殊情形下，由抗曹派控制军政大权，不算背叛朋友。

刘备也觉得诸葛亮言之有理，但他沉思片刻后，依然态度坚决地说："不知情的人听了还是会指责我不义，即便要死，我也绝不做这种忘恩负义之事！"

张飞、关羽一直不满刘备厚待诸葛亮，也不同意诸葛亮的撤退计划，说他从未上过战场，只会纸上谈兵。于是，刘备与众将议定，绕过襄阳城，攻占江陵。其中，关羽率军乘数百艘舰船经白水顺汉江，向东南方向转移（汉水东南流入江夏郡，在郡治夏口汇入长江）。刘备和诸葛亮率领本部军士、随军家属和逃难百姓走陆路，向正南方向退却，至南郡府城江陵。张飞和赵云率部掩护。

八月，刘表病逝。在蔡氏、蒯氏等大家族的支持下，刘琮继任荆州牧。刘琦则去往江夏，做了江夏郡太守，驻防夏口。

其实，刘琮也有过和诸葛亮一样的想法：出师讲究的是"名正言顺"，他与刘备都是汉室后裔，两人若联合起来，军事力量与曹军相差并不太大，可以在襄阳做好部署，名正言顺地消灭奸臣。但蔡瑁听了后怒目圆睁，高声粗气地说："曹操以朝廷命令出师，如何不是师出有名？数十万大军南下，其势如秋风扫荡落叶，谁能阻挡？不如奉迎他！"蒯越、张允等人也极力反对与曹操对抗。

没过几天，曹军逼近荆州府城襄阳。刘琮被曹军的声势吓破了胆，章陵太守蒯越、别驾刘先、东曹掾傅巽等人竭力劝说他归附曹操。刘琮说："今天与诸位据荆州之地，守父亲基业，坐观天下转变，为何不可以呢？"但傅巽等人表示反对，他们认为抵抗朝廷是逆反之举，也是不自量力的行为，而且刘琮不如刘备，如果刘备能抵抗得了曹操，也不会甘心做刘琮的臣下，那样一来，抵抗就没有意义了。正如诸葛亮所预料的那样，在傅巽、蒯越等人的鼓动下，刘琮暗中投靠了曹操。

此时，刘备一路奔逃，途中经过刘表之墓时还祭拜了一番，然后哭泣而去。刘琮的一些亲信和近十万襄阳城的百姓也跟随刘备南下。幕僚们劝刘备说："当务之急是尽快抵达江陵。而您带着大批百姓，作战的士卒却很少，如果曹操的追兵赶到，如何能抵御得了？"刘备却坚决地说："成就大事者必须以人为本，现在这么多人想跟随我，我怎么忍心弃他们而去？"

刘琮投降后，曹操大军在荆州如入无人之境。刘备的主力人马在撤退中，因为有家眷和大批平民同行，行军速度十分缓慢。曹操得知江陵囤有粮食、武器等军用物资，担心被刘备抢占，于是下令丢掉辎重，轻骑快进赶往襄阳。

听说刘备已过襄阳，曹操立马派出精骑五千为先锋，一日一夜行三百余里，在当阳（今湖北省当阳市）附近追上了刘备。

刘备的军队和百姓混在一起，在曹军精骑先锋追上来后四处逃散，他的妻儿都陷于乱军之中。危急时刻，诸葛亮建议将兵力分为两个部分：张飞率精干轻骑在漳水及沮水会合的长坂桥，布下疑兵阵，阻挠曹操的追兵；赵云组织大队人马，保护百姓南撤。

恰在此时,江东孙权的谋士鲁肃要去荆州吊唁刘表,途中听说新任荆州牧刘琮投降了曹操,他便回头去追刘备。出发之前,他已经和孙权达成了一致意见:联合刘备抗击曹操。

鲁肃与刘备在当阳之南的临时营帐里见了面,鲁肃问刘备有何打算,刘备说:"江陵虽然失陷,但长江南岸的荆州还没有被曹军占领,我打算在夏口整编部队,然后率众南下。苍梧(今广西壮族自治区梧州市)太守吴巨过去与我有些交情,我打算去找他帮忙。"

鲁肃的看法则不同,他向刘备讲述了孙权的意图,发表了自己对天下大势和目前形势的看法,并为刘备提供了一条退路。他说:"苍梧位置偏远,吴巨也没有什么才能,靠他是靠不住的。孙将军聪明仁义、礼贤下士,人心所向,如今拥有江东六郡兵马,粮草充裕,足以举事。对您来说,最好的选择是派人结交江东势力,共图大事。"

刘备听了神色黯然,没有明确表态。这时,诸葛亮进入营帐,与鲁肃互通姓名后就交谈起来。诸葛亮说道:"我主刘豫州和孙将军素无来往,怎好轻易去见他呢?"

鲁肃微微一笑,说道:"我跟令兄子瑜(诸葛瑾字)是朋友。如果刘豫州不便亲往,您可以到江东去看望令兄,到时我会安排您与孙将军会面。"

诸葛亮闻言心中甚喜,在与鲁肃深谈后,他觉得孙刘结盟势在必行,于是对刘备说:"子敬(鲁肃字)先生的建议很好。事态紧急,请奉命向孙将军求救。"刘备这才点头同意。

后来,在孙刘结盟一事上,诸葛亮和鲁肃的友情也起到了重要作用。

刘备原本打算占据江陵,获取粮食、兵器,另立门户。但曹军紧追不舍,他只得逃向东面,渡过沔水东去。接着遇到刘琦率领的一队人马,双方汇合后,一起前往夏口。此时,刘备所有人马聚集起来,也不过一万余人。

夏口是荆州的地盘,现在是刘琦的管辖之地。刘备、诸葛亮都和刘琦有点交情,但如果刘备长时间驻于夏口,那么他和刘琦之间的关系就不太好处理了。因为刘备需要迅速恢复元气,打算在夏口招兵买马,那么江夏由谁来做主?

刘备的处境很尴尬。尽管曹操让刘琮永为荆州之主,但真正的主人是曹操,以人臣对抗人主,是以逆抗顺;而且曹操手握皇权,以地方对抗中央,更是以卵击石。刘备不投降的话,退路只有一条,那就是结盟借势。但是,如果要跟江东结盟而不是投靠,他又该以什么名义去谈呢?他感到惶惶然犹如丧家之犬,何去何从?前路怎么走?这些问题凑到一起,让他焦虑万分,寝食难安。

急于寻求出路的刘备,将军中将领、幕僚谋士及刘琦等找来共商大计。经过讨论,大家一致赞同诸葛亮提出的与江东结盟之策。于是,刘备决定让诸葛亮出使江东,全力促成此次联盟。

诸葛亮稍作准备后,便和鲁肃一起渡江,直奔柴桑(今江西省九江市)而去。

诸葛亮出发后，刘备将所部人马重新做了部署：关羽率水军约万人驻在夏口；张飞、赵云各率陆军四千人驻在鲁山；刘备自己领部分人马由夏口渡过长江，进驻夏口斜对面由东吴控制的鄂县樊口（今湖北省鄂州市樊港入江处），与北岸的刘琦夹江布阵，控扼长江航线及沿江两岸的态势。

第三节 游说孙权结盟

孙权攻打江夏回到江东以后，亲自率领大军驻扎在柴桑。这次水军小规模征战得胜，使他对水师队伍更加重视，战船增加到七千余艘。在周瑜、鲁肃等人的辅助下，孙权的势力进一步扩大。鲁肃为孙权提出了鼎足江东的战略规划；周瑜则被授为大都督，统领水陆军马，并负责在鄱阳湖操练水军。

再说，曹军打到江陵，搜刮了一批财物后，留下曹仁、徐晃的两支人马驻守。曹操准备亲率主力及蔡瑁的水军自江陵出发，沿长江北岸而下；任命文聘为江夏太守，率襄阳水军随同于禁、张辽、张郃、朱灵、李典、路招、冯楷七军出襄阳，沿汉水配合主力攻取夏口。

入冬后，曹操采纳谋士荀攸的建议，派使者前往江东，要求孙权和他一起出兵夹击刘备。为保险起见，曹操还要求孙权送一个儿子到许县作为人质。

孙权对曹操提出的无理要求十分恼怒，但他心里明白，此时的刘备根本不堪一击，哪里还需要他出兵？曹操派使者来的真正目的是要给他一个警告，让他选择是战还是降。因此，孙权需要仔细权衡：如果帮助刘备抵抗曹操，胜利了，自己有什么好处？如果刘备败了，曹操肯定会继续东进，江东又能承受多大的后果？

曹操也看透了孙权的心思——打得赢打不赢都要打了再说。他气愤之余，下令出动号称八十万陆、水师，沿长江、汉江而来，西起荆州，东到蕲春、黄州，寨栅连营长达几百里。

建安十三年（208年）冬的某天，天气晴朗，长江上风平浪静。曹操召集驻扎在江北的水陆师将领聚餐，到了晚上，天空中的上弦月非常明亮，远眺长江像一条横飘的素带，近观战船上众将，个个锦衣绣袄，威风凛凛。

曹操兵锋直指江东，使孙权顿失英雄胆色，抗曹决心有所动摇。他原本有跟刘备结盟的打算，如今眼见刘备败得一塌糊涂，而曹操几十万大军却挟气吞山河之势而来，如果说他不犹豫、不胆惊心惊，肯定没人相信。

孙权再次召开紧急军事会议征求意见，结果上上下下一片降曹论调。众人纷纷说，曹操托名汉相，如狼似虎，挟天子以征四方，岂能对抗？更何况，他拿下荆州、占领江陵以后，就连长江天险也与江东共有，不投降还有什么更好的法子？

诸葛亮在这种情况下出使江东，要想说服孙权并非易事。

面对年轻英俊、仪表堂堂，比自己还小一岁的江东之主，诸葛亮简要说明了当前天下的局势和未来的走向："自天下大乱以来，孙将军起兵据有江东，抗拒曹操；刘豫州在汉水以南聚集兵马，与曹操同争天下。现在曹操已经铲除劲敌，逐渐平定了北方，又南下攻破荆州，威震天下。刘豫州被迫遁逃至此，情况危急，不知将军有何对策？"

孙权有些为难地说："曹操挟天子以征四方，不投降又能怎么办呢？"

鲁肃担心诸葛亮直言反驳，让孙权下不来台，于是抢先说道："投降不是不可以，但要看是谁投降。比如我这种小人物，完全可以迎接曹操并投降朝廷；但将军您就不可以，为什么呢？因为我投降以后，可以一步步地升上去，当个郡守、州牧之类的也不成问题。而将军投降曹操的话，又能到哪里去呢？"

孙权对鲁肃的话深有同感，他微微皱眉道："曹操拥兵百万，如果顺流东下，是战是和，确实难于定夺。"他显然不甘心向曹操称臣。

诸葛亮沉思片刻，故意激将道："如果将军认为以江东的实力足以跟中原抗衡，那就和曹操断绝关系，以下定决心，集中力量；如果认为不能抵挡曹军，那就不如及早决断，归顺朝廷。现在将军表面上唯命是从，实际上心怀二志，火烧眉毛却当断不断，恐怕要不了几天，大祸就要临头了。"诸葛亮这番话正好揭露了孙权内心的矛盾，他稍微停顿了一会儿，又说，"愿将军量力而处之。"

孙权听了，生气地反问道："按照孔明先生的说法，刘豫州为什么不投降曹操，还要不自量力地抵抗呢？"

诸葛亮听了暗自感到高兴，孙权的思维开始跟着自己走了：既然刘备跟他一样处境糟糕，为何刘备不降？

诸葛亮神色一正，严肃地说："从前，田横不过是齐国的一个壮士，尚且能够守义不辱。何况刘豫州是汉室之胄，英才盖世，众望所归，岂有投降之理？即使抵抗失败，那也是天意。投降曹操，是绝对不可能的！退而言之，即便江东不战而降，刘豫州还是会跟曹贼战斗到底。如今大汉风雨飘摇，刘豫州作为汉室宗亲，匡扶汉室乃其宏愿，只要他有一口气在，必然会和曹贼血战到底！"

孙权听了也不甘示弱，接过话头说："既然刘豫州都不降，我江东实力远胜于他，又岂能低三下四地把东吴的大片土地和数十万人马交给别人！"他想了想，又说，"我想清楚了，如今除了刘豫州，已经没人敢对抗曹操了。只是刘豫州本来可以和我一起抗曹，如今他吃了败仗，还有多少力量呢？"

诸葛亮听得出来，孙权动心了，只是担心打不过曹操那八十万大军。针对孙权的疑虑，诸葛亮摆摆手说："刘豫州虽然在当阳遭到挫折，可是被打散的士兵又纷纷归来，加上关羽的水兵，还有一万多人。刘琦统领的江夏士兵也有一万多人。这些劫后余生的将士痛恨曹操，斗志旺盛。曹军虽然号称八十万，实际上只有十几万，加上荆州的数万名降兵，充其量二十余万人而已。

"况且，曹军主力从北方赶来，每天差不多要跑三百多里路，这就好比一支箭，到了最后，连一层薄纱也穿不透了。再说，北方人不会水战，坐船也不习惯。而荆州的百姓归附曹操，是迫于形势,并不是真心实意,根本不会为曹操拼命。

"只要将军和刘豫州结成同盟,将两处兵马联合起来,同心协力,一定能打败曹操。曹军一败,必然会回到北方去,这样荆州和东吴都能保全,势力将逐渐强盛,形成三分天下的形势。成败的关键,完全取决于我们现在的抉择。"

鲁肃一边听,一边赞许地点着头。孙权也连连说好,同意跟刘备联合抗曹。不过,他还有些不放心,又问了鲁肃一句:"如果打不赢,该怎么办?"

鲁肃看了诸葛亮一眼,回道:"我不是带兵的,打不打得赢,还得孔明先生和都督公瑾(周瑜字)再行商议。"

于是,孙权派人去鄱阳湖请周瑜回来一趟,鲁肃则陪着诸葛亮去看望他的哥哥诸葛瑾。

第二天,周瑜赶回柴桑。周瑜是一个文武双全的奇才,有"王佐之资",自二十一岁起便随孙权之兄孙策一起平定江东,为江东吴氏打下了一片天地。孙策遇刺身亡后,孙权在周瑜的鼎力支持下,接管了江东军政事务。孙权视周瑜如兄长,凡军政大事必请教他。

周瑜回来后,孙权将意欲与刘备结盟之事细述一番。周瑜是个强硬的抗曹派,当即赞同联刘抗曹。他对孙权说:"大家只看到曹操的劝降信中说有水、陆军八十万,惊恐之余,便不再去分析其中的虚实,而提出向曹操投降的意见,这也太不像话了。据实计算一下,曹操率领的中原部队不过十五六万人,而且长期征战,疲惫不堪;他新接收的刘表的部队,至多七八万人,并且仍然心怀猜疑。以疲惫的士卒,驾驭心怀猜疑的部众,人数虽多,但没有什么可怕的。希望将军不要有太多顾虑!"

孙权感激地拉起周瑜的手说:"公瑾都督,你说的非常合我的心意。张昭、虞翻等人,只顾自己的妻子儿女,怀有私心,令我非常失望。你和鲁肃才是最值得信赖的高参策士,这是上天派你们两人来辅佐我。现在又有荆州刘玄德的使者与我们共谋,我还是很有信心的。"

大政方针既定,具体的军事行动计划也随之提上议程。孙权召集诸葛亮、鲁肃、张昭、虞翻、薛综、秦松等人共同商议。

周瑜率先开口道:"从表面上看,我们似乎寡不敌众,但只要仔细分析一下曹操的实际状态,便可知他是外强中干。首先,北方尚未完全平定,马超、韩遂还驻兵函谷关以西,是曹操的后患。他打了南边打东边,战线太长,首尾顾不过来。第二,他舍弃了北方士卒擅长的鞍马,改用船舰,与生长在水乡的江东人来决一胜负。第三,现在天气严寒,曹军的战马缺乏草料,给养不足。第四,驱使中原地区的士兵远道跋涉来到江湖地区,水土不服,必然会发生疾疫。这几方面都是用兵的大忌,而曹操却贸然行事。将军抓住曹操的时机,就在今日。"

但张昭、秦松等人认为曹操势大,战事一起,恐怕江东再无宁日,若能以一纸合约免去刀兵之祸,便是江东的幸运了。孙权听了愤怒地拔出宝剑,狠狠地斩向奏案,说:"有胆敢再说投降曹贼的,就和这个奏案一样!"这下投降派再不敢说话了。

随后,孙权让大家详议军队的调集及部署等具体事项和分工。有人主张把江夏、樊口的兵力东撤，缩短长江防线，将重兵布于柴桑至秣陵（今江苏省南京市）一线；有人则主张派出精干的水陆两军，支援樊口、江夏，万一败了还有退路。

这时，诸葛亮发表意见说："退守柴桑实在不可取。虽然防线缩短可以集中兵力抵御强敌，但曹军的战线同样缩短了，更能集中悍兵一举得手。如果柴桑守不住，那么整个江东地盘都可能有危险，不如在樊口、江夏集结优势兵力，伺机而动。"

周瑜原本不相信诸葛亮有什么军事才能，但诸葛亮的主张竟然与他的想法不谋而合。他站起身来，坚定地说："我请求率领精兵五万，进驻樊口，保证能为将军击破曹操。"

孙权见众人没有异议，当即任命周瑜、程普为左、右都督，各自带领万余人，与刘备人马会合；又任命鲁肃为赞军校尉，协助筹划作战计划。他说："五万精兵一时难以集结，但可在三日内挑选三万人，且战船、粮草及武器装备也一并备齐。你和鲁肃、程普率兵先行，我会继续调集人马，多运辎重、粮草，作为你们的后援。你能战胜曹军，就当机立断；如果失利，就退到柴桑来，我当与曹操决一胜负。"

会议结束后，孙权留下周瑜、鲁肃、诸葛亮等人，又谈了一些合作的细节。最后，意气风发的孙权将手搭在周瑜肩上表示："都督，请尽力去做吧，即使战事不顺，还有我在，我决不会后悔与曹孟德为敌。人马之事，我现在就调集给你，下一步的谋划部署还请多费心。"

诸葛亮作为联络员，顺利与江东谈好了条件，达成了这次联盟合作。孙权见诸葛亮才智出众，有意留他在江东共成大事，但被诸葛亮婉言谢绝。有人问及原因，诸葛亮说："孙将军可谓人主，观其度量，能尊重我的意见，但是不能让我充分发挥才能，所以我不能留下来。"由此可见，诸葛亮对自己的才能非常自信，有成就一番事业的强烈愿望。孙权被拒绝后，又让诸葛瑾去劝说服诸葛亮，没想到诸葛亮反而劝诸葛瑾去投奔刘备，这样有更好的发展机会。诸葛瑾无奈，只得回去报告孙权："我弟弟辅佐刘豫州，义无二心，他不愿留在东吴，就像我不愿离开江东一样。"孙权听了，只得作罢。

圆满完成出使任务后，诸葛亮星夜坐船溯江而上，至樊口时天已大亮。

樊口位于梁子湖通往长江的入口处，当时是一个无名小镇。刘备在这里安营扎寨，训练兵马。

诸葛亮登岸后，在江边一边走一边思考，良久，他回头顺江望去，只见一轮红日跃出江面，鲜艳夺目，江面金波粼粼，接天应地，好不灿烂；再转头北望长河，江水缓缓西来，在樊口急转向南而下，表面水势平缓水下却暗流汹涌。他心头一震，"水之分合，而识龙之起止"，这里呈现出龙兴之象。他坚信这里将成为刘备阵营崛起的一个转折点，一个初步的战略规划也在他的脑海中浮现出来。

刘备听了诸葛亮的汇报后非常高兴，每天派巡逻的士兵在江边眺望孙权的军队。

一段时间后，周瑜的船队进抵樊口。刘备得报后，立刻派人前去慰劳。周瑜对前来慰劳的人说:"我有军务在身,不能委派别人代理,如果刘将军能屈尊前来会面,那才最符合我的心愿。"

既然是自己有求于人,刘备只得放下身段,乘船去见周瑜。二人礼节性地寒暄了一番,然后直入主题。刘备说:"孙将军审时度势作出抵抗曹贼的决策,的确是明智之举。不知大都督带来了多少将士?"

周瑜说:"三万余人。"

刘备略感遗憾地说:"是不是太少了?"

周瑜说:"孔明先生说,刘将军也能凑够三万人马,全部归于本督帐下,这就足够了。将军且看我一举击败曹军!"

刘备想起诸葛亮头一天交代的话,于是答应把大部分人马派给周瑜调度指挥,只让关羽、张飞各领两千人,北上渡过汉水做好部署,这样万一周瑜战败,也好有条退路。

第四节 火烧赤壁

建安十三年(208年)十一月中旬,孙、刘两军合兵一处,在樊口待机而动。孙权则在柴桑继续招募兵员,筹备军需,主动承担起孙刘联军的后勤和后援任务。

此时,孙刘联军的水寨与曹军的水寨隔江相望,天气好时登高而望,可以看见对方的一举一动。刘备把自己的大部分兵马都交给了周瑜，可周瑜一连几天都按兵不动。

刘备心里着急，又不好催促周瑜出兵，便去询问诸葛亮是怎么回事。诸葛亮劝慰道："将军莫急，周公瑾和曹孟德在比耐心，两人都在等待时机。以眼下的局势来看，先动者必败。"

刘备不解，又问："万事俱备，还要等待什么时机呢？这样对峙下去，久则军心难安。"

"时机就是等天公成人之美。曹孟德在等西北风，周公瑾必是在等东南风。"诸葛亮解释道。刘备似乎明白了，便不再追问。

第二天是个西北风较大的大晴天，曹操下令荆州水军将领蔡瑁、张允率军（以荆州水军为主）出战。周瑜早早得知情报，针对曹军的人数和阵形，命程普、黄盖、韩当迎战，甘宁、蒋欣率主力接应。曹军的战船乘风势顺江而下，孙刘联军的战船则逆风而上，双方相遇于赤壁附近，随即展开激战。曹军的战船在风浪中颠簸摇晃，士卒站立不稳，拉弓射击完全没有了准头。而孙刘联军的战船沿袭了早在春秋时期吴越争霸中就经过实战检验过的船型（艨冲斗舰、楼船指挥舰等）、装备和作战队形，一交战就显现出绝对优势。曹军困战大半天，损失战船十余只，只得退回江北水寨。

这是一次试探性的交战，曹操低估了江东水军的战力，只能另想良策：如何发挥北方士卒的优势，一举突破长江天堑。谋士献策：若以大小战船相互配搭，或三十为一排，或五十为一排，首尾用铁环连锁，上铺阔板，不仅人可渡，马也可走，这样的话，即使风浪再大，也没有什么可怕的。曹操认为可行，但实际效果如何他心里也没有底，毕竟没有亲历过大规模的水战。

周瑜虽然首战告捷，心里却高兴不起来：曹军人多势众，倘若曹操分兵多处突击渡江，那该如何是好？这时，黄盖老将军献计说，可以用火攻。但如何实施火攻，一时还没有详细的方案。

就在此时，曹操派蒋干过江，名义上是看望同窗好友周瑜，劝他归降，实际上是刺探军事情报。周瑜对此心知肚明，于是将计就计，设宴招待蒋干。

酒席上，周瑜等人轮番敬酒，十分热情。这时，鲁肃进帐对周瑜说："孔明先生来了，说有要事相谈。"

周瑜暗示鲁肃给蒋干敬酒，鲁肃连敬三杯，蒋干喝多醉倒了。接着，周瑜故意大声说道："来人，扶子翼（蒋干字）兄去我的寝帐，今晚我要和子翼兄抵足而眠。"两个侍卫走进来，搀扶着蒋干进了周瑜的寝帐。

诸葛亮进来并未看见这一幕，向周瑜拱手道："我不请自来，耽搁都督军机了，实在抱歉。"

周瑜轻笑道："孔明先生误会了，我刚才在陪同窗好友饮酒，哪里有什么军机要事。"

诸葛亮心思缜密，料想周瑜在演戏，于是配合周瑜把戏演好。他若无其事地说："我本该恭贺都督旗开得胜，却听说都督麾下的黄盖老将军有意向曹操求和，我主特派我来询问是否属实。"

周瑜说道："此乃军机大事，恕我不能相告。"他的话显得不那么客气。

诸葛亮并不在意，又问："那我能否见见黄老将军？"

"如果他本人愿意见你，当然可以。"周瑜淡淡地说。

二人简单的对话，被在寝帐中装醉的蒋干听得一清二楚。第二天一大早，蒋干就悄悄渡江北去，向曹操汇报。据说他还顺手拿走了蔡瑁写给周瑜的议降书信。

这里需要说明的是，曹操遣蒋干游说周瑜确有其事，在裴松之注引的《三国志·周瑜传》的《江表传》中有明确记载，但具体时间是发生在赤壁大战之前、之后或是进行之时，史料记载尚存争议，也就有了不同版本的历史叙事。

曹操原本就对荆州水军不怎么信任，又听到蔡瑁等人要反叛，顿时怒火冲天，下令处死蔡瑁、张允，用毛玠、于禁代为水军都督，将荆州水军分散组编到二人军中。周瑜见曹操上钩了，心中大喜，开始实施诈降计划。

关于诈降，《三国演义》中周瑜打黄盖的苦肉计可谓家喻户晓，但正史资料中并无相关记载。《三国志·周瑜传》中明确说明，黄盖曾向周瑜建议火烧曹操的连环战船，并"书报曹公，欺以欲降"，可见黄盖不仅献计火攻，更是诈降的实施者，实乃赤壁破曹的"关键先生"。

那天诸葛亮见了黄盖，也就火攻敌船之计作了一些交流。黄盖有勇有谋，诸葛亮对他十分敬佩，诚恳地请教道："黄老将军，孙子在《火攻篇》中讲，'发火有时，起火有日。时者，天之燥也；日者，月在箕、壁、翼、轸也。凡此四宿者，风起之日也.'火攻最为关键的是借助风势,现在正值寒冬,江淮多刮西北风,显然有利于曹军。"

黄盖说:"我也是凭以往的经验来推测的,每年这个季节,都会有几天东南风。因为江北多山,寒流南下时会被山脉阻挡一阵,而江南多湖,入冬后温度降得快,比北面的温度低得多。如果连续几天都是晴天,那么江北升温快,而江南升温慢,就有起东南风的可能。近几天都是太阳高照,我推测东南风应该快来了。"

诸葛亮对天象虽然研究颇深,但他确实没有黄盖这样的经验,黄盖的话令他大受启发,看来这场战役全仰仗老天帮忙了。

那天晚上,诸葛亮独自躺在大堤上观看天象,又跑到江边将手伸进泥土中感受温度的细微变化,终于断定三日之内定有东南风。

诸葛亮把周瑜的作战计划转达给刘备,并建议在战斗打响后,让赵云、张飞渡江拦阻曹军北逃,关羽则带领一队人马到夏口待命。

关羽对诸葛亮的建议非常不满,他是刘备手下第一虎将,身经百战,而且训练过水军,怎么说也该把他派到主战场去,在江东将士们面前表现一番。再说,诸葛亮只是充当联军的联络员,在刘备麾下只是一个不带"长"的小参谋,根本没有资格安排这几位大将。

刘备虽然还不明白诸葛亮的真实意图,但很坚定地信赖他,下令几位兄弟无条件服从这一安排。

十一月二十三日，是黄盖与曹操约定的投降日期。这天清晨，十几艘艨冲战舰装上干荻和枯柴，在里边浇上油，外面裹上布，插上旌旗，又将预先备好的快艇系在船尾。黄盖命令战船成纵队排在最前面，到江心时升起船帆，其余的船在后依次前进。驶过江心后，黄盖下令加快船速，并形成一字横队。快要接近曹操水寨时，黄盖下令点燃那十几艘艨冲战舰，顿时一条条火龙借着强劲的东南风，像箭一样向前飞驶，直冲曹军的连环战船。片刻间，火借风势、风助火威，整个水寨浓烟烈火，遮天蔽日。慌乱中，曹军在火里水里乱窜乱跳，被烧死、淹死者不计其数。连环战船全部被烧光，火势又蔓延到曹军设在陆地上的营寨，曹军溃不成军，纷纷往北夺路而逃。

孙刘联军的陆军在火起之时，便迅速渡江抄了曹军的退路，拦住曹军一阵砍杀。

曹操的大本营设于浦口，他见北去的路被堵死，决定从陆路经华容道向江陵方向撤退。时值隆冬，又刚刚下过一场雨，道路泥泞难行，战马陷入泥潭中。曹军将士一个个衣甲湿透，又冷又饿，苦不堪言。曹操只得让兵士到路旁人家征集草料用来铺路，但草铺得慢，人马走得快。很多铺路的兵士被蜂拥而至的人马踩踏至死，情境十分悲怆。

曹操的人马在淤泥地里跋涉了大半天，终于离开了华容道。曹操忍不住在马上扬鞭大笑道："人们都说周瑜、孔明足智多谋，依我看来，也不过是无能的泛泛之辈。如果他们在这里埋伏一支劲旅，我等只怕都得束手就擒。"

曹操到达江陵后，征南将军曹仁设宴为其压惊。酒至半酣，曹操突然放声大哭。众人不解，程昱问道："丞相为何在遇险时大笑，而在脱险后却又大哭呢？"曹操说："我哭的是那郭嘉郭奉孝！如果郭奉孝还在世的话，决不会让我有这次的惨败！"这算是曹操对赤壁之战大败作出的检讨。

一些作品演绎都渲染诸葛亮事先算到了曹操会败走华容道，而且认为诸葛亮还算准了关羽会重情义放了曹操，这实在是言过其实了，历史上并没有关羽在华容道上设伏的事情。

那么，诸葛亮有没有预测到什么呢？当然有。在赤壁之战前，诸葛亮的计划是借江东孙权的力量，帮刘备夺回荆州。但刘备的实力太弱，无法一蹴而就，即使得到孙权的支援合力抗曹，也未必能赢。所以，他多次劝请刘备做两手准备。他的推断大概率是，曹军若赢了，一定会继续东进，孙权自身难保，如果刘备把全副身家都交给孙权，那将成为陪葬品，很难再找到翻身的机会；如果抗曹成功，因为主导力量是江东孙权，刘备肯定捞不到多少好处，甚至有可能沦为孙权的附庸，谋求荆州的战略意图自然就落空了。但是，如果刘备保留有一支机动劲旅，以江夏为依托，无论胜败都能做到进退有据。无论是关羽也好，张飞、赵云也罢，对曹军围追堵截的目的只有一个，那就是不让曹操与文聘汇合，先把曹操赶得离江夏远一点。况且，刘备和诸葛亮也没有打算让曹操死，而且曹操还不能死，他一死，北方必然大乱，而江东一旦失去曹操这个劲敌牵制，刘备也就显得无足轻重了，孙权势必乘机将荆州收入囊中。

第四章 军政大计

第一节 夺取荆南四郡

曹操从赤壁战场败归江陵后,重新调整了军事部署:夏侯惇镇守襄阳,曹仁镇守南郡,徐晃在南郡与襄阳之间策应,文聘依然占据江夏郡北面一小部分。

曹操已经预料到孙刘联军会来夺取荆州。建安十三年(208年)十一月底,曹操从江陵回许县。临行前,他给曹仁留下一个锦囊,让他只有到事态紧急时才可以打开,然后依计而行,可保南郡没有危险。为了防止孙权向北扩张,攻占濡须口和东关,曹操还在淮南地区(其时属扬州)部署重兵。

送走曹操后,曹仁深感重任在肩,处处小心谨慎。他派曹洪重点防守彝陵(又名夷陵,今湖北省宜昌市)、南郡,以防周瑜来攻。

曹操的判断没有错，周瑜在赤壁击败曹军后便乘势西进。作为江东水军统领，打通柴桑至彝陵的水上及两岸通道，正是周瑜的下一个战略目标。

赤壁一战，使刘备十分赞赏诸葛亮的运筹本领和战略眼光，尤其对他提出的图谋荆州的长远计划给予大力支持。

然而，正如诸葛亮战前所预料，孙权在赤壁之战后并没有把樊口、江夏等地盘让给刘备。赤壁之战的胜利，大大激发了孙权的政治野心。事实上，孙权心中早就有个统一天下、成就帝业的皇帝梦，只不过他把这个梦想隐藏得很深，既不像曹操做出实际行动，也不像刘备天天把复兴汉室挂在嘴边。孙权所做的，只是在保证江东政权稳定的同时，尽量多占地盘，直至统一天下。所以，战后他的一只眼睛很快就瞄准了当年袁术占据的扬州江北地盘（即淮南），另一只眼睛则瞄准了曾为刘表占据的荆州地盘。

诸葛亮见刘备辛苦奔劳，结果却是为他人作嫁衣裳，心中感到不平。幸好他有所筹谋，让刘备手下的几大战将，把江夏的部分地区掌控在手中，这才不至于一无所得。眼下江夏是一分为三，曹操、孙权、刘备各占一块。江夏太守刘琦有名无权，刘备正好可以借刘琦之名据守江夏，孙权即使再贪婪，也不好意思把它全拿过去。不过，三分之一的江夏，地盘实在太小了，所以诸葛亮费尽心思，极力想为刘备争取更多的地盘。

在周瑜西进的同时，孙权开始筹划北攻淮南，但江东的兵力非常有限，所以孙权还需要刘备的帮助。诸葛亮知道刘备一向能屈能伸，现在的局势已经到了他该伸的时候了。

诸葛亮向刘备建议，帮孙权打地盘可以，但是打下的荆州地盘得分刘备一半。否则，合作也就无从谈起。大不了刘备就待在江夏，曹操一时半会也不会再来找麻烦。孙权无奈，只得答应刘备所提的条件。

从建安十四年（209年）开始，周瑜以其水军为主力，在刘备的水陆军配合下，沿长江向西推进，打算进攻荆州南郡。

诸葛亮留守江夏作为后援，他一边密切注视着江陵方面的战事，一边思考下一步的行动计划。他分析认为，江夏郡不可久留，它靠近江东，如果周瑜拿下江陵，江夏郡正好位于江东势力的心腹地带。孙权是不可能容下这根肉中刺的，一旦周瑜拿下荆州，江东的外界压力变小，就会东西夹击拔掉这根刺。到那时，诸葛亮等人就危险了。不过，他现在必须留在江夏，因为它对刘备的发展具有重要意义。在江夏郡的西面只有周瑜率领的三万人马，孙权的大部分兵力是在江夏郡的东面。诸葛亮率两万多人驻扎此地，如果要向荆州方向发展，行动起来将比孙权要快得多。

事实证明，诸葛亮先屯驻江夏，后来又抓住机会离开江夏，跟当时紧张的军事形势是密切相关的。

这年春天，孙刘联军的前锋部队几千人进抵南郡江陵。为了确保城池不失，曹仁下令紧急招募兵勇。刚刚招募到三百余人，便让手下将领牛金出城迎战。但牛金出城后还未与联军交手，就被重重包围。幸好曹仁带领麾下十几个壮士杀出城去，把牛金及百余兵卒解救出来。曹仁的壮举大大激发了士气，将士们都很佩服他的勇猛，应募的人更多了。

不久，周瑜率主力赶到，听说南郡守军斗志正旺，为了避免不必要的伤亡，于是对作战计划进行了一些调整，留凌统的部分人马与曹仁隔江对峙，甘宁、蒋钦带领大部分人马去攻打曹洪把守的彝陵。

刘备见周瑜暂时不打南郡了，便询问诸葛亮的意见，下一步应该怎么做。诸葛亮知道刘备最想要的地盘就是南郡，他为刘备分析道："以我们现有的兵力单独攻打南郡，显然是不现实的，即使拼死一战拿下了，周公瑾也不会善罢甘休。不如退往油江口（今湖北省公安县斗湖堤镇），去攻占荆州在江南的那几个郡。江南四郡基本上没有曹操的嫡系镇守，应该不难打下来。"

刘备也认同诸葛亮的看法，反正是要占地盘，漂泊了这么多年，连一块栖身之地都没有，何谈匡扶汉室？于是，他连夜召集众将，商议攻打荆南四郡之事。

这一次，众将都没有质疑诸葛亮的作战计划，刘备便在会上当场作出决定：退据油江口，准备攻打荆南四郡。

不过，要单独行动，怎么也得跟周瑜打个招呼。第二天，刘备以筹措粮草为由向周瑜报备。周瑜连声说好，几万大军不知要与曹仁对峙多久，粮草是不能少的。就这样，刘备顺利退往油江口。

刘备在江边筑垒为营，沿江长达十多里，远远望去，旌旗猎猎，桅樯如林。其实，刘备手下并没有多少人马，只是摆开架势，威慑江南各郡而已。

荆州江南四郡包括武陵郡、零陵郡、长沙郡、桂阳郡，以前是刘表的地盘，曹操占领荆州北部地区以后，江南各郡都表示臣服于曹操。不过，他们的政治立场并不坚定，只要不损害他们的根本利益，谁来做名义上的统治者都无所谓。

诸葛亮仔细分析了各郡的军政形势，向刘备建议先捏"软柿子"，先抚后剿，软硬兼施，速战速决。

刘备一向讲究名正言顺，诸葛亮便建议他上表奏请刘琦为荆州刺史，为自己在荆州立足取得合法地位，然后打着刘琦的旗号，以光复荆州的名义出兵。刘琦是刘表的长子，子承父业乃情理之中，而且刘备曾答应刘表尽力辅佐他的儿子，这样做也算是兑现了自己的承诺，不失信于人。由于师出有名，刘备麾下的几员大将都热情高涨。

在选派攻打零陵郡的将领时，赵云和张飞都主动请战。刘备有些为难，一个是他的爱将，一个是他的义弟，两个人的积极性都不能受挫。诸葛亮见状，提议让赵云和张飞抓阄。

这个方法倒也公平，不仅刘备点头说好，赵云和张飞也同意了。抓阄的结果是，赵云获选。

诸葛亮问道："赵将军需领多少兵马？"

赵云回答："三千！"

张飞一听哈哈笑道："子龙（赵云字）老弟需要三千人马，但俺只要二千就够了。"

刘备有点摸不着头脑，心想，不是已经抓阄决定好了吗，张飞这是搞什么鬼？还没等他反应过来，诸葛亮对张飞说："既然这样，那就让子龙将军去攻打桂阳郡。三将军，你领二千兵马去攻打零陵郡，如果不能成功拿下，军法处置！"

张飞大声说："军师不要瞧不起人，俺一定赶在子龙拿下桂阳前收了零陵。"

随后，张飞、赵云分头南下。赵云到了桂阳郡后，在以武力威慑的同时，又采取优抚之策，最终兵不血刃地占领了桂阳。

张飞这边也很顺利。零陵郡太守刘度听说领兵前来的人是猛将张飞，对张飞说："久闻三将军威猛盖世，本郡也有一员猛将，若三将军能独胜于他，我便马上归服。"于是，张飞便单挑这位猛将，三招便将对方挑于马下。由此，零陵郡和平收复，刘度依然为太守。

刘备顺利拿下了零陵、桂阳两郡，军中士气大振，也对长沙郡、武陵郡产生了巨大的威慑力。其实，这两个郡离刘备的大本营更近，为什么不先攻占呢？诸葛亮的看法是：其一，长沙郡守军的实力较强，而武陵郡则是少数民族较多，历来自治性很强，收复这两个郡要采取特殊方式；其二，孙权和周瑜也很重视这两个郡，即使劳神费力收复了，也极有可能会被江东拿去。所以把收复这两个郡放在后面。

此时，周瑜的部将甘宁拿下了曹洪驻守的彝陵。周瑜高兴之余，想乘胜攻打南郡江陵城。刘备也为他提供了足够的粮草，并派关羽带一支人马去援助。曹仁见周瑜来势凶猛，连忙派人向曹操求援。曹操让徐晃火速南下，与曹仁联手反攻，打败了周瑜。

眼看南郡成了一块硬骨头，周瑜不想付出太大的代价去攻占它，而且攻下了也不一定能守住，所以他决定将主力撤回夏口，仅留一支人马在江陵城对岸监视曹军的动向。刘备则仍驻扎在油江口。

为了进一步扩大和稳固根据地，诸葛亮向刘备建议攻取长沙、武陵两个郡。于是，刘备将以油江口为中心的一大片根据地改名为公安，大本营设于孱陵（镇），然后派关羽主攻长沙、张飞主攻武陵，两郡的军政事务皆让诸葛亮参与谋划。

张飞领兵三千进抵武陵郡，遭到武陵太守金旋的激烈抵抗。双方交战两个回合，各有胜负。诸葛亮派人潜入郡城，从内部分化瓦解金旋的阵营，守军分为两派，主和派巩志劝金旋投降，金旋大怒，要斩杀巩志。巩志逃到张飞军中，提供了城内的一些情报。张飞按计引诱金旋出城应战，金旋不敌，想要退回城去，却被巩志的内应放箭射中面门，一命呜呼。武陵郡至此得手，巩志被刘备任命为武陵太守。

与此同时，关羽率领五千人马攻打长沙郡。长沙郡是四郡中军事实力最强的，太守韩玄手下有黄忠、魏延两员虎将。关羽与黄忠阵前交战，两人势均力敌，难分胜负。

刘备闻报有些心急。诸葛亮对刘备说："云长将军是爱惜英雄，不忍与之死战，而是想招降。"他让刘备放心，说事先已和关羽定下了离间之计。

第二天，关羽又到城下挑战，太守韩玄仍派黄忠出战。关羽和黄忠又战了五十个回合，黄忠两次马失前蹄，关羽都没有趁机杀他，反而让他回城换马再战。韩玄因此对黄忠多有猜忌，不让他再与关羽对战，而让魏延替代黄忠的位置。

魏延原本是襄阳城守将，曹操破荆州时，他本想追随刘备抗曹，但刘备很快败退，他没来得及追上，只好南下渡江投奔长沙郡太守韩玄。但不久，韩玄表示降服于曹操，魏延无奈，只得随降。现在刘备打了过来，他自然还是想加入刘备阵营，于是趁韩玄不备，将其击杀后献城投降。

诸葛亮随刘备一起来到长沙城，到黄忠的家里把黄忠请了出来，刘备任命黄忠为裨将军。

这样一来，刘备不仅拿下了长沙郡，还得到了两员猛将，收获颇丰。至此，荆州江南四郡全部落入刘备手中。而这一切，离不开诸葛亮的精心谋划。

战后，刘备领兵屯驻公安，以此地暂时作为荆州治所。同时任命诸葛亮为军师中郎将，督理零陵、桂阳、长沙三郡。这一职务为刘备首创。诸葛亮的主要工作是行政管理，诸如招募新兵、筹备粮草、处理地方政务等，其军中职位在五大虎将之下。

诸葛亮在选择屯驻之地时，没有选择郡城，而是选择了长沙郡南部的临烝（今湖南省衡阳市）。他认为，临烝居于三郡的中心，水陆交通方便，便于他治理三郡。

当时荆南四郡的南部住着一些少数民族，被称为"蛮人"。秦汉以来一般是设置郡县进行统治，但这些地方"山高皇帝远"，地方官经常对少数民族进行残酷剥削。有压迫就有反抗，少数民族经常进行武装斗争，以致地方动荡。尽管这些动乱最终都被平息，却无法有效根治。

诸葛亮接掌荆南三郡后，以宽容的态度，对少数民族采用

"抚绥"政策，终于使混乱的局势平稳下来，加强了刘备势力在这一地区的统治，并向当地居民征收赋税。赋税是国家财政收入的重要来源，没有赋税，国家机器就不能正常运转。这也是诸葛亮在初步贯彻实施"隆中对策"中的"内修政理""南抚夷越"政策时所取得的政绩。

第二节 孙刘联姻

建安十四年（209年）底，荆州刺史刘琦去世，其部众推举刘备为荆州牧，官署治所设在公安。加之占据荆州江南四郡，刘备辛苦打拼了近二十年，终于有了一块栖身之地。

同时，周瑜听说刘备已经收复荆州江南四郡，不由得急了。他想，刘备以区区不到两万人马便悄悄拿下四郡，而自己拥有水陆大军近五万，却只拿下偏远的彝陵，攻打南郡大半年，两战皆失利。这下他哪里还坐得住，就让鲁肃先去见刘备探个虚实，他随后督大军赶到。

刘备听鲁肃说周瑜要来公安兴师问罪，可能会讨要荆州江夏郡，心里一时慌乱，忙询问诸葛亮如何应对。诸葛亮出主意说："江夏和江南四郡名义上都属于刘琦，将军驻守江夏，收复四郡，都是为了助公瑾都督打下南郡。如果公瑾一定要分一杯羹，可以拿南郡来换，且愿意一郡换两郡甚至更多。"

周瑜听罢鲁肃转达了刘备的意思，心中很是不快，但又不便发作。且不说南郡还没有打下来，就是打下来了，他也未必会同意交换。与其强要荆州江夏郡，不如抓紧时间打下南郡。建安十五年（210年）初，周瑜再次调集兵马，欲西进取南郡。

此时，孙、刘、曹三方都在打着各自的算盘，局势变得非常复杂。北方曹操原本计划西进汉中，但周瑜攻下了彝陵，使他认识到稳固荆州远比占据汉中重要；况且孙权垂涎淮南，已开始在这一地区部署兵力，他不得不分兵进行防御，况且他还时刻想着报赤壁之仇。江东孙权也有明确的战略规划：先占领长江沿岸从江东大本营京口（今江苏省镇江市）到巴蜀的重要城镇，凭借长江天堑与曹操分庭抗礼，然后寻机向北蚕食曹操的地盘。孙权的规划中并没有为刘备留下空间，刘备所占据的地方，基本上还是孙权想拿去就能拿去的。

在夹缝中求生存的刘备，且不说实现三分天下的格局，就连抢占一小块地盘还得看别人眼色，这让他郁闷不已，整天忧心忡忡。他已年近半百，等不起了。前不久还传来噩耗，他的二夫人甘氏去世。中年丧妻，让他更加烦恼哀愁，连自己的人生命运都主宰不了，何谈实现宏伟的目标？他一时对人生、政治理想几乎丧失了信心。

诸葛亮作为大局的设计者，不得不盘算如何使形势向预设的方向发展。他一边苦苦寻觅新的契机，一边劝慰刘备说："将军不必太过心焦，眼下曹操又挥戈南下，但不是冲着荆州而来。淮南将成为主战场，孙仲谋的压力不小；周公瑾又急于攻打南郡，难度也非常大。如果我猜测得不错，他们肯定还会来向您求助，到那时,您就可以跟孙仲谋合情合理地谈条件了,他总不至于一点甜头都不给。"

刘备心里还有些疑虑,没想到第二天一大早,孙权的特使吕范真的来了,对刘备说:"吴太夫人(孙坚继妻,孙尚香之母)有私事与刘使君商议,不便转述,但请使君务必到京口详叙。"

刘备听得一头雾水,他和吴太夫人素未谋面,也没有任何私人交往,吴太夫人会找自己商议何事呢?一时间,人们有了种种猜测,觉得孙权是想把刘备骗到江东软禁起来,逼他交出荆州或者出兵支援淮南和荆州南郡两大战场。

诸葛亮仔细分析后,认为这两种可能性都不大,但为了安全起见,他建议让赵云带侍卫随行。

刘备到达京口后,在甘露寺与吴太夫人相见,在场的还有孙权、吕范、孙尚香等人。双方见礼后,吴太夫人直接说明了此次相邀的目的:招刘备为婿,择日迎娶她的二女儿孙尚香。

这里需要说明的是,"甘露寺招亲"的故事广为流传,但正史中并无实证。《三国志·先主传》中记载,刘备在赤壁大战后乘胜收取荆南四郡,又被推举为荆州牧,声望日隆,又适逢夫人甘夫人病逝,才有了孙权借机"进妹固好",将妹妹许配给刘备,遂定"孙刘联姻"的婚约,以及刘备"至京(口)见权,绸缪恩纪"的后续故事。

好事来得也太突然了,刘备一时不知如何回话。孙权在一旁故作生气地说:"母亲将妹妹嫁给刘备,竟然瞒着我!"

其实,整件事正是孙权和周瑜的谋划。孙权将妹妹嫁给刘备，是想用联姻来巩固孙刘联盟，以抗衡北方强大的曹操。有了姻亲关系，既可以让刘备在荆州牵制一部分曹军，又可以把荆州实际上掌控在自己手中。

吴太夫人显然并不知道内情，但女儿的终身大事自然是重视的。在会见刘备后的第二天，她喜滋滋地对孙权说："此人不凡，做我的女婿再合适不过了。"孙权嘴角微翘，脸上挂着一抹得意的笑容。

刘备毫无预兆地得了美人，一头扎进温柔乡，乐而忘返，昔日的烦忧也一扫而光。

刘备在江东待了一段时间后，诸葛亮担心日久生变，连忙写了一封急件送给刘备，让他早定归期。于是，刘备以有紧急军务需要回去处理为由，向孙权辞行。孙权为他安排了战船十余艘、兵卒五百人，护送他回公安。

诸葛亮探知孙权的送亲队伍庞大，也安排了相应的礼节性迎亲仪式。他大概估计了一下刘备的归期，派数百人马前迎至笔架山（今湖北省石首市）。

诸葛亮之所以选择在笔架山这个地方迎亲，基于两个考虑：首先，这里离公安境不远，他不希望孙权的五百兵卒到公安去，免生变故，在这里迎接，既不失礼节，又不会让人看出防范之意；其次，笔架山靠近九曲荆江边，景色优美，迎亲队伍张灯结彩，沿途锦幛成林，很适合喜事的氛围。绣林之名便是由此而来，石首市绣林山北岸也留下了一个"刘郎浦"。

第三节 再图荆州

刘备迎娶了孙夫人，对周瑜攻打荆州南郡自然也要积极配合一下。所以，他一回到公安，便和诸葛亮、糜竺等谋士商议夺取方案。

诸葛亮建议："将军最好亲率一支队伍参战，否则打下南郡后我们就得不到一点好处了。"

刘备深以为然，他的用心却被周瑜一眼洞穿，周瑜已经想好了应对之法，知道如何掐灭刘备的野心。

刘备带着关羽等将士出征后，诸葛亮和糜竺等人则在江南四郡筹措军备粮草，管理除武陵郡之外另三郡的军政事务。

再说，曹军失去了与南郡江陵互为犄角的彝陵，形势变得十分不利。眼看周瑜又兵临城下，征南将军曹仁打开了曹操留下的锦囊妙计，成功将周瑜诱进南郡城，并在城墙上埋伏了弓弩手。周瑜被箭射中，伤势严重，只得暂缓攻城。

周瑜是个急性子，没过几天便把刘备请来营帐商谈破城之计，并设宴款待。宴席上，他不断夸赞刘备的将士不仅勇敢，还懂谋略，显然是希望刘备的部队打先锋。

周瑜原以为刘备会找借口推辞，没想到刘备却爽快地答应了。"既然大都督攻城为难，我岂有不愿分忧之理？收复荆州是我本来应尽的责任，自然当仁不让。"按照事先与诸葛亮商议的口径，刘备一语双关地回复周瑜。

周瑜听出了刘备话里隐含的意思，强调说，主攻还是靠江东将士，而且此次势在必得。他的表态也很明白：南郡打下来后属于江东。

刘、周二人虽然心里各有盘算，但作战计划还是很快制定出来。刘备紧急召回在江夏的赵云，作为先锋攻打南郡江陵城，周瑜则亲率主力随后。

赵云不愧为智勇双全的将才，他先散布假消息迷惑曹仁，说都督周瑜伤势加重，准备派一队人马佯攻，而大队人马则悄悄撤退。

随后，赵云依计行事，率领先锋攻城，没打多久就开始撤退，曹仁立刻率主力出城追击，等他发现上当时，急忙下令撤退回城。然而一切都太迟了。周瑜长剑一挥，率主力猛杀过来。曹仁转身往城内逃去，却发现城门紧闭，城墙上一将领挥舞着龙胆亮银枪，高喊道："曹子孝（曹仁字），常山赵子龙在此恭候！"曹仁顿时慌了，赶紧从城西绕过去，夺路仓皇北逃。

至此，荆州南郡江陵城被孙刘联军占领，历时一年有余的南郡争夺战暂告一段落。

孙权接到战报后非常高兴，他对刘备袭占荆南四郡本来不满，但又不想让曹操觉察到他们之间的矛盾，以免其再次南侵，所以才没有干涉。江陵之战一结束，他当即任命周瑜为南郡太守，表明自己对荆州的企图。

刘备白忙活了一场，觉得被人耍了，心中十分不快。在诸葛亮的建议下，他上书朝廷，推荐孙权为车骑将军，领徐州牧，明确表示希望孙权朝东北方向发展。

孙权高兴之余,也感觉到妹夫的情绪不对,他听从鲁肃的建议,上表推荐刘备为荆州牧(实为空衔),也算是给了刘备一点精神安慰。

实际上,孙权对前线的战斗情况并不了解,对周瑜、刘备的各怀心思也难知详情,但他希望联军能一鼓作气,向荆州北部推进。于是,周瑜派甘宁、凌统和刘备的部将关羽等人去攻取襄阳,结果被曹军的夏侯惇、徐晃击退。联军对荆州江北地区的占领仅限于南郡。

周瑜想抢先向西进取巴蜀,并得到了刘备的赞同。不过,诸葛亮对此却有不同的看法,他给周瑜写信说:

"我与公瑾自从柴桑一别,至今念念不忘。听说您要取西川,我私下里认为不可。益州民强地险,完全能够自守。公瑾如今劳军远征,仅后勤运输就有万里之遥,势必困难重重。要想战克攻取、举不失利,可能连孙武和吴起这样的军事天才也做不到。曹操在赤壁一战失利,岂能不立志要随时报仇呢?现在足下率兵远征,倘若曹操乘虚而入,江南不就化成粉末了吗?我不忍袖手旁观,特此告知于您,万望三思。"

其实,诸葛亮也看出周瑜这一战略规划非常具有现实意义,只要守住长江天堑,曹操在江北如何折腾,也只能占据北面半壁河山。他只是认为周瑜西进巴蜀的时机不对。

此时,孙权已经完成了在淮南地区的军事部署,派精兵进驻东关濡须口(今安徽省无为市)。曹操也知道巩固江淮地区这条战略防线的重要性,如果合肥(今安徽省合肥市)、庐江、巢湖一线失守,那么他的势力就要退到淮河以北。所以,曹操一面向关中、陇右地区扩张势力并威服胡人,一面开始在淮河以南和孙权展开争夺。这样一来,曹、孙两方都把目光聚焦到了东关濡须口,濡须之战由此拉开了序幕。

周瑜作为一个谋略家,怎会看不到争夺淮南的重要性,但他不想把荆州南郡让给刘备,即使孙刘联姻成了一家人,他已经察觉到刘备是一个善于掩藏自己野心的人。因此,他留下一部人马驻守江陵,主力迅速回撤,去援助孙权。

建安十三年(208年),孙权在合淝周边与曹操部将张辽交战十余次(第一次合淝之战),始终未分胜负。其时,历阳、濡须两地已经被孙权控制。曹操要渡江征讨江东,必定要从巢湖,经濡须口,进入长江。因此,孙权重点防御东关濡须口,其麾下大将如程普、黄盖、凌统、吕蒙、陆逊、甘宁、周泰等都汇集于此。曹操得知孙权摆下如此阵仗,感到没有必胜的把握,也不急于发动攻势,只是守住要地,伺机再战。

在曹操南下后,北面汉中的张鲁又开始兴风作浪,开始打益州的主意。汉中本属益州一郡,张鲁向南攻取益州,比起向东攻占曹操的地盘要容易得多。益州牧刘璋偏安已久,听到消息后顿时慌了手脚。

这个消息又吊起了周瑜西进巴蜀的胃口,他兴冲冲赶到京口向孙权请示:"现在曹操陈重兵于淮南,但他更担心自己内部发生变乱,一时半会不会进攻濡须口。请允许我和奋威将军孙瑜一起进军攻取蜀地,得手后再吞并张鲁,然后留孙瑜在那里固守,以便与马超结援呼应。到时我再回来跟您一起占据襄阳，进击曹操，这样攻取北方就有希望了。"

孙权也觉得现在几乎倾尽江东所有兵力于淮南，却无战事，确实是一种浪费。于是，他发还给周瑜原班人马，放手让他西征。

鲁肃认为，攻打益州应该争取刘备的支持，否则两家闹翻，吴军将腹背受敌，到时曹仁若趁机从襄阳南下，江陵可能就不保了。

孙权也觉得鲁肃言之有理，于是就写信约刘备共同攻打益州，信中说道：

"张鲁在巴郡、汉中郡称王，现在企图谋取益州。益州的刘璋实力不足，恐怕不是他的对手。一旦益州落入曹操之手，荆州就危险了。所以，我想先下手为强，先讨刘璋，再取张鲁。若能将吴、楚相连，那就不用再担心曹操了。"

诸葛亮为刘备定下的第二阶段目标就是夺取益州，怎肯让东吴捷足先登。诸葛亮认为，这个时候必须态度强硬一点，彻底打消孙权的野心。因此，刘备回信说：

"我和刘璋同为宗室，凭借先人的英灵共同匡正朝廷，现在刘璋得罪大家，我也有责任，希望将军看在我的面子上宽待他。如果将军坚持攻取益州，我只好脱掉官帽入山当隐士，决不在天下人面前失去信义。"

刘备在信中软硬兼施，一面为刘璋求情，一面表示若孙权坚持攻打益州，他将不惜与孙权翻脸。

孙权收到刘备的信后，并没有退让，他下令驻军夏口的孙瑜开始编组人马，摆出一副溯江而上的架势，之后再次知会刘备，江东水军要经过荆州去攻打益州。

刘备也不甘示弱，他和诸葛亮商量后，迅速调整了军事部署，加强沿江一派的兵力。其中，关羽屯军江陵附近，张飞驻守秭归，诸葛亮进驻南郡，他自己则驻军公安，一字排开，以防江东水军硬闯。

其实，诸葛亮心里也很矛盾，联吴抗曹对刘备来说是十分必要的策略，但益州也是刘备未来的"创业宝地"，不容与人分享。而刘备什么时候才有能力独自攻取蜀地，而且还要尽量不得罪孙权，确实令人头疼。

孙权见刘备这边严阵以待，只好让孙瑜先停止行动。

就在双方剑拔弩张之际，一个意外事件暂时缓解了紧张的局势。建安十五年（210年），周瑜在提出征伐益州的方案后，返回驻地江陵途中，在巴陵（又名巴丘，今湖南省岳阳市）箭伤复发，终告不治，年仅三十六岁。

周瑜去世的消息传出后，江东军民都悲痛万分。噩耗传至刘备阵营，诸葛亮念及旧情及对周瑜的仰佩，向刘备请求前往柴桑悼唁。

刘备因不便亲往，便委托诸葛亮全权代表自己。于是，诸葛亮带着两项任务，再次出使江东：一是悼唁大都督周瑜，二是跟孙权商议荆州南郡、江夏郡及荆州江南四郡的归属等问题。

诸葛亮抵达柴桑后，先来到大都督府，深情悼念周瑜。他让人设祭物于灵前，亲自祭酒，并跪在地上，亲读祭文。

诸葛亮事先让人将周瑜的事迹画在桃符上，他每放一桃符，便声泪俱下地哭诉一番，高度概括了周瑜短暂而辉煌的一生。

其情真意切、声情并茂，令人莫不感动。诸葛亮祭完，伏地大哭，泪如泉涌，哀恸不已。众将议论道："人人都说公瑾与孔明不和，今日观闻孔明的祭奠之情，恐怕是人们都说错了。"但也有不少人两眼瞪着诸葛亮，满脸怨恨之色。

鲁肃见诸葛亮如此悲切，也十分感伤，对众人说道："孔明本来是个多情的人，公瑾也是性情中人，英雄相惜本是人之常情。"

由于担心江东将士因周瑜之死而迁怒于诸葛亮，鲁肃在悼念仪式后为诸葛亮安排了一艘船返回公安潺陵。

傍晚时分，诸葛亮正要上船，却见江边有个人穿着一袭道袍，头戴竹冠，举手投足像是个道行高深的道士。这人突然过来抓住诸葛亮的胳膊，大笑道："人们都说你气死周公瑾，现在却来吊丧，明明是在欺负江东无人啊。"

诸葛亮闻言吃了一惊，定睛一看，不禁哑然失笑，原来那人竟是"凤雏"庞统。意外与老友相逢，令诸葛亮精神一振。

庞统这次也是来参加周瑜葬礼的，他在江东结识了不少朋友，当他打算返回荆州时，陆绩、顾劭、全琮等人都来为他送行。庞统评价他们三人说："陆先生虽如劣马却足力迅疾，顾先生如劣牛却能负重致远。"然后又对全琮说："你喜好施舍，爱慕名声，与汝南樊子昭相似，虽然智力不足，也是一时人杰啊。"陆绩、顾劭、全琮将庞统一直送到江边才折返，没想到庞统会在江边与诸葛亮相遇。

诸葛亮和庞统盘膝坐于船头，倾心交谈。诸葛亮知道了庞统这些年来的遭遇，原来，庞统先去投奔曹操，曹操接纳了他，但并没有给他发挥才干的机会。原因不在于他无才无能，而败于他容貌不佳。两年前，鲁肃曾经向孙权推荐过庞统，但是孙权见庞统长得古怪，口气狂妄，且不把周瑜放在眼里，最后只让他做了个功曹。鲁肃无奈，只得写了一封举荐信给庞统，让他另谋去处。

诸葛亮和庞统在船上交谈了两天一夜，之后依依惜别。诸葛亮给庞统留了一封信，叮嘱他说："既然孙仲谋不能重用你，可以来荆州和我一起共同辅佐刘豫州。刘豫州以仁义厚德闻名于天下，十分爱惜人才，想必兄弟也有所耳闻。若我俩齐心辅佐他，或许可成就一番大业。"庞统点头答应，挥泪而去。

诸葛亮从江东回来后，心情一直不佳。孙刘联军虽然拿下了荆州南郡和江南四郡，但刘备最想要的是南郡。诸葛亮出使江东悼唁周瑜时，刘备让他向孙权讨要南郡，或者用江南两郡及江夏郡换取南郡。

诸葛亮虽然也想探探孙权的口风，但又觉得南郡太守周瑜刚刚去世就提出这样的要求，并非良机。所以，他没有办法完成使命，思来想去，最后还是向刘备说明了情况，并自请责罚。

刘备倒也通情达理，觉得是自己过于心急了，还反过来向诸葛亮认错检讨。诸葛亮很感动，觉得刘备胸怀宽广博大、气度雍容，值得自己终身追随。他暗自发誓，要不惜一切为刘氏打下一片江山，全心全意辅佐这位明主，鞠躬尽瘁，死而后已。

第五章 两州并举

第一节 借来的南郡

周瑜去世后,孙权如断一臂,幸好鲁肃接过了周瑜留下的担子,任奋武校尉,代周瑜领兵。

这对曹操来说是一个好消息。他和孙权在淮南地区已经僵持了两三年,时刻关注着江东的一举一动,一直在寻找突破口。

眼下淮南地区的形势依然不明朗,汉中的马超又在打益州的主意,两者都影响到孙权西取巴蜀、北上江淮的战略规划。以孙权的实力,还不足以做到两线作战,这样一来,荆州牧刘备的作用就进一步显现出来,孙刘联盟还有继续存在的必要。

鲁肃把这一大局看得很清楚,他建议孙权跟刘备商讨一下荆州几郡的归属及西进巴蜀等问题,孙刘如今已是"一家人",坐下来把话说清楚,更有利于和睦相处,合力抗曹。孙权考虑再三，决定把刘备请到江东来面谈。

此时刘备名为荆州牧，实际掌控的地盘只有荆州江南四郡和三分之一的江夏郡。南郡有刘备的一小队人马驻扎，实权则掌握在周瑜的部将甘宁手中。刘备急于真正拥有荆州，所以，当他接到孙权的邀请信时，心里充满了期待。

为慎重起见，刘备带上了夫人孙尚香、偏将军赵云等人，诸葛亮也随行。时值春末夏初，正是梅子成熟的季节，阴雨绵绵，江面雾锁云烟。刘备望着滔滔江水，联想起当年与曹操青梅煮酒论英雄的情节，心中感慨万千，轻叹道："天下之事，分分合合，时光如流水，荒了几许岁月，盘马弯弓，还待来日一搏。"

诸葛亮察觉到了刘备心中所想，按照"隆中对"的规划，取得荆州，站稳脚跟是第一步，接着西取巴蜀，跨荆、益两州，然后兵分两路，消灭曹操，最终统一天下。但能否实现这一宏伟目标，谁也不敢说有几分把握。所以，诸葛亮附和道："不以成败论英雄，纵劳而无功，不悲切。"

几天后，他们来到了孙权的大本营所在地——京口。宾主坐定后，谈话便直奔主题。鲁肃率先说道："我受孙将军所托，处理公瑾大都督遗事，唯恐力不所及，时感难安。今蒙刘皇叔不嫌弃，亲自前来一见，我甚感荣幸，也信心倍增。"他稍微顿了顿，扫视众人一眼，接着说，"想必刘皇叔、孔明先生都还记得两年前的约定，为了更好地应对眼下的复杂局势，孙将军认为有必要按照约定把荆州稳定好。"

鲁肃说得很委婉，但刘备心里很明白，对方这是当面讨要荆州,他这个荆州牧手中仅有半个荆州,孙权还要按协议再拿走一半,太不把自己放在眼里了。他两眼盯着孙权,没有说话。

诸葛亮知道,刘备是想问孙权是不是让鲁肃作为其全权代表,于是对鲁肃说:"鲁校尉应该也记得,最初的约定是说联合打下的荆州地盘各得一半,但收复荆州江南四郡,孙将军并没有派一兵一卒助战,也没有提供任何军备物资,不知道是以什么理由要占据四郡?"

鲁肃解释说:"当时联军的军事行动都是由公瑾大都督指挥差遣,收复江南四郡,大都督应居首功,怎么不能分占江南四郡之地呢?"

鲁肃的话虽然有些牵强,但也不是完全说不通。诸葛亮不想在收复江南四郡的功劳问题上过多纠缠,而将话题的重点转到南郡。他淡淡地说:"鲁校尉说的不无道理,对于合作期间收复的地盘,两家都有权利分占。收复南郡是子龙偏将军率先攻入城的,是不是该居首功?那么,我们刘将军是不是也该分占一半南郡?"

孙权越听越觉得话不对味,他认为联军占据的地盘都是属于他的,看在刘备出过力的份上,可以分给他一块地盘,但是,现在怎么搞得刘备跟他平起平坐了,还要平分地盘?他心中不悦,冷冷地说:"豫州是要争地盘还是争官职,不妨明说。只要我能给的,都给你。"

刘备愣了一下,没好气地说:"我只是跟孙将军协商,共同分享合作成果,并不是要争什么。何况我想要的,孙将军也给不了。"他见孙权把自己当成下属对待,说话也就不怎么客气了。

诸葛亮和鲁肃见他们一开口就火药味十足,赶紧灭火:两家友好协商,有话好好说。既然是合作,那两家就是平等的。

孙权心想,以刘备现在的实力,要讲平等,门都没有!但他转而细想,真要把荆南四郡都拿过来,他也分不出兵力去驻守,尤其是南郡,曹操随时都有可能夺回去。其实,他并不是真的想要拿回荆州地盘,只是以此为条件胁迫刘备继续为他卖命。现在淮南地区形势危急,他进军巴蜀的计划也受阻,军事压力很大,如果再跟刘备争地盘,不仅会失去一个帮手,还会多一个敌人,显然是不明智的。所以,他之前已经跟鲁肃、张昭等人讨论过这个问题,有一个与刘备"分治荆州"的预案。

为了体现自己处事果决,孙权装作很大度地说:"豫州的要求虽然过分,但考虑到姻亲关系,那我就妥协与豫州分治荆州。但有一个前提,那就是请豫州先行入蜀。"孙权还有一句话藏在心里没说:如果刘备不答应,他就把刘备强行扣留下来。

在给出"分治荆州"这个大框架后,孙权就头也不回地走了,留下鲁肃与刘备、诸葛亮商谈细节。

鲁肃是刘备的老朋友,孙权走了之后,他也就没有了顾忌,双方很快就谈妥了"分治荆州"的方案,但刘备须率军入蜀,待取得益州后,再归还荆州的所有地盘。

既然是划分荆州地盘的归属权,共同治理,那么孙权只是名义上的所有者,刘备依然享有治理权,孙权要派兵进驻显然实力不够,孙刘双方都有治理权。

诸葛亮心里盘算着，必须把荆州南郡的归属权和治理权完全掌握在刘备手中，才能满足未来几年的扩张需要，于是他对鲁肃说："子敬先生，我对孙将军分治荆州的方案是非常赞同的，只是西进巴蜀的军事准备在南郡比较好操作。考虑到两家分治的不利因素，请把南郡全部交给我们，也算是孙将军对我们继续合作的实质性支持。"

鲁肃考虑再三，说道："行，但只能算借！"

作为一个谋士，鲁肃自然明白南郡对于江东的重要性，但眼下曹操若同时向淮南和荆州南郡发起进攻，以江东的军事实力，恐怕难以抵抗。而把南郡交给刘备，就可以大大牵制曹军的力量，比孙权分兵驻守更为有利。

这次江东之行，刘备和诸葛亮以退为进，借得荆州南郡，为实现诸葛亮设计的三分天下的宏伟蓝图打下了基础。事后，刘备满意而归，但孙夫人没有一同回来。

回到公安后，诸葛亮和关羽等人马上去接收南郡，并进行西进的军事筹备。自从刘备挂名荆州牧以后，各地的文士武将纷纷来投。军事方面，有关羽、张飞、赵云、黄忠、魏延五员虎将，将卒三万余人，战船数百艘；行政方面，荆南四郡的社会秩序及财税田赋、丁户兵役制度等也渐渐步入正轨。

在此期间，诸葛亮为刘备阵营推荐和招募了不少人才。比如，他的同窗向朗，开始被刘表任命为临沮县长，经诸葛亮介绍，刘备让向朗负责秭归、夷道、巫县、夷陵等四个县的军务和民政。这四个县是荆州的西大门，曾经是孙权重点经营的地方，吴军撤出南郡后，刘备加紧了对这一带的经营，为将来西进益州做准备。

又如马良、马谡、习祯，也在这一时期来到刘备身边的，马良、马谡被任命为荆州从事，习祯职务不详。

还有廖立、蒋琬，他们是诸葛亮在屯驻临烝时发现的人才。廖立是武陵郡临沅县人，诸葛亮发现他很有才能，就把他推荐给刘备，他先被任命为荆州从事，不到三十岁又被提拔为长沙郡太守。蒋琬是零陵郡湘乡县人，少时好学，聪明过人，长得仪态轩昂、气度不凡，因为有才学而闻名于当地，诸葛亮也把他推荐给了刘备。诸葛亮入蜀后，刻意培养廖立和蒋琬，后来蒋琬成为诸葛亮事业的接班人。

更值得一提的是，跟诸葛亮齐名的"凤雏"庞统，也从孙权阵营投奔过来了。

庞统初见刘备时没有跪拜，只是简简单单地作了一个揖，这让刘备对他印象不佳，甚至认为他不仅其貌不扬，甚至精气神也不足，徒有"凤雏"之名。不过，刘备久闻庞统大名，觉得水镜先生司马徽最初说"卧龙、凤雏，两人得一，可安天下"一定是有道理的，何况鲁肃、诸葛亮也都先后举荐，所以还是授予庞统桂阳郡耒阳县县令一职，作为试用。

这时，诸葛亮已到南郡四处巡查，不知道刘备会如此大材小用。

庞统上任后，没做出什么政绩，被免去官职。后鲁肃给刘备写信说："庞统不是治理百里小邑的人才，让他担任治中、别驾之类的职务，才能让他充分施展才能。"刘备看信后，后悔地说:"我屈待了大贤,真是罪过啊!"于是让庞统来到大本营。

过了没几天,诸葛亮从江陵回到公安,向刘备汇报南郡的接收及军备整顿等事项,之后,刘备询问诸葛亮对于任用庞统的看法。诸葛亮坦诚地说:"'凤雏',乃人中之凤,实有将帅之才。"

听了诸葛亮的评价,刘备又召见庞统。庞统直言不讳地说:"荆州荒芜残败,人物流失殆尽,且东有孙权,北有曹操,难以有大的发展。益州户口百万,土地肥沃,物产丰饶,如果能夺取该地,作为根基,当可成就大业。"

刘备担忧地问道:"一向与我针锋相对的是曹操,曹操峻急,我便宽厚;曹操暴虐,我便仁慈;曹操狡诈,我便忠诚。凡事与他相反,就有可能得民心、有成就。如今曹操想要进占蜀地,而我也入蜀,为了取得益州而失信于天下,能行得通吗?"

庞统严肃地说:"将军以仁义信于天下,初衷固然值得坚守,但现在正当乱离之际,凡事不能墨守成规,而要随机应变。只要事定之后,封还他一块地盘,还有谁能说您有负信义呢?不趁现在攻取益州,就会被别人占了先机。"

经过这番交流,刘备对庞统更加器重,任命他为治中从事史,跟他的亲密程度不亚于诸葛亮。

第二节 引狼入室的刘璋

诸葛亮原本不赞成马上进军蜀地,因为作为根据地的荆州根基还不稳固，贸然入蜀，得不到益州倒也罢了，只怕荆州这块得之不易的宝地难以保全。但是，他同样也想到要得到益州，必须抢占先机，趁刘璋不拒绝刘备入蜀这一有利契机，在益州站住脚跟是比较容易的。如果让张鲁或者曹操先占据了益州，然后再去攻打，只怕要难上千百倍。因此，诸葛亮提出两州并举的策略，这也与他设计的"据荆楚以望巴蜀"的长远战略规划相契合。

在此期间，北方的曹操也一刻没闲着，他下令西征并大败马超，逼得张鲁南攻益州。益州牧刘璋偏居一隅的政权岌岌可危，在内忧外患之下，他派别驾张松去与曹操交好，但张松没有受到曹操的礼遇，回益州后极力诋毁曹操，劝说刘璋断绝与曹操的联系，而与刘备交好。

建安十六年（211年），刘璋听说曹操要率军进取汉中，非常担忧，终于横下一条心请刘备入蜀。这就让刘备和诸葛亮找到了取得西川的大好机会。

这年冬天，刘璋命法正出使荆州，迎接刘备入蜀。刘备非常热情地接待了法正，法正觉得刘备有雄才大略，是可以辅佐的明主，于是私下向刘备献秘计，请刘备借机谋取益州。

刘备心里明白，张鲁既要东拒曹操，又要南攻刘璋，在两面受敌的情况，自己入蜀后抗击张鲁不会有太大的压力。这次入蜀，与其说是帮助刘璋御敌，还不如说是图谋他的地盘。刘璋是皇室宗亲，刘备虽然不想乘人之危占据益州，留下不仁不义的恶名，但益州对他的诱惑实在是太大了，所以他犹豫再三，终于还是决定让庞统拟定一个进军巴蜀的详细方案。

庞统很快便拿出了方案，刘备召集麾下将领和谋士对这个方案进行了讨论完善，最终决定：留军师中郎将诸葛亮、荡寇将军关羽和征虏将军张飞镇守荆州（南郡和江南四郡），诸葛亮分管内政与外交；张飞为南郡太守，镇守南郡治所江陵；偏将军赵云领留营司马，掌管留营军事，保护高级将领的家眷；任命庞统为军师中郎将、黄忠为征西将军，随刘备入蜀。

自庞统担任军师中郎将以后，他和诸葛亮似乎就有了分工：诸葛亮负责巩固荆州，庞统则负责协助刘备攻取益州。所以此后凡是有关攻取益州的决策和实际运作，大部分由庞统负责，这也说明了诸葛亮对庞统的信任。当然，这并不意味着诸葛亮与攻取益州关系不大，因为攻取益州的战略方针本来就是诸葛亮提出的，选择庞统去辅佐刘备进川也是诸葛亮安排的。

因为诸葛亮分身乏术，进益州就不能坐荆州，坐荆州就不能进益州。当时刘备手下虽然还有一些谋士，比如糜竺、孙乾、伊籍、简雍等，然而，糜竺敦厚雅正，曾给刘备的事业以巨大的经济资助，却不擅长行政治理；孙乾对刘备极为忠诚，曾为刘备游说各方，结好袁绍、出使刘表，却无大谋；伊籍为人机敏、善于辞令，擅长外交工作；简雍口齿伶俐、机敏善辩，经常为刘备东奔西走，出使各地，作为说客。他们几人都非常善于辩论，而且形貌不凡，受人尊敬，但运筹帷幄、统御大军非他们所长。所以，对诸葛亮来说，庞统的到来，顺利地解决了他的难题。

同年十二月，刘备率法正、孟达、黄忠和魏延等将，领步卒近二万人，向益州进发。诸葛亮站在江边，看着入蜀的船队渐行渐远，直至消失在茫茫的大江之中。

建安十七年（212年）春，刘备和刘璋在涪城（今四川省绵阳市）相会。刘璋久闻刘备仁义之名，从来没有想过自己是在引狼入室。他隆重地招待刘备及其部下，增拨给刘备不少人马粮草和军用物资，并把战略要隘白水关（今四川省广元市青川县）交给刘备驻军和督理，然后就放心地返回治所成都去了。

此时刘备已有将士三万余人，人马经整顿重组，士气振作，粮秣充足。他将主力部署在葭萌关（今四川省广元市昭化区），但并不向汉中推进。葭萌关至汉中，路途并不遥远，却是山路险阻、关隘重重。葭萌关有一夫当关万夫莫开之势，庞统以此为由，劝说刘备道："蜀道难行，将军不如屯兵于此，厚树恩德，以收民心。"

刘璋见刘备规规矩矩地驻守险关，心里也踏实了，把巩固益州、抵御外敌的希望寄托在刘备身上。

至建安十七年（212年）秋，刘备在关口屯驻将近一年。

这段时间，关羽主要在沔水寻口和汉津一带活动，不时挑战一下曹军，几次想要北进襄阳，却未得到机会；又因与江东鲁肃相邻，也时而发生一些小摩擦。刘备不在，他用兵还是比较谨慎的。

诸葛亮除参与军机外，主要任务依旧是管理地方行政。诸如改动荆州人事安排，稳定四郡地区的民心；发布政令，对战死士兵的家属，凡没有生产资料不能生存者，由官府赡养；征收赋税，以充军实。南四郡中的长沙郡、桂阳郡名义上属于江东孙权，实际上还在荆州治下。

庞统是个急性子，见刘备迟迟不肯对刘璋动手，便主动为他出谋划策。庞统先分析了当前的形势："张鲁会对驻守长安郡的夏侯渊有所忌惮，必不敢倾其所有来强占益州；曹操主力又转移到淮南地区，与孙权的争战一触即发，也不用担心曹操来抢益州；孙权要迎战曹操，对荆州必有所求，暂时不会对荆州有企图。但是，这种有利局面不会持续太久，所以请将军早做决断，不可坐失良机。"

这时，张松也主动找上门来，劝说刘备和他联手，夺取益州。然而，张松的图谋被他的兄长、广汉太守张肃发现，因为害怕牵连自己和家人，张肃向刘璋告发了张松。刘璋一怒之下将张松斩杀。事发后，刘备终于与刘璋反目。

十月，曹操进兵淮南地区，与孙权在濡须开战。刘备认为夺取益州的时机来到，立马按庞统的计策，给刘璋写信，假意要求返回荆州。此时，驻守荆州的诸葛亮、关羽正出兵与曹操部将乐进、文聘在青泥（今湖北省襄樊市西北）、寻口（今湖北省安陆市西南）交战。

刘备要求刘璋提供援兵和辎重，并密召刘璋部下白水军将领杨怀、高沛来会，随即将二人斩杀，吞并其部队。然后，动员全军，宣布刘璋不义，薄待同盟，决定进兵成都。

十二月，刘备从葭萌关还军向成都进发，一路势如破竹，所经之地都顺利攻克。刘璋匆忙组织力量在涪城阻击，刘备下令强攻，因一时难以得手，便接受庞统的建议，拉拢诱降了刘璋麾下中郎将吴懿,并封吴懿为讨逆将军。

转眼到了建安十八年(213年),曹操于年初在濡须口一举攻破孙权江西大营。建安二十一年(216年)汉献帝刘协下诏晋封曹操为魏王,加九锡,以冀州十郡为国。曹操由此成为三国第一个封公爵的人。

消息传来后,刘备深受刺激,下令加快进军步伐。他故伎重演,一边强力攻城,一边招降纳叛,刘璋的部将李严、费观等相继投降。刘备军力更加强大,下令各军迅速突破绵竹防线,向成都挺进。同时急令驻守荆州的诸葛亮、关羽在安排好荆州防务的情况下,拨出兵马西援。

眼看战事危急,刘璋匆忙调集其儿子刘循、张任、邓贤等人共五万大军,星夜赶往雒县(今四川省广汉市)坚守。

雒县是进入成都的最后一关,攻关之难远大于涪城、绵竹。庞统建议刘备不要给刘璋喘息的时间,兵分两路,不惜一切代价迅速突破雒县。

然而,刘备从绵竹到雒县,从围攻雒县到最后攻克,耗费了将近一年时间。

第三节 诸葛亮入蜀

建安十八年(213年)夏,诸葛亮接到了刘备抽调荆州大军入蜀增援的指令。

尽管刘备指定让诸葛亮做出安排，但这是诸葛亮第一次独立行使兵权，为了避免有人抗命，他请关羽出来主持这次军事会议，与张飞、赵云、刘封（刘备的养子）等共同商议。

关羽说："曹孟德已回邺城庆功去了，荆州暂时安全无虞，不如让我和翼德将军入川去增援。"

张飞连忙说道："关将军不能走，如果关将军走了，只怕荆州有失。"

诸葛亮不想让众人议来议去拖延时间，准备一锤定音，于是接过张飞的话头说："张将军说得对，确保荆州不失比进军巴蜀更为要紧，关将军继续镇守荆州能让人放心。依我看，还是让张将军、赵将军各率一队人马和我一同入蜀为好。"

诸葛亮虽是商量的口气，实际上已经作出决定，几位将军也没有提出异议。

诸葛亮之所以把镇守荆州的任务交给关羽，也是经过认真考虑的。他自己在治理荆州期间，与东吴的关系经营得不错，所以，目前北拒曹操是首要任务。在守将方面，张飞不如关羽威猛善战，而且他敬爱君子且嫉恶如仇，又过度运用刑罚，随意鞭打将士，还把这些被打的人安排在身边，迟早会出问题，所以不能把荆州交给他。赵云倒是有勇有谋，且办事小心谨慎，但他对荆州的看法与庞统类似，认为荆州是曹、孙、刘三方矛盾的焦点，是个危险之地。诸葛亮认为，关羽与曹操打交道最多，曾在曹操帐下，曹操又十分厚待他。但关羽仍一心追随刘备，其勇武、忠义，给曹操留下了深刻的印象。综合考虑下来，诸葛亮觉得关羽是镇守荆州的最佳人选。

因为出兵还需要花时间做一些必要准备，诸葛亮料到刘备抢占益州的心情迫切，担心他过于冒进，于是立刻修书一封，派马良先行入川，给刘备送去书信。

马良赶到刘备营地已是深秋，刘备正在围攻雒县，从夏到秋，数月屡攻不下。刘备收到诸葛亮的信后非常高兴，信中说：

"从今岁的星象来推算，不宜采取大规模的军事行动，不然会对主将不利。而且，蜀地险要关口多，军事实力也不弱，易守难攻，没有必要跟刘璋在一城一地死磕，可以先攻取益州防守相对薄弱的重要城镇，然后集中兵力对成都（益州治所）实行合围。"

但是，诸葛亮的策略遭到庞统的质疑，刘备一时难以决断。

由于雒县久攻不下，庞统心中羞愤不已，他实在等不下去了，主动向刘备请战。为确保万无一失，刘备想等荆州援军到达后再作打算。他还试图以自己的梦来说服庞统："我夜里梦见一神仙般的人物，拿着铁棒敲击我的右臂，醒来的时候我还觉得右臂疼。你说，神仙此举是不是提醒我目前的处境不好呢？"

庞统知道刘备是在为暂时息兵找借口，于是回答说："壮士临阵，哪有不死伤的，这完全在情理之中。为何因为梦中的事而起疑心？"他担心刘备患得患失，贻误战机，又劝道："将军不要被孔明之言迷惑，我是全心全意为将军着想，为尽快拿下益州，愿肝脑涂地。希望将军尽早决断准行！"

庞统的豪言壮语令刘备深为感动，他想，庞统毕竟身在益州战场，对军情的了解和把控肯定要强于千里之外的诸葛亮，所以他权衡一番后，终于决定按庞统的建议，兵分两路，向雒县进军。

不幸的是，庞统在攻打雒县时，被流矢射中而亡。

庞统死的时候年仅三十六岁，实在可惜，其才学的确不在诸葛亮之下，但他的狂傲让他找不到自己的位置，始终不接地气。诸葛亮虽然也有傲气，但他的傲气中透着冷静，天下大事尽在掌控。所以，没有人敢不遵守诸葛亮的号令。

庞统死后，刘备继续围攻雒县，守将张任领兵出战，被征西将军黄忠斩杀。随张任出战的死士们也全部被围，死的死、降的降。

张任被杀后，刘循闭城不出，无论刘备如何挑衅，他都全然不理会。刘备一时奈何不了他，只得按诸葛亮的计策，从围城的队伍中分出部分兵力去攻打周边的小城镇，以补充军备粮草，度过一冬。

明末清初的思想家王夫之认为，诸葛亮应当和张飞、赵云等留守荆州，而让关羽、法正领兵援蜀。刘备有雄才，关羽骁勇过人，加上法正足智多谋，必能攻取益州。这个观点有其合理之处，前提是庞统不死，诸葛亮便很有可能坐镇荆州。但是庞统的死改变了一切，以刘备之雄、关羽之勇、法正之智或许可以拿下益州，但能否治理好益州又是另一回事了。关羽打仗很在行，却不擅长治国；法正有谋略，但为人心胸狭窄，也不适合治国理政。所以，诸葛亮亲自率军入蜀也是出于无奈。

建安十九年（214年）初，诸葛亮和张飞、赵云的两路人马过关斩将，闯入巴郡（重庆一带）。诸葛亮让张飞引精兵一万去取巴郡，并叮嘱张飞说："西川豪杰甚多，千万不要轻敌。"张飞应声策马而去。

巴郡太守严颜有万夫不当之勇，张飞早有耳闻，这次逮着了机会，他准备与严颜好好较量一番。严颜已经年过花甲，但开硬弓、使大刀，其勇猛丝毫不减当年。

张飞兵抵江州（巴郡治所，今重庆市江北区）后，严颜拒不出战。张飞无奈，只得接受谋士建议，派人潜入城中去劝降，没想到严颜竟然将劝降军士的耳朵和鼻子给割了下来。张飞怒不可遏，下令强行攻城，但攻城数次均无功而返，他还被严颜一箭射中头盔，心中愤恨不已。

几天后，诸葛亮给张飞出了一计，张飞依计率部从山上的小路过关。严颜闻讯，暗自嘲笑道：人说诸葛亮料事如神，却出了这样的馊主意。正面尚且攻不破，想从崎岖险要的山路突破，真是异想天开！他打算给张飞一个教训，于是亲自率领将卒在小路山林中埋伏。

三更时分，张飞横矛纵马在夜色中悄悄引军前行。严颜见张飞过去了三四里，立即击鼓发令，率领伏兵冲杀而出。就在这时，他听到身后一声锣响，一支军马杀到，为首者豹头环眼、燕颔虎须，正是张飞，那刚才过去的人又是谁？

就在严颜愣神的功夫，张飞的长矛已经刺杀过来。严颜仓促迎战，不到十个回合便被张飞的长矛拦腰打下马来。随后，张飞押着严颜进城，占领了巴郡。

入城后，张飞令人将严颜带上来，大喝道："跪下！俺且问你，大军到来，你怎么不投降，还敢与我大战！"严颜不肯下跪，大义凛然地回道："你们无理侵夺我们的疆土，我们这里只有断头将军，没有投降将军！"张飞大怒，令军士将严颜拉下去斩首。严颜面不改色，大声说道："斩首就斩首，有何惧哉！"张飞钦佩严颜视死如归的豪气，亲自上前给他松绑："老将军真乃豪杰之士啊！"严颜也被张飞的真情感动，终于答应归降刘备。

巴郡到手以后，呈现在诸葛亮面前的是益州境内连绵起伏的山岭和发达的水路交通网，在进攻方向上，他有了更多的选择。

为了尽快与刘备会合，诸葛亮决定分兵而进：张飞从嘉陵江北上，先攻打巴西郡，然后从北面进攻成都；赵云则顺岷江西进，攻打江阳（今四川省泸州市）和犍为（今四川省乐山市），然后从南面进攻成都；诸葛亮则沿涪江直驱德阳（今四川省遂宁市），以策应刘备攻打雒县。

巴西郡，治阆中，辖八县。巴西郡功曹龚谌听说张飞来攻，主动开城门迎接张飞入城，攻占巴西郡相当顺利。攻打巴西郡是为了保护巴郡这个交通枢纽，既可沟通荆州，也可以出兵到成都；张飞占领阆中后留重兵镇守，则是为了防御汉中张鲁。赵云攻打江阳、犍为是为了将成都与南中切割，从南向北威胁成都。全程很顺利，几乎没有遇到太强烈的抵抗。

而诸葛亮取直线去攻打德阳，遇到的阻力却最大。德阳守将是益州司马张裔，他率部顽强抵抗。为了避免不必要的伤亡，诸葛亮没有强攻。恰好张飞赶到，诸葛亮便设计诱张裔出城，与张飞单挑。张飞仅几个回合就将张裔打败。因为诸葛亮想要活捉张裔，张飞不好开杀戒，张裔趁机逃往成都。

诸葛亮和张飞攻打德阳时，刘备在雒县也加强了攻势，同时让法正给刘璋写了一封劝降信，信中写道："我虽然缺乏能力，但既已受任和左将军（刘备）交往结盟，当力求不辱使命，达成任务。……将军（刘璋）引入左将军的本意，是法正所深知的，也是法正继续留在左将军身边，努力想要完成任务的主要原因。如今演变成如此尴尬的场面，主要是将军左右有太多不理会英雄从事之道的臣属义气相争，造成双方误会，以致兵戎相见，终不可收拾。"法正在信中还详细分析了当前局势及民心所向，最后说："左将军起兵后，对您仍有旧情，实际上没有恶意。我认为您应改变态度，停止抵抗，以保住家门的尊贵。"

刘璋迟迟没有答复，刘备只得下令发起强攻，终于在五月上旬破城。刘循等将领突围逃回成都。

这时，诸葛亮、张飞、赵云也率兵前来会合，进而包围了成都。刘备向诸葛亮问计，诸葛亮直接说明了自己的顾虑："巴蜀之争已持续几年，这些年耗费了大量的粮食和军事用品，如果继续打下去，别说士兵们吃不消，就是那些努力耕种的老百姓也承受不起啊！到头来即使占据益州，恐怕也是一片荒凉，无力与曹操抗衡。"刘备觉得诸葛亮与自己心意相契，对他赞赏有加。

此时成都城中还有精兵三万人，粮食和丝帛可以支持一年，官吏和百姓都愿死战到底。

就在刘备围困成都时，还出现了一个小插曲。这天，刘备正与诸葛亮商议如何逼迫刘璋同意和谈，张飞手下的一个裨将来报，说马超带领一支人马直奔葭萌关而来，可能是要攻关。刘备大吃一惊，马超不是前年在渭水被曹操麾下的许褚赶到西凉去了吗？怎么跑到葭萌关来了？

诸葛亮则十分淡定，他对汉中和西凉一直都很关注，对那里的局势变化了然于胸。他平静地对刘备说："将军不必惊讶，马超多半是无家可归了。他突然跑到葭萌关来，是战是降还不一定呢。"

张飞耐不住性子，大声嚷嚷道："敢闯葭萌关，俺去斗一斗那马超！"张飞的队伍有几千人驻守在阆中，他去迎战确实是最合适的。

但诸葛亮没有理会张飞，对着刘备耳语一番，然后高声说道："马超可不简单，曹操也拿他没办法。将军麾下恐怕只有云长将军可与之匹敌。"

张飞一听急了，生气地说："军师怎能这般小瞧俺？俺立军令状，此战若不能胜，愿接受军法处置。"

诸葛亮笑道："张将军自比许褚如何？我要活捉马超，张将军能做到吗？"

如果马超像雒县守将张任那样死战不降，这个任务还真的很难完成，但张飞毫不犹豫地拍了胸脯。

那么，马超为何突然来葭萌关呢？原来，马超被曹操击败后，依附于汉中张鲁。张鲁起初很欣赏马超，封他为都讲祭酒。

马超一心想要恢复自己的势力，于是向张鲁借兵，反攻凉州，但他围攻祁山三十天都未能得手，在曹军援兵赶到的情况下，只得撤军回了汉中。马超败归后，张鲁手下将领杨昂等人因妒忌马超的才能，嘲笑他如丧家之犬。这几年，马超因众多亲人先后被杀，心中恨意难以化解，如今又寄人篱下，受人羞辱，这般郁闷苦涩的滋味让他难以下咽。他想再找一条出路，张鲁乘机煽动他攻打益州，借此证明二人同心同德。

马超知道张鲁是个不值得共议大事的人，他听说刘备入川，正与刘璋争夺益州，就打算投靠刘备。不过，他现在受制于张鲁，如果不做出攻打益州的样子，很难逃过张鲁的眼睛。所以，马超一边暗中写信给刘备，一边向张鲁借了一支人马，奔葭萌关而来。

诸葛亮向刘备仔细分析了马超的品行、志向、经历和处境，决定做两手准备：让张飞火速赶往葭萌关迎战，试探马超的真实意图；另派建宁督邮李恢前去游说劝降。

诸葛亮与刘备目标一致，都想把马超争取过来。这不仅因为马超武艺超群，作战经验丰富，还在于马超及其父亲马腾一直忠于汉室，视曹操为奸臣，而与之死抗。而且，以后要进占汉中，马超可谓轻车熟路，可以起到非常重要的作用。

李恢见到马超后，直言不讳地说："将军和曹操有杀父之仇，在陇西又有切齿之恨，前不能救刘璋而退荆州之兵，后不能制杨松而见张鲁之面。现在正是四海难容，一身无主。如果再有渭桥之败、冀城之失，还有什么面目再见天下之人？"

李恢点明了马超的被动局面，马超的反应也在诸葛亮的意料之中——马超为难地说："先生说得极对，我已经走投无路了。"

李恢借机表示刘备可以接纳马超，然后带马超去见刘备。马超叩头谢道："我今天得遇明主，如拨云雾而见青天！"

马超归降后，刘备命他率军驻扎在成都城北，并耀武扬威于城下。成都城内的将卒看见勇猛的马超也被刘备收服，心中十分恐惧，连刘璋也被震慑到了。

刘备包围成都数十天，见刘璋没有什么动作，便派荆州从事中郎简雍进城劝降。刘璋长声叹道："我们父子统领益州二十余年，对百姓没有什么恩德。百姓苦战三年，暴尸荒野，实在是我的罪过，我怎能安心！"于是打开城门，出城投降，部属无不伤心落泪。刘循、谋士董和等也跟着投降。

刘备率部进入益州治所成都，成了益州的新主人，他自领益州牧，设左将军府为最高官署。然后大宴将士，对有功将佐论功行赏、加官晋爵。

诸葛亮被任命为军师将军，署左将军府事。赵云为牙门将军，张飞为巴西太守，赐金银甚巨。其他有功部曲皆有封赏。

第六章 蜀汉初立

第一节 培基固本

建安十九年(214年)刘备占领益州,接过了刘璋的权柄,但是他要面对益州政治昏暗、经济衰退、士族矛盾纷繁复杂、混乱多变的局面。

诸葛亮作为军师将军、署左将军府事,全力以赴地协助刘备治理巴蜀。他充分发挥其卓越的治国才能,协调士族矛盾,努力发展经济,训练军队,使刘备的实力大增。

诸葛亮首先要面对的问题,是调和"东州士"与益州豪族及荆州士族间的矛盾。

所谓"东州士",特指南阳、三辅两地于汉末避乱入蜀,依附刘焉和刘璋的那些志士。南阳(隶属荆州)指河南南部一带;三辅指西汉的京兆尹、左冯翊、右扶风。这是关于"东州士"狭义的定义。但汉末避乱入蜀的志士来源地域甚广，三辅、南阳两地难以涵盖其范围，所以"东州士"的广义范畴包括所有外地来蜀投奔刘焉和刘璋的志士。

刘焉初入蜀时，受制于益州的大姓豪族，只能将治所设在绵竹。但刘焉作为益州牧，要想在益州站稳脚跟，必须加强自己的权力。于是，后来他凭借自己组建的东州兵，镇压了益州本土豪族。这也使益州本土豪族与刘焉及"东州士"之间的关系恶化。

刘焉去世后，益州本地官吏赵韪等推举刘璋继任益州刺史，但刘璋无力平衡"东州士"和益州本土豪族势力的关系，两者之间的矛盾日趋白热化。将领沈弥、娄发、甘宁起事反对刘璋，被赵韪打败后逃往荆州。此后，"东州士"更加专横跋扈、侵暴旧民，益州百姓对他们的行为甚为愤慨。刘璋想要抑制"东州士"的势力，又与赵韪产生矛盾，结果赵韪叛乱，这个时候，又是"东州士"同心并力，帮助刘璋将赵韪镇压下去。斗争以"东州士"的胜利告终，但又引发了益州本土豪族的反扑。矛盾存在已久，刘璋一直无法彻底解决。

荆州集团要想在没有丝毫根基的益州立足，进而建立起一个王朝，难度可想而知。诸葛亮心里明白，当务之急是协调好"东州士"与益州豪族及荆州士族之间的关系。

对于"东州士"而言，刘备入蜀是他们寻求生存和发展空间的又一个机会。所以，当益州本土豪族坚决反对、拼死抵抗刘备入蜀时，"东州士"的态度多是积极的、欢迎的，比如法正、吴懿、李严、费祎等，早就选择了刘备。反对和抵抗刘备入蜀的本地豪族代表则有张裔、张肃、谯周、黄权、彭羕等人,不过他们后来也归降了。至于荆州士族,自然是以关羽、张飞、糜竺、诸葛亮等人为核心的刘备旧部。

益州的巩固和发展处处都离不开"东州士"。为了在刘备身边有一个说得上话的代言人,"东州士"纷纷劝说刘备娶吴懿的妹妹吴氏为妻。诸葛亮考虑到要团结一切可以团结的力量,急需与蜀中大族豪强结纳关系,也同意他们的建议。

对此,刘备一开始是拒绝的。因为吴懿之妹吴氏也是刘璋之兄刘瑁的妻子,尽管刘瑁已死、吴氏守寡,但是刘瑁毕竟是刘备的族弟,这么做有违礼法,刘备害怕背上迎娶弟媳妇的骂名。

法正见刘备一直犹豫不决,直言不讳地说:"说到亲疏关系,你跟刘瑁的血缘关系,远得连宗亲都算不上。想当年,晋文公还娶了亲侄子公子圉的妻子怀嬴。你若想得到东州士的支持,就应该娶吴氏为正妻。"

自从孙夫人回江东后,刘备的内室一直空缺,以他的地位娶吴氏不成问题,他在权衡利弊后,大大方方迎娶了寡居的弟媳妇吴氏为正妻,也算是一举两得。

诸葛亮为了调和蜀地各族关系,在用人上有着自己的一套方法。他努力淡化"东州士"、益州本土豪族和荆州士族这样的派系概念,仅按进取者和保守者来划分,无论是"东州士"、益州豪族还是荆州士族,选拔人才都遵循公正性原则。

在益州本土士族中,有一个叫彭羕的,早年被刘璋贬为奴隶,刘备入蜀后,彭羕在庞统、法正的推荐下也成了刘备的重臣。

益州主簿黄权在张松提议迎接刘备时，极力反对，但刘璋不听，还把他外放为广汉县的县令。刘备取益州时，许多郡县纷纷归附，只有黄权闭城坚守，直到刘璋投降后才归顺。诸葛亮敬佩其忠心，便向刘备举荐，刘备拜黄权为偏将军。

刘备包围成都时，蜀郡太守许靖打算翻墙出城投降，非常没有气节，被人发觉后状告到刘璋那里，当时正是危急关头，刘璋觉得不宜诛杀自己人，于是放过了这个没有骨气的墙头草。刘璋投降后，刘备也不愿起用许靖，认为许靖与其弟许劭是天下闻名的名士，却没有身为人臣的节操。诸葛亮知道后劝谏道："许靖是受众人所仰望的，断不可失，应当借助他的名望使海内对您恭敬。"法正也在一旁附和说："天下最有名无实的人就是许靖了。但是将军刚刚开创大业，许靖的名声四海皆知，您如果连他都不用，天下贤人恐怕会认为您薄待贤臣。"法正还借用战国时期燕昭王重用郭隗的故事劝谏，刘备这才对许靖逐渐尊敬并重用。

诸葛亮能使蜀地各族人心悦诚服，完全在于他以才取士，客观公正。在"东州士"中，法正为蜀郡太守、扬武将军，李严任犍为太守、兴业将军，担任要职。在本土豪族中，张裔被任为巴郡太守、司金中郎将；黄权被拜为偏将军；谯周为劝学从事。

当然，对于反对刘备政权的人，诸葛亮也坚决予以镇压。比如彭羕，刘备任命他为益州治中从事，但他为人嚣张、傲慢，诸葛亮发现后对刘备说："彭羕心大志高，难保他以后会做出什么事来。"刘备观察彭羕的所作所为，也认同诸葛亮的看法，于是逐渐疏远了彭羕，并把他调去当江阳太守，彭羕为此很不满，暗中煽动马超反叛。他对马超说："您是外放官，我是内应，天下不会平定不了。"马超长期为寄身之人，归顺蜀国后仍常怀危惧之感，对彭羕的想法感到十分吃惊，所以连忙将此事告知刘备。于是，彭羕被捕入狱，他在狱中写信给诸葛亮，还夸耀自己的功绩，想争取从宽处理。他说自己一开始就看出曹操暴虐，孙权无道，刘璋暗弱，只有刘备有霸王之气，所以他才和刘备"评论治理国家的急务，讲述霸王功业的道理，筹划进取益州的策略"，刘备"赞同他的意见，于是进兵举事"。他还为自己辩解说："贪饮了几杯酒，故脱口失言'老'字。至于'内外'之说，是想使马超建功业于北州，全力效忠主公，共同讨伐曹操罢了，岂敢有非分之想？"但诸葛亮还是决定将他处死，永除后患。

　　诸葛亮认为，本土豪族掌握着本地的资源、人脉等，团结本土豪族更有利于经济发展，所以治理益州应该以本土豪族为主导力量。

　　张裔是本土豪族的一个代表人物。诸葛亮和张飞攻打德阳时，他奋力抵抗，后逃到成都，刘璋派他出城议降，他属于最后一批归降的。诸葛亮见张裔办事干练敏捷，与曹操的得力干将钟繇是同一类的人物，就提请刘备任命他为司金中郎将，负责农具、兵器的制造。

　　为了推动地方经济发展，诸葛亮还举荐了一个刘备很讨厌的人——刘巴。刘巴可以说是刘备的老熟人。刘备驻扎新野时，仁德之名远播海内，曾邀请刘巴加入自己的阵营，但刘巴恃才傲物，根本看不起出身低微的刘备，所以没有答应。当曹操进军荆州时，刘巴马上投靠了曹操。曹操交给刘巴的第一个任务是收复荆州江南四郡，不料却被刘备抢了先。刘备再次邀请刘巴，但刘巴依然不屑一顾，也不好意思回去向曹操复命，只好选择远逃。

其时，诸葛亮屯驻在零陵郡临烝，他追赶上刘巴说："刘将军雄才大略，盖世无双，已据有荆州大部分土地，天意人事，孰去孰就，已经十分清楚了，你还想到哪里去呢？"

刘巴说："我历尽艰险来到自己的故土，本想应天顺民，让荆州诸郡归顺曹公，让天下重归一统。可众人太看重私利，我没有能力说服这些民众。但是我决不改变初衷，宁愿浪迹天涯，乘舟游于大海，再也不管荆州的事情了。"随后，他竟去投了交趾（治所为龙编县，今越南河内东北）太守士燮。

刘备知道后对刘巴痛恨不已。由于士燮亲近江东，与刘巴意见不合，刘巴又转投到益州刘璋门下，被任命为主簿。刘璋想要引刘备入川时，刘巴劝阻道："刘备是人杰，肯定不愿长久居于人下。他入蜀一定会造成祸害，不能让他进入四川。"

反对刘备入川者，以刘巴和黄权态度最为坚决。刘备进入益州后，刘巴又向刘璋进言："如果让刘备去讨伐张鲁，相当于将老虎放归山林。"然而刘璋始终没有听从他的意见。

刘备得益州后，刘巴和黄权都闭门不出，刘备麾下将士愤怒不已，恨不得马上杀了这两人。但诸葛亮很欣赏刘巴的才华，多次向刘备举荐，并语重心长地说："运筹策于帷幄之中，我不如子初（刘巴字）看得长远。"

刘备听了连忙下令："有敢杀刘巴者，诛三族。"

刘巴这才出来向刘备谢罪认错，表示归附。刘备接受诸葛亮的建议，没有责怪刘巴，并对他予以重用，任命他为左将军府西曹掾。

这时，诸葛亮正在为府库空虚、军用不足而发愁，刘巴建议铸造面值百文的铜钱流通于市，并派官员管理市场、平抑物价。诸葛亮采纳了他的建议，铸直百钱，开办官市，稳定物价，恢复生产，很快巩固了刘备在益州的统治地位。在一千多年前，刘巴就懂得用货币的供需量来调节经济增长，用政府手段来干预市场、平抑物价，可见他在经济方面确实比较高明。

但是，刘巴生性孤傲，说话直白，性格有很大缺陷。张飞喜欢和士大夫交朋友，因为敬仰刘巴的名声，有一次他特地从老远的地方骑马去拜访刘巴，并在刘巴处留宿。刘巴却看不起张飞，以至于整个晚上不跟张飞说一句话，弄得张飞异常尴尬，心里产生了怨恨。

诸葛亮听说这件事，连忙劝刘巴说："张飞是个武人，很敬慕您。您虽然禀赋很高，但也应该有一些谦恭之意。"

刘巴却说："大丈夫处世，当交四海英雄，我和一个武夫有什么话好说的！"刘巴的性格缺陷，大大制约了其才智的发挥，也限制了他人生发展的高度。

益州政权的建设，还包括稳定社会秩序。为此，诸葛亮和扬武将军法正、昭文将军伊籍、左将军西曹掾刘巴、兴业将军李严等人一起制定了《蜀科》。这也是为了满足刘备对蜀地的统治需要，改变刘璋治下益州法纪松弛、德政不举、威刑不肃的局面。

诸葛亮考察了汉以前的各朝法规和法家思想，其法治哲学融入了先秦法家商鞅、韩非，以及前汉的新儒家董仲舒的思想，主张治国应当法礼并用，威德并行，也就是以法为本，着重公平客观原则；以德为用，着重教化为本。

《蜀科》为劝诫及训励蜀国官员将士，规定了八务、七戒、六恐、五惧等执行条章，以明令能知能行的行为准则，使蜀汉大小官员知道务其所"务"、戒其所"戒"、恐其所"恐"、惧其所"惧"，勤于职守。

但是，《蜀科》颁布后，因严法治蜀，打击了地方豪强势力，引起了地方豪强的不满，他们便以消极态度抵触蜀汉政权。

法正时为蜀郡太守，掌握着益州首府蜀郡的行政大权，他以当年汉高祖入关与民约法三章之事，向诸葛亮进言说："从前汉高祖入关，废除秦朝的严刑苛法，约法三章，宽禁省刑，关中老百姓都感念高祖的恩德。如今我们刚刚以武力占据益州，还没有给地方带来恩德，就施以刑禁权威，这是很不好的。按照主客的关系，我认为应该多施行恩德，把刑罚、禁令放宽一些，以慰藉他们。"

诸葛亮一方面肯定了"乱世重宽容，弛世用重典"的可行性，同时也指出不能盲目沿用汉初的法度，要因地制宜，懂得变通。他给法正写了一封政论性书信《答法正书》，阐明自己的法治思想，晓以大义。信中说：

"先生您只知其一，不知其二。秦代的情况是实行暴政，虐待百姓，逼得人们不得不起来造反。针对这种情况，汉高祖采用宽刑弛禁的办法，来减轻百姓的负担，这是对的。现在益州的情况和秦代大不相同。刘璋暗弱，自从刘焉以来就放纵地方豪强官僚，使他们专横跋扈、为所欲为，因而德政不举、威刑不肃，君臣之道也逐渐被破坏。给这些官僚以高官厚禄，宠信他们，他们地位高了，反而不觉得可贵；顺着他们，施以恩惠，恩惠达到顶点，他们反而傲慢无礼。这就是政治弊病的来源。现在以法来威慑他们，法行之后，人们才知道什么是恩德；限之以官爵，官爵提升之后，人们才能够知道爵位的尊贵。行法和恩宠相辅并行，上下的次序才能够维持正常，政治才能够清明。"

诸葛亮从实际出发，拒绝了法正的建议。尽管诸葛亮执法严峻，但因为他能做到公平公正，蜀地百姓并无怨言。

法正为人恩怨分明、睚眦必报，掌握大权后，曾经对他有过小恩小惠的人都受到他的照顾，与他有过小矛盾的人则遭到报复，擅杀毁伤己者数人。有人向诸葛亮告发，希望他能够禀报刘备，不要让法正继续作威作福。

诸葛亮没有上告刘备，公开解释说："主公几年前在公安，北面害怕曹操的强盛，东面担心孙权的威胁，近处又惧怕孙夫人在身边生变，在那个时候，陷于困境，真是进退两难。法正辅佐主公，使他得以展翅高飞，不再受人钳制，现在怎么能抑制法正，使他不能按自己的意志行事呢？"诸葛亮讲述了法正的功绩，也承认他所使用的某些手段不合正道，但出发点是好的。

不过，诸葛亮也知道人们举报的那些现象确实存在且很普遍，蜀地士大夫多依仗财势，欺凌小民，使蜀地百姓思为乱者，十户中就有八户。为了彻底扭转这种混乱的局面，诸葛亮厉行"先理强，后理弱"的策略。理强指力行法治，限制和打击专权自恣的官僚及豪强；理弱则指努力扶植农民，发展生产。

经过这样的"法治革新"运动，蜀汉政权的行政效率明显提高，吏治逐渐清明，实现了诸葛亮在《隆中对》中提出的"跨有荆、益"战略的初期目标，为刘备建立了一个稳固的根据地。

第二节 重分荆州

刘备取得益州后，曹操担心刘备继续攻取汉中，于是抢先一步，于建安二十年（215年）率十万大军亲征汉中张鲁。

曹操的举动把刘备吓得不轻，蜀地人心惶惶，一天之中甚至有几十次动乱，刘备一再惩处叛乱者，仍无法安定人心。就在刘备惊魂未定之际，成都又来了一位不速之客——诸葛亮的兄长诸葛瑾，他是奉孙权之命出使益州的。

刘备听说诸葛瑾来了，找来诸葛亮问道："孔明先生，令兄前来，不知所为何事？"

诸葛亮回道："还能是什么事？想必是孙仲谋让他来讨要荆州了。"他知道刘备是明知故问，这事与江东有约在先，而且是刘备亲自签约的,怎么这么快就忘了呢?

刘备一脸忧愁,问道:"这可如何是好?"他实在舍不得荆州,但是,如果不履约,他又担心失信于人,坏了他大半生才挣得的好名声。

诸葛亮不慌不忙地说:"此事不可强拒,只能想法子拖延,到时候您看我眼色行事。"

第二天,诸葛瑾来见刘备,呈上了孙权的亲笔书信。刘备看信后十分生气,把孙权数落了一番,最后说:"我正想把益州的事情稍作安排后便率兵南下,杀去江东,没想到仲谋反倒来讨要荆州!"

诸葛亮听了刘备的话,马上哭倒在地:"将军啊,我兄长此番前来,一家老小都被江东扣下了,倘若我们不还荆州,我兄长全家被杀,我这做弟弟的也不能独活。望将军看在我的面上,将荆州还给江东!"

刘备一口回绝,经诸葛亮再三哭求,他装作无可奈何的样子,说:"这样吧,看在军师的面子上,分荆州一半还他。"说完他就提笔给关羽写信,盼咐将长沙、桂阳、零陵三郡还给江东。

临了,刘备又叮嘱诸葛瑾道:"我弟云长性子火爆,他发起火来连我都害怕,子瑜见了他要好言好语。"

诸葛瑾高兴地拿着刘备的书信赶往荆州,向关羽索要三郡。他完全没有想到,一向讲信义的刘备和自己的兄弟诸葛亮会演这么一场戏给他看。

诸葛瑾见到关羽时，关羽果然没有好脸色，阴声沉气地说："荆州乃汉室疆土，一寸也不能让给别人。我大哥给军师面子，愿意归还三郡，但恕我无法听命。"

诸葛瑾连忙给关羽说好话，但关羽丝毫不留情面，冷哼一声："休要多言！若不是看在军师的面子上，你只怕是走不了。"

诸葛瑾无奈，只得又跑回成都去找刘备。刘备对他说："真没想到二弟连我的话都不听了。不如这样吧，你先回江东，待我夺取了东川和汉中，就把云长调去守护，到时再把荆州还给你们如何？"

诸葛瑾这才明白自己被刘备耍了。他立马赶回江东，向孙权汇报此事。孙权怒不可遏，骂道："狡猾的恶棍竟敢耍诈！"随即召见鲁肃来商议对策。

鲁肃说："在这个乱世之中，没有奸诈和虚伪，只有强弱与高下，正所谓成者英雄败者贼。"

孙权不解，说道："难道他刘玄德还有理了？荆州非要不可，且不说我们占理，就算是争口气，要不回来也得要，哪怕动武！"

孙权开始向荆州交界处调动兵力，派庐江太守吕蒙袭取长沙、零陵、桂阳三郡。他还亲自到陆口（位于赤壁市陆水湖出长江口，今湖北省嘉鱼县陆溪镇）坐镇，指挥调度。

其实，刘备之所以耍赖，也是无奈之举。他刚得益州，立足未稳，眼看曹操的十万大军就要将汉中铲平，若继续挥戈南下，益州就危险了。诸葛亮也明白，如果把荆州给了孙权，益州又守不住，那么刘备就再无立足之地了。为了化解危局，守住刘备的一点根底，他甚至不惜欺骗自己的兄长。他还需要一点时间来观察局势的变化，然后帮助刘备做出相应的决策。所以，他一只眼睛死死地盯住汉中，另一只眼睛则看向江东孙权。

到了这年夏天，形势变得明朗起来，诸葛亮大胆地向刘备建议：从益州分兵援助荆州。

作为一个久经沙场的将军，刘备自然知道这样做需要冒很大的风险，但他现在除了绝对信赖诸葛亮，别无选择。于是，他亲自率领五万大军火速东下，以对抗孙权。此举或许还有更长远的谋划：如果孙权退让，那就可以顺势助关羽夺襄阳。刘备在赶往公安时，已传令让关羽率部至益阳；孙权则派鲁肃驻屯在邻近益阳的巴丘（今湖南省岳阳市），与关羽对抗。

表面上形势对刘备非常不利，乌云密布，狂风暴雨将至，但在诸葛亮看来，最后的结果只会是雷声大雨点小。首先，曹操平定汉中后，虽然有实力南进拿下益州，但肯定会付出很大的代价，而益州对曹操来说远没有江淮地区重要，所以就算能够拿下益州，对他来说也是得不偿失；其次，曹操亲征汉中，孙权必然会在淮南地区有大动作，与荆南四郡相比，孙权更希望能以较小的代价占据被人们视为国之中心的江淮，所以他不会傻到在北拒曹操的同时与荆州开战。

事态的发展正如诸葛亮所料，建安二十年（215年）五月，曹操攻克河池，斩氐王窦茂；七月，曹军进至阳平关（今陕西省勉县西北）。张鲁听说阳平关失守，逃往巴中。曹操进军南郑，尽得张鲁府库珍宝。

对曹操来说，汉中形势一片大好，川蜀的门户已经洞开，如果旌旗继续南指，巴山蜀水近在咫尺。丞相府主簿司马懿和谋士刘晔也劝曹操一鼓作气，南进拿下益州。

司马懿言简意赅地阐述了入蜀的大好时机：刘备以不光彩的手段夺取益州，人心尚未完全归附，统治根基不稳；孙、刘之间又产生矛盾，为荆州闹得不可开交，到了兵戎相见的地步，使刘备不得不分兵守荆州，蜀中守备力量薄弱；刘备培植了一批新生力量，若不及时铲除，势必会养虎为患。

刘晔也认为，刘备刚拿下益州，人心未附，再加上曹军势大，攻占汉中后已令蜀人震恐，只要进攻他们就会望风归降。否则，诸葛亮善于治国而为相，关羽、张飞勇冠三军而为将，蜀地人心渐渐稳定下来后，再据险守要，就难以征服了。

尽管司马懿和刘晔晓之以理、动之以情，但曹操依然不为所动。他感慨道："人生的痛苦都是源于不知足，已经得到了陇右，还想得到蜀地，这是人心无足。"随后，曹操作出了一个令众人不解的决定——班师回朝。这个决策虽然保守，却不失稳健。因为孙权乘曹操西征之机，于八月率十万大军去围攻合淝了。

此时驻守合淝的曹军只有张辽和李典的两支人马，共七千余人，形势紧迫。按曹操的计谋，张辽和李典决定先发制人，乘孙权立足未稳、尚未合成营伍之机发起突袭，使孙权部队的士气受到很大打击。之后，孙权下令包围合淝，但是十多天屡攻不下，又听说曹操已平定汉中,将返回邺城,他只得下令退兵,暂时放弃攻打合淝。双方再次形成对峙局面。

与此同时,关羽与鲁肃也在益阳和巴丘交界对峙。由于孙权在合淝战场新败,刘备又带来援军屯驻公安,鲁肃知道想以武力强索荆州恐怕已无可能,而且他一向主张以和谈来解决双方争端,于是向关羽发出了谈判邀请。

建安二十一年(216年)春,关羽应鲁肃之邀赴巴丘谈判。双方经过讨价还价,最后议定以湘水为界,将长沙、桂阳及江夏三郡划归江东孙权,南郡、零陵、武陵三郡归刘备。

孙权对于这个谈判结果并不满意,指责鲁肃太过软弱退让,要他与关羽重新谈判。但等鲁肃回头来找关羽时,关羽早已乘快船回了益阳。

这次重分荆州,使刘备的荆州防线由鄱阳湖、赣水退到了洞庭湖、湘水,而孙权的势力则深入到了荆州腹地,严重威胁江陵、公安等地的关羽军,为后来刘备彻底失去荆州埋下了隐患。

第三节 夺取汉中

湘水之盟达成,荆州的争端已和平解决,刘备驻扎在公安的大军闲置于此,突然想起了东下之时跟诸葛亮商量好的计划,于是任命关羽为襄阳太守,并增派二万人马,让他筹划北进襄阳之事,然后自己带领大部人马回了益州。

关羽手下的兵马增至五万,开始在与江东接壤的边界修筑烽火台,设置军队、屯候,改建荆州南郡治所江陵新城(今荆州古城),打造军械,储备军事物资,一是防备江东偷袭,二是为北征襄、樊做必要的准备。

诸葛亮等人驻守益州,除了驻守汉中的曹操部将夏侯渊、张郃与张飞发生零星的战斗外,并无战事。诸葛亮总理左将军府事,将益州的军政事务打理得井井有条,而法正作为军议校尉、蜀郡太守,治理蜀郡也是采用雷霆手段,威慑一方。他的行事作风从来都是不管不顾,受到了蜀地"东州士"和地方豪族的抨击与排挤,但诸葛亮始终支持法正,并帮他处理了不少因手段过激而造成的麻烦。

五月,汉献帝打破"非刘姓不得为王"的祖制,册封曹操为魏王,邑三万户,位在诸侯王之上,奏事不称臣,受诏不拜,以天子旒冕、车服、旌旗、礼乐郊祀天地,出入得称警跸,宗庙、祖、腊皆如汉制,国都邺城,王子皆为列侯。这样一来,曹操名义上仍为汉臣,实际上已位极皇帝。

这年夏天,刘备刚从荆州回到成都,法正便迫不及待地提出了进军汉中的建议。他对刘备说:"曹操一战就迫使张鲁投降,平定了汉中,他没有乘这一有利形势攻取巴、蜀,却留下夏侯渊、张郃镇守汉中,自己匆忙率军北还,这并不是他的智谋不够、力量不足,而是内部忧患逼迫他这样做,假如我们发兵讨伐,一定会取得成功。"

法正还陈述了汉中对刘备集团的重要战略意义,并精要地分析了曹操当时的境况及其在汉中部署的军队状况。

刘备的目光并不只是停留在汉中，而是更多地关注荆州，他和诸葛亮一样，只把益州当作一个预备大本营。不过，诸葛亮也认为进军汉中对巩固益州是非常有利的，因为汉中有着连接关中和巴蜀的重要通道，南北交通古道有褒斜道、陈仓道、子午道、金牛道、米仓道，各道劈于万山之中，关隘重锁，极其险要，进可攻退可守。所以，刘备开始着手做进军汉中的准备。

冷兵器时代的战争，由于地理交通、通信和军备物资筹备等的限制，往往需要做很长时间的准备，法正建议进军汉中是在建安二十一年（216年），但做好进军准备，等待最佳时机花了整整一年时间。

直到建安二十三年（218年），刘备才下定决心进军汉中，除已经做了长期准备之外，还因为曹操与孙权再一次发生激烈冲突，在濡须第二次交战，孙权战败求和。曹操退兵后，仅留伏波将军夏侯惇统率曹仁、张辽等二十六军屯居巢。孙权则留平虏将军周泰督朱然、徐盛驻守濡须口。

乘此空隙，刘备抓住战机对汉中发动了攻势，派遣张飞、马超、雷铜、吴兰等率偏师攻下武都郡的下辩（今甘肃省陇南市成县），曹操立即派曹洪率骑都尉曹休、偏将军曹真等前去堵截。双方陷入僵持状态。

接下来，情况变得很糟糕。荆州形势突变，曹、孙议和之后，打算联手对付关羽，瓜分荆州；同时，一向与荆州交好的鲁肃在这年十月病逝。诸葛亮一面哀悼这位具有远见卓识、顾全大局的故友，一面为孙、刘联盟的未来感到忧心。荆州守将关羽虽然英勇善战，却缺乏政治眼光，如果不是鲁肃一直从中周旋，孙、刘联盟早就闹崩了。现在接替鲁肃之职的是与荆州为敌的左护军、虎威将军吕蒙，其政治头脑也远不如鲁肃。他正跃跃欲试，准备攻打南郡，荆州危急！

不过，曹操暂时还未动手，他仍在为出师必胜、晋封魏王而沾沾自喜，并没有把孙权、刘备放在眼里。这一年，曹操以睥睨天下的王者气概，很有排场地祭祀天地，用天子礼仪，立曹丕为世子，汉献帝刘协的帝权被明目张胆地剥夺。刘备只能眼睁睁地看着曹操登上权力的巅峰。

这个时候，汉中的形势也不容乐观。张飞屯兵固山，做出要截断曹洪后方的样子，但被曹休识破。三月，曹洪趁蜀军兵力尚未集结之时发起突击，雷铜、吴兰等战死，张飞、马超只得撤退。刘备又派陈式去攻打马鸣阁道（在今四川省广元市内），打算断绝汉中与许都的联系，但被徐晃击败，伤亡惨重。

刘备不甘心，留诸葛亮驻守成都，继续整顿内政，负责前线的军需物资供应；刘备则亲率赵云、黄忠、法正、黄权等五万人马自金牛道到达阳平关，试图以精兵突袭来争取胜利，但阳平关地势险要，几次突袭均未成功。

七月，曹操亲率大军赶往关中，坐镇长安，以便随时指挥汉中战局。

两军对峙一年有余，老将黄忠认为，攻占险关仅靠猛将强攻肯定不会有好结果，于是主动联系在成都的诸葛亮，探讨破敌之策。诸葛亮虽然坐镇成都,总督粮草,但从未放松对汉中军情的了解与分析,他与黄忠拟定了好几套用兵计策。

建安二十四年(219年)春,刘备在阳平关吃了亏,便率主力南渡汉水,一举抢占了阳平关南面的军事要地定军山(在今陕西省汉中市勉县内),并在此安营扎寨。随后,在抢夺定军山的战斗中,曹操部将夏侯渊被黄忠斩杀,曹军群龙无首,迅速溃败。益州刺史赵颙等在溃逃中也被黄忠部将追杀身亡。

夏侯渊是曹操的连襟,也是八虎骑之一。夏侯渊之死,对赤壁之战后屡屡获胜的曹操是一次很大的打击。三月,他亲率十万大军从长安经褒斜道来夺汉中,将数千万袋粮草搬运到北山囤积,摆出一副要跟刘备决一死战的架势。

刘备正感得意,听说曹操率大军前来,很自信地说:"曹操来了也没用了,汉川是我的了。"同时急令诸葛亮率兵来援,他自己在定军山上占领险要地势,固守不战。

诸葛亮来到汉中,见道路艰险、军粮运输艰难,便让黄忠、赵云用计配合诱敌,火烧曹操囤于北山的粮草,并截断其补给线。此时,恰好假校尉王平主动来投,刘备拜王平为牙门将、裨将军。王平详细说明了汉水的地理条件及徐晃军队的部署情况。

根据王平提供的情报,诸葛亮进一步完善了对敌策略。

这天,黄忠领兵悄悄渡江,前往北山偷袭,不料却中了曹军的埋伏。赵云率领轻骑去搭救黄忠回营。曹军在后面穷追猛打,一直追至赵云营地,见营门大开,却不见赵云踪影,怀疑赵云营内设有伏兵,连忙撤退。赵云乘机从左右两边杀出,曹军惊慌溃逃，死伤无数。与此同时，黄忠再次返回北山，放火烧了曹操囤积的粮草。张飞、魏延则分兵两路，去截断陇右至汉中的几条通道。

曹操全军退往阳平关。此时曹军人马虽多，但要守住汉中并不容易，最大的困难在于关陇与汉中之间隔了一座巍巍大山——秦岭，后勤保障及供应异常艰难，汉中有战事，难以及时驰援。曹洪、张郃等与刘备军交战两年多，早已人困马乏，好不容易等来大军援助，结果粮草又被烧，顿时失去了斗志。曹操只得派人重新筹措粮草，迅速运来。

这个时候，刘备仍步步紧逼，接连几天派刘封去关前叫战。曹操派人出战，每次还没打上几个回合，刘封便掉转马头逃跑，曹军也不敢追。三番五次如此，曹操心知这是刘备的疲敌之计，于是召儿子曹彰来汉中与刘封对战。

曹操部将于禁赶到长安与杜畿筹备好了粮草，正准备驰援汉中，但曹操已经决定放弃了。最初平定汉中时，他便说过，汉中犹如"鸡肋"，"食之无味，弃之可惜"，今日看来更觉如此。曹操感叹一番后，下令撤军。

曹操大军撤至斜谷（其北口位于今陕西省宝鸡市眉县附近）时，诸葛亮命先去截道的张飞、魏延、马超一阵痛打，曹操无心再战，夺路而逃。这是他一生中最后一次与刘备交手，竟以大败告终。

刘备很快占领了汉中，随即派遣刘封、孟达、李严等攻占汉中东面的房陵（今湖北省十堰市房县）、上庸（今湖北省十堰市竹山县附近）、西城（今陕西省安康市汉滨区）三郡，连通了汉中与荆州。

在夺取汉中的战斗中，诸葛亮出色地完成了支援前线的后勤工作，使刘备得以"足食足兵"，对于战争的胜利起到了重要作用。

建安二十四年（219年）秋，诸葛亮等文武大臣联名上表汉献帝，拥立刘备为汉中王。

诸葛亮策划拥立刘备为汉中王，也是为了回应前不久曹操晋封魏王。很显然，他们的上表不可能得到批准，因为朝政大权是由曹操把持。所以，表文一上，诸葛亮就派人在沔阳（今陕西省汉中市勉县东）设坛，方圆九里，分布五方，各设旌旗仪仗。刘备戴上王冠，接受玉玺，面南而坐，受文武官员拜贺。同时大封有功将士：

诸葛亮以军师总领军国大事。

关羽为前将军、假节钺。

张飞为右将军、假节，马超为左将军，黄忠为后将军，魏延为镇远将军、汉中太守。

法正为尚书令、护军将军，许靖为太傅，刘巴为尚书。

蜀中其他有功之人也一并加赏。

称王是刘备梦寐以求的事情，那他为何只是称了郡王级的"汉中王"呢？

其实，这是刘备一贯坚持的政治主张和政治路线的一个具体表现。他用大半辈子打出"汉室宗亲""兴复汉室"的旗号，以博得百姓的同情和支持。而且，他和汉高祖刘邦一样都是出身布衣，他在性格和行事风格上也处处模仿汉高祖。

与此同时，诸葛亮在各类外交场合积极营造刘备"帝室之胄"的身份，拿下汉中，称"汉中王"，也是仿效"高帝故事"的一部分，当王号确定为"汉中王"时，刘备已将自己定位为"刘邦第二"，表示他这个王是正统的，而不是像曹操那样僭越刘姓王室祖制，靠要奸得来的非正统王位。诸葛亮是刘备以"帝室之胄"身份晋位汉中王的主要幕后推手。

第七章 临危受命

第一节 守不住的荆州

刘备称汉中王后,镇守荆州的关羽被拜为前将军、假节钺,总督荆州事。诸葛亮知道关羽为人一向骄傲自负,于是对刘备说:"黄忠的声望比不上关羽、马超,现在让黄忠与他们等列,马超了解黄忠的战绩,应该不会有异议,但关羽远在荆州,恐怕会不服气。"刘备说:"军师放心,我自有办法。"

刘备派益州前部司马费诗到荆州传达对关羽的任命,并转达了诸葛亮希望关羽北征襄阳郡的意图。果然不出诸葛亮所料,关羽知道黄忠当上了后将军,不满地说:"大丈夫决不与老兵同列!"经费诗好言劝慰,关羽才接受前将军印绶。

就这样,关羽成了刘备麾下官位最高、权力最大的人,尤其是对荆州有着高度的自治权。然而,荆州的危机丝毫没有缓解,关羽重责在肩，面临的压力越来越大。

曹操听说刘备自立为王，既愤怒又懊恼，当即传令发兵与刘备一决雌雄，似乎忘了他刚刚被刘备从汉中赶出来。太子中庶子司马懿建议与孙权结盟，联手进攻荆州。曹操采纳了司马懿的建议。

当时孙权正在围攻合淝，收到曹操的信后，他立刻召集谋士们商议如何应对。诸葛瑾说："曹操是想借我们的手帮他解决大麻烦。与其结怨，不如示好，求取关、孙联姻。如果关羽同意的话就结盟，共同抗击曹操；如果他不肯，再联合曹操去夺取荆州也不迟。"

孙权对于跟曹操合作还是有几分忌惮的，于是让诸葛瑾出使荆州，向关羽提出联姻之事。关羽性格一向刚而自矜，觉得这种联姻是对他的羞辱，居然将诸葛瑾赶了出去。孙权十分恼恨，终于下定决心与曹操结盟。

建安二十四年（219年）七月，关羽让糜芳、士仁分别驻守江陵城和公安，以廖化为先锋，关平为副将，自己总督中军共三万多精兵水陆出发，快速逼近汉水南岸的襄城和北岸的樊城。

接到驻守襄城的曹仁急报后，曹操调左将军于禁和立义将军庞德率领七军约三万人支援。

秋八月，汉水暴涨，关羽抓住这一时机，水陆并进，杀向魏军营地，擒于禁、斩庞德，荆州刺史胡修、南乡太守傅方也都投降了关羽。关羽一时声威大震。汝南太守满宠下令死守襄城，这才重新凝聚起一点士气。

十月，荆州北面，曹操率徐商、吕建、殷署、朱盖等十四营军欲亲自南征，在群臣的劝阻下，驻军于摩陂（今河南省平顶山市郏县东南），徐晃已经在汉水与关羽接触；东面，孙权亲率吕蒙、陆逊等部人马进驻陆口。至此，曹、孙合谋夺取荆州的计划正式付诸实施。

诸葛亮出山之时就为刘备策划了"跨有荆、益"的战略目标，经过十二年的东征西讨、南征北战，终于初步实现了这一目标，并在刘备五十九岁时将他推上王位。然而，诸葛亮着手打理刘备的这份家业后，发现这栋刚刚建立起来的大厦，竟是千疮百孔。他不得不投入百分之百的精力帮刘备治理家业。

这个时候，不管是诸葛亮还是刘备，都忙于建立一个新政府，建设一个新国度，而忽略了一个重要的战略问题，那就是应该尽快将荆州和益州（从地理和军事上）整合成一个整体。正是这样一个看似不太明显的失误，最终改变了蜀汉历史的走向。

刘备给予了关羽治理荆州的绝对自主权，但他多少还是有些担忧，于是让养子刘封和将领孟达据守上庸、房陵，显然有接应关羽北征之意。但这一蓝图的实现，一个必备的前提是关羽要牢牢地把襄阳郡掌控在自己手中。在打通北面通道（硬抗曹操）的同时，还要以和平的方式控制荆州南郡至巴郡的通道（软抗孙权），留作后手。只有这样，蜀汉才能形成完整的版图。然而"理想很丰满，现实很骨感"，荆州突变使刘备和诸葛亮的美梦化为了泡影。

其实，关羽出兵襄樊时，对孙权有可能袭击荆州也有所防备。但是关羽为人骄傲自负，并未真正重视孙权。孙权与吕蒙在十月之前就制订了一个奇袭荆州的绝密计划。吕蒙让孙权以治病为由调他回建业休养，然后任命颇具才略但尚无名气的陆逊为偏将军、右部督，代替吕蒙驻陆口。

陆逊到陆口后，给正在襄阳作战的关羽写了一封信，把关羽大大地恭维了一番，又表示希望两家交好，再不交兵。关羽看信后，十分轻视陆逊，愈发大意，完全丧失了对东吴的警惕。殊不知，孙权已拜吕蒙为大都督，还亲自和吕蒙调集快船，挑选精悍将卒，准备乔装悄悄西进。

孙权、吕蒙到达陆口后，马上派人前往公安，利用守将士仁与关羽之间的矛盾，劝降了士仁。这样一来，吕蒙的奇袭计划实施起来就更顺利了。他用八十余只快船，暗藏三万精兵，伪装成商船，让一些军士身穿白衣扮作商人，偷偷解决了关羽沿江所设的探哨。之后，江陵守将、南郡太守糜芳也打开城门投降。

此时，关羽正与曹军大将徐晃大战，樊城被徐晃夺回，襄城又久攻不下，关羽向驻守上庸、房陵的刘封和孟达紧急求援，他们离襄阳郡最近。然而，关羽苦等数日，仍没有任何音讯。襄城一时难以攻克，南郡江陵城又失守，荆州的战局急转直下。关羽进退失据，只得撤襄城之围南撤。

徐晃、曹仁见关羽不败而退，便知吕蒙在南郡得手，夹击之势已成，于是对关羽紧追不舍。吕蒙进入江陵后，用战术瓦解关羽军，释放了被关羽俘获关押的于禁，又派人抚慰蜀军将士和家属，这使得蜀军军心涣散，斗志瓦解，许多将士半路而逃。关羽在撤退途中，几次派人到江陵城打探消息，结果都有去无回。他清醒地认识到，在后有追兵的情况下试图夺回江陵城无异于自寻死路，于是选择退往麦城（今湖北省当阳市境内）。

但麦城无险可守，也没有粮草储备，关羽不久又弃城西逃，最后身边仅剩十余人。十二月在章乡，关羽身负重伤被俘，与儿子关平一同被杀。关羽的首级被孙权用木匣装了送到洛阳曹操处，曹操命人给关羽的首级配上沉香木雕刻的身体，以王侯之礼厚葬在洛阳城外。

孙权占据荆州后很长一段时间，魏、蜀、吴三方的地盘暂时稳定下来。诸葛亮在隆中预料的三国鼎立局面基本形成。

不过，这次战败，也使诸葛亮失去了直接攻击襄樊的基地，后来北伐时，人力和粮草的补充都很困难。更大的影响是，刘备后来出动蜀汉大军为关羽复仇，结果惨败，在人力、物力上均损失巨大。所以，在一定程度上，可以说失去荆州是诸葛亮最终无法突破三足鼎立局面、完成统一大业的主要原因。

第二节　辅佐刘备称帝

建安二十五年（220年）春的一天，刘备在左将军府处理公务，自觉浑身肌肉颤动，坐卧不安。一直到晚上，他还是心神难宁，于是在内室秉烛夜读，顷刻两眼微闭似将入眠，但神志依然清晰。忽然一白衣人闯入室内，刘备惊醒，忙问："你是何人？

为何深夜来我内室？"白衣人不答话。刘备疑惑间坐起细看，白衣人竟是关羽。

刘备又问道："贤弟别来无恙！夜深至此，必是有大事吧？"关羽哭泣一阵才开口道："我被奸人所害，希望大哥速速起兵，为我报仇雪耻！"刘备正要再问，忽然一阵阴风刮来，关羽消失得无影无踪。刘备惊出一身冷汗，不知为何做此噩梦。

第二天，刘备将昨夜梦境告诉诸葛亮，让他解析一下。诸葛亮已预测到关羽大凶，但又不便直言，只得敷衍道："主公定是太过思念关将军，日有所思，夜有所梦，不必疑虑。"

诸葛亮话音刚落，太傅许靖就进来将他拉出门外，悄声说："荆州传来密报，前将军关云长中了江东吕蒙的奸计，遇害身亡。不知此事可否公宣？"

诸葛亮微微愣神，低头自语道："我夜观天象，见将星落于荆楚之地，果然是关将军大凶。"他想了想，对许靖说，"主公获知关将军水淹曹魏七军，情绪高昂，现在告诉他噩耗，恐怕心里无法承受，还是暂缓些时日再报吧。"

二人正低声说话，忽听屋内刘备一声惊叫，连忙跑进去，发现刘备已昏倒在地。诸葛亮料定是刘备听到了他们交谈的内容，气血攻心所致，赶紧叫人将刘备救醒。刘备醒来后，几天水米不进，只是号哭，一日三五次，一边哭一边发誓，定要引兵杀去江东，找孙权报仇。

诸葛亮仔细斟酌言词，劝道："主公少忧。自古生死有命，关将军遭此横祸，隐忧其实潜藏已久。务请主公保养尊体，徐图报仇。"

刘备说："孤与关、张二弟桃园结义时，誓同生死。今云长不幸遇难，孤又岂能独享富贵！"

义气是刘备的立世之本，涉及结拜兄弟，就是刘备的逆鳞，谁也没勇气碰触。诸葛亮鼓起勇气说："天下三分已成定局，吴想让我们去伐魏，魏也想让我们去伐吴，各怀诡计，伺机而动。谁要是敢一挑二，谁就会先死。所以请主公按兵不动，静观其变。"

就在诸葛亮反复考虑如何挽回损失时，又传来了一个不好的消息：上庸、房陵、西城三郡都投降了曹魏。

原来，荆州丢失后，孟达因为没有派兵去救援，一直忐忑不安，担心刘备治自己的罪。加上中郎将刘封仗着自己是刘备的义子，经常欺辱孟达，孟达心中怨恨，于是率部曲四千余家投降了曹魏。

随后，上庸太守申耽、西城太守申仪也叛变了。刘封败走，逃回成都。刘备责备他欺凌孟达，且不救援关羽。考虑到刘封刚烈勇猛、桀骜不驯，诸葛亮劝刘备借此机会除掉刘封，刘备便赐死了刘封。

刘封死后，刘备又大哭一场，这次是为身边无堪大用之人而伤心。事后，刘备抑郁成疾，身染重病，讨伐江东孙权之事也暂时搁置。

天下之事，多有巧合。远在洛阳的曹操也在梦中见到了关羽。自从孙权把关羽的头颅送到洛阳，曹操见过之后，每天晚上一合眼便看见关羽，于是下令修庙祭祀。但是，曹操依然难以入眠，入眠则必见关羽，且头疼难忍，用药、用针、用灸皆不可解。一天，孙权派人送来一封书信，劝曹操废了汉献帝，自己即位做皇帝。曹操把书信展示给众臣看，大笑道："这孙权小儿是要把我放在炉火上烤啊。"众臣都劝曹操可以自己称帝，曹操有所心动，但一念至此，便头痛欲裂。

建安二十五年（220年）正月，曹操病逝于洛阳，曹丕继承魏王之位。

消息传到成都时，诸葛亮心里百感交集，想起刘备称汉中王后，曹操派人送来五斤鸡舌香，并附了一封短信，上面写着两句话："今奉鸡舌香五斤，以表微意。"鸡舌香是一种珍贵的香料，汉代的尚书郎向皇帝奏事时，要口含鸡舌香，以使口气芬芳。作为多年的老对手，曹操的做法可以说十分周到了，同时也在暗示他希望能和诸葛亮一同为汉家天子效力，口含鸡舌香，同朝为官。不过诸葛亮并没有回信，这件事既可以看出曹操的求贤若渴，也反映了诸葛亮对刘备的忠贞不渝。

曹丕继位后，正式主持大魏朝政，法令一新，威逼汉献帝甚于其父。孙权十分恐惧，立刻上表："臣孙权久知天命已归王上，伏望早正大位，遣将剿灭刘备，扫平两川，臣即率群下纳土归降。"

刘备闻讯大惊失色，忙问诸葛亮应对之策，诸葛亮依然只说了四个字——静观其变。他认为，曹丕既然比曹操做得过分，那么他就不仅仅是继承王位这么简单，肯定还会有更大的动作。

孙权之所以忙着表示臣服，是担心曹丕联合刘备来灭了他。此时曹、刘、孙三股势力就像三角形的三条边，任何两条边相加，都大于第三条边。孙权刚得罪了刘备，如果刘备先向曹丕低头，那么孙权就很危险了。

诸葛亮看出曹丕的政治野心还没有得到满足，不会马上对蜀汉或者江东动手。事情果然如诸葛亮所料，曹丕很快就有了新动作。

八月，有人报称石邑县凤凰来仪、临淄城麒麟出现、邺郡黄龙现世。中郎将李伏、太史丞许芝凑在一起密议："种种祥瑞，其实都是魏要取代汉朝的象征，可安排魏王受禅之礼，令汉献帝刘协将天下让给魏王。"于是，他们伙同华歆、王朗、辛毗、贾诩、刘廙、刘晔、陈矫、陈群、桓阶等文武官僚，逼迫汉献帝禅位于魏王曹丕。

十月庚午日（十三日）寅时，曹丕登皇帝位，国号大魏。

刘备闻讯大惊，立即召文武群臣商议说："曹丕威逼天子，篡汉夺位，天下震怒；东吴孙权，拱手称臣，为虎作伥。孤要先伐东吴，以报云长之仇；次讨中原，以除乱贼。"但众臣纷纷劝阻，令刘备大失所望。

诸葛亮与太傅许靖、光禄大夫谯周商议说："天下不可一日无君，我等应尊主公为帝。"诸葛亮认为，刘备乘此机会称帝，可以打出兴复汉室的旗号，扩大影响力，收拢人心，有助于巩固蜀汉政权。

谯周说："近有祥风庆云之瑞；成都西北角有黄气数十丈，

冲霄而起；帝星见于毕、胃、昴之分，煌煌如月。这一系列吉兆，正应汉王当即帝位，以继汉统，哪里还有什么疑虑？"

诸葛亮和谯周一唱一和，极力鼓动；许靖则迅速行动，联合大小官僚上表，奏请刘备即皇帝位。

刘备览表，生气地说："你们难道是要陷孤于不忠不义的境地吗？"

诸葛亮奏道："主公，曹丕篡位，覆灭汉室，迫害忠良，暴烈无道。现在上无天子，海内人心惶惶，忠臣义士无从效忠。大王是孝景皇帝、中山靖王的后代，如同汉高祖一样，也是兴起于汉中，而且仁德爱人，四方归心，理应继承汉家正统，即皇帝之位。"

刘备闻言脸色大变，怒道："你这不是让孤仿效逆贼的恶行吗？"言毕拂袖而起，愤然离去，留下一班大臣面面相觑。

转眼到了建安二十六年（221年，虽然建安这个年号已不复存在，但刘备依从），又从洛阳传来了一个坏消息：曹丕自立为大魏皇帝后，定洛阳为国都，开始大造宫殿。同时又有传言说在许县的汉献帝刘协已经遇害。刘备听到消息后，痛哭数日，下令百官挂孝七日，设坛遥望祭拜，尊谥刘协为"孝愍皇帝"。

刘备因忧虑过度，染病不能理事。其时，尚书令、护军将军法正已死，军政事务皆由诸葛亮负责处理。

过了几天，诸葛亮引众臣入朝，请刘备上坐正殿，众臣齐齐下跪，以觐见皇帝之礼，拜伏于大殿上。刘备自然知道众人的用意，他不敢说"平身"，只能走过去将他们一一扶起，然后说：

"孤虽说是景帝之孙，但并没有德泽布于万民，如今若自立为帝，与篡窃夺位又有什么区别呢？"

许靖上前奏道："现在汉帝已被曹丕所弑，主公如不即帝位，替汉帝兴师讨逆，那也是不忠不义；如兴师讨逆又不即帝位，则名不正，出师无名。主公致力于复兴汉室，为民心所向。若不从臣等所议，实在是有失民望啊！"

刘备虽无以反驳，但还是执意不从。

诸葛亮为何一再规劝刘备称帝呢？首先，刘备最大的对手曹丕篡汉自立，建立魏国，使刘备"匡扶汉室"的旗帜倒了，如果不能以正统的姿态发展势力，刘备的号召力就会大大下降，仅凭"汉中王"还不足以凝聚天下人心。而曹丕虽然是靠威逼使汉献帝同意禅让的，但禅让得来的帝位是名正言顺的，魏国已经获得了形式上的认可。如果刘备不称帝，那就只能做魏帝的臣子。

其次，刘备虽然打着"匡扶汉室"的旗号，但内心还是希望自己能成为汉室之主，继承汉朝的政治遗产，只是还没有找到形式上的合法性。如果有了"奉天承运"之类的由头，他是绝对不会拒绝称帝的。所以，诸葛亮努力地、不失时机地为刘备称帝找理由，使之取得称帝的合法性。

其三，刘备一旦称帝，大臣们的爵位和职位都能得到不小的提高。一则可以扩充实力与曹魏抗衡，作为汉室宗亲必须延续汉室的天下；二则可以抚恤跟着刘备辛苦劳累多年的老臣们。

眼看称帝有这么大的意义，而刘备却还端着，这让诸葛亮很是头疼，于是故意托病不出。刘备听说诸葛亮病情严重，便亲自到其府中探视。

刘备称王后，荆州一派的高级将领家属都迁到了成都或者他们任职的地方，诸葛亮的夫人黄月英也来了成都，直到这时，诸葛亮才有了一个相对安稳的家。刘备以左将军府（原州牧衙门）为中心扩建了王宫，不过依然很简陋。文武官员的宅邸，自然不可能多气派。刘备第一次登诸葛亮的家门，好不容易才在城南门桥外找到一栋普通民房，这便是诸葛亮的家。

刘备走进这栋民房，径直来到诸葛亮的卧榻边，轻声问道："听说军师病得不轻，不知所患何病？"

诸葛亮回答说："忧郁成疾，怕是活不了多久了。"

刘备又问："军师为何事而忧？"

诸葛亮摇摇头，闭目不答。刘备又连问数声，诸葛亮才长叹一声说："臣自出茅庐，得遇主公，相随至今，言听计从；现在主公已拥有两川之地，也算不负臣最初的宏愿。过去光武帝打天下时，吴汉、耿弇等开始劝光武即位称帝，光武一再辞谢推让，前后达四次之多。耿纯进言：'天下英雄豪杰仰慕您、追随您，就是希望能够封侯封士，如果您还不听从大家的建议，士大夫只好散去，各自回去另求主君，不想再追随您了。'光武有感于耿纯所言深切中肯，于是就答应了。现在曹丕篡夺了汉朝的君位，天下没了君主，文臣武将都希望主公能为汉室正主，扶大厦于既倒，灭魏兴汉，共图功名；没想到主公却畏手畏脚，推三阻四，不肯肩负重任，众多臣僚都起了怨心，不久必将全部离去。"

诸葛亮一脸忧虑地看着刘备，接着说："四海有才有德者，舍死忘生事上者，都想攀龙附凤。主公不即位，冷了将士们的心，于您不利。到时，孙、曹来攻，两川难保，臣怎能不忧心如焚呢？"

刘备听得出来，如果他再不答应，那就连王也不用当了。而做皇帝，不仅对他自己有利，对大臣们也有利。所以，他有些无奈地说："不是我非要推三阻四，实在是担心被天下人非议。"

诸葛亮见刘备语气有所松缓，于是趁热打铁地说："主公现在即帝位，是顺天意、应民心，时机再好不过了。难道您没听说'天予不取，反受其乱'吗？"

刘备实在找不出推辞的理由了，只得说道："那也得等军师的病好了再说啊。"

诸葛亮听出刘备已经同意，立马从卧榻上一跃而起，伸手撤去屏风，一班文武臣僚走了出来，跪地便拜："请王上顺天应人，即皇帝位！"

众人拜毕，诸葛亮高声说："王上既允所请，便可筑坛择吉，恭行大礼。"他一边派人送刘备回宫，一边令博士许慈、议郎孟光掌礼，筑坛于成都武担山之南。

四月，孟光等人整设銮驾，迎请刘备登坛致祭。读罢祭文，诸葛亮率众官恭奉玉玺。刘备受了，捧于坛上，即皇帝位。文武各官皆呼万岁。随即改元为章武元年，定都成都，国号为"汉"，史称蜀汉或蜀。

之后，刘备册封吴氏为皇后，长子刘禅为太子；封次子刘永为鲁王，三子刘理为梁王；封诸葛亮为丞相、许靖为司徒；迁张飞为车骑将军,领司隶校尉,封西乡侯,兼阆中牧。大小官僚,均一一升赏。

刘备给诸葛亮的封册中写道:"朕遭逢家门不幸,奉承天命登上天子的大位,战战兢兢,小心谨慎,不敢稍有懈怠,总挂念着如何安定百姓的生活,总怕做不到而无法安心啊!丞相诸葛亮能够体察我的心意,从来没有懈怠,能够提醒、补充我的不足,帮助我重振祖宗的基业来匡扶天下,希望先生能够继续努力啊!"

诸葛亮以丞相的职衔总管尚书的事务,可以拿着符节督军镇守,处斩犯人。后来张飞过世,诸葛亮又兼领司隶校尉的职务。

诸葛亮等人之所以辅佐刘备称帝,也是为了给孙权一定的压力。孙权一旦称帝,自然就和曹魏撕破了脸。当然,孙权也是十分精于权术的。同年八月,孙权遣使奉表,向曹丕称臣,并送回了以前被关羽俘虏的于禁等人。十一月,曹丕遣使拜孙权为大将军,封吴王,加九锡。

第三节 一场不该发生的战争

在诸葛亮等人劝说刘备称帝时,张飞还沉浸在二哥关羽被杀的痛苦之中,急于给关羽报仇,对称帝封官之事不感兴趣。但很快麻烦就来了。六月初,张飞回到阆中后,因为对部将肆意暴虐,被范疆、张达杀死,其头颅被献给了东吴。

刘备刚刚准备兴兵，便听到了张飞的死讯。他放声大哭，昏厥在地。

蜀汉章武元年（221年）六月底，诸葛瑾受孙权之托出使蜀汉，向刘备表示愿送归夫人，绑还降将范疆、张达，并将荆州之地一并交还，永结盟好，共灭逆贼曹丕，以惩治其篡位之罪。

但是刘备复仇心切，愤怒地说："杀我兄弟之仇，不共戴天！朕绝不罢兵，至死方休！"诸葛瑾劝说无效，只得灰溜溜地回去了。

蜀汉大臣们极力劝阻刘备出兵东吴。比如从事祭酒秦宓便以"天时不当"相劝，然后说道："陛下舍万乘之躯，而曲从小义，古代圣贤都不会这么做。希望陛下慎重考虑！"

刘备说："云长与朕，就像是同气连枝的一个人。大义尚在，怎么可以忘了呢？"

秦宓伏地不起，又说："陛下不听从臣下之言，实在担心此战会失败。"

刘备闻言怒气冲天："朕刚想出兵，你为何说出如此不吉利的话来！"说完下令武士将秦宓推出斩首。

秦宓面不改色，回头看着刘备，笑道："臣下虽死无憾，只可惜新创的大业又将覆灭了！"

诸葛亮见刘备起了杀心，连忙为秦宓求情。众臣也纷纷替其求情，秦宓这才被免了死罪。

有了秦宓的前车之鉴，益州派都不敢再多言。但荆州派猛将赵云却忍不住出面劝阻，他说："曹丕篡汉自立已是汉贼，剿灭汉贼是公事，而报兄弟之仇是私事，陛下应以公事为重。"

刘备却固执己见，说道："朕若不能为兄弟报仇，就算有万里江山也于事无补啊。"他把兄弟之义看得比江山还重，完全把诸葛亮为他制定的宏伟目标置之脑后。

在称帝三个月后，刘备决定御驾亲征，起兵伐吴。诸葛亮再次劝道："陛下现在作为一国之君，不能亲自去带兵，只要派手下之人去讨伐即可。"但刘备依然听不进去。

七月，刘备令诸葛亮留守成都，赵云在江州为后军督都，以原张飞部将吴班为先锋，张飞长子张苞、关羽次子关兴护驾，亲率水、陆军队约六万人，水陆并进，船、骑双行，浩浩荡荡地杀向东吴。

孙权听说刘备大军杀来，连忙发兵二万五千人，迎战蜀军。但刘备兵盛将雄，一路势如破竹，自出川以来，所到之处望风而降。张苞、关兴二人又勇猛无比，很快杀至秭归。

蜀军挟恨而来，吴军一败再败，孙权深感恐惧，忙召集众臣商议对策。经骠骑将军府西曹掾阚泽推荐，孙权任命三十八岁的陆逊为大都督，督领朱然、潘璋、宋谦、徐盛、韩当等五万人拒守。另派平戎将军步骘领兵万人镇守益阳，作为陆逊的后应。

陆逊一路调集诸路军马，水陆并进，到达猇亭与刘备的军队对垒，下令诸将各守关口，不许主动出战。

刘备对陆逊相当轻视："朕用兵经验老到，难道反而不如一黄口小儿！"他于猇亭布列军马，夹江分立营寨，接连数十里，前后四十营，昼则旌旗蔽日，夜则火光耀天。

面对气焰正盛的蜀军，陆逊主动后撤。刘备派人前去挑战，百般辱骂，但陆逊始终不理会，坚守不出，静观其变。双方对峙达半年之久。

到蜀汉章武二年（222年）夏，烈日炎炎，蜀军将士苦不堪言。刘备心生焦虑，下令各军移于山林茂盛之地，近溪傍涧之处，待秋后再全力进军。

半个月前，马良曾将驻军情况画成图本，派快骑送去询问诸葛亮攻防之策。

诸葛亮回信给马良说，吴军逞奸诡之计，应规劝刘备不可冒进。进军时，一定要择选险要地带屯兵留作退路；扎营时，切不可选在林间和杂草丛生的低洼之地。这个时候，诸葛亮仍希望刘备能就此罢兵。

由于诸葛亮信中的建议与刘备的意图相悖，马良没敢把信拿出来，但他还是鼓起勇气劝道："陛下，大军兵疲意懈，更不宜作整体大变动，否则容易出现防御上的漏洞，还请陛下慎行！"

刘备现在一心只想着进攻、再进攻，从未考虑过撤退的问题，所以他不屑地说："陆逊那小子失魂落魄，连与朕一战的勇气都没有，难道他还敢出兵大举反击？"这时，黄权那边又传来消息，说他已经控制了陆逊的水上退路，这下刘备就更加放心了。

吴将韩当见蜀军突然移营，马上向陆逊报告。陆逊暗中仔细观察蜀军营寨，确定刘备没有使诈，于是和部将议定火攻之计。当天夜里，陆逊让朱然用船装上茅草从水路进攻，又让韩当、周泰各领一军到刘备的南、北大营放火。约三更时分，蜀军营寨大火四起，两岸火龙蜿蜒，如双龙腾飞。片刻间，树林也跟着烧了起来，天地间一片通红。蜀军将士乱成一团，自相践踏，死伤无数。

刘备仓皇之间上马奔出营寨，逃至涿乡（今湖北省宜昌市西）时受到吴将朱然阻击，幸好赵云杀到救驾，这才逃过一劫。待逃过了秭归清点人马，刘备才知道将领傅彤、张南、冯习、程畿及胡王沙摩柯等人战死，马良、王甫等被俘，黄权的一万多水军回援时被堵住。他自己所率的主力四万多人马伤亡情况暂时无法统计，身边仅有千余人。

此时，陆逊还在继续追击，刘备只得在山路峡口丢弃一些军备器械及船只来阻滞吴军，争取后撤的时间。

闰六月，刘备退至白帝城（今重庆市奉节县东），并设永安宫。

从刘备讨伐孙权开始到败归白帝城，差不多一年的时间里，诸葛亮的任务主要是为刘备镇守大本营成都，巩固后方，保证前线的粮草兵马供应，功劳不可谓不大。

诸葛亮在成都听到刘备兵败的消息，深为自己当初没有极力劝阻刘备出征而后悔。事实上，他确实没有坚决反对刘备出征，这主要是因为，荆州的丢失影响了他的整个战略部署，他本以为刘备大举东征一定能取得一定的成果，就算不能凯旋，也不至于落得如此下场。

另外，刘备这次御驾亲征，诸葛亮之所以没有为其出谋划策，主要是因为自从攻取益州、汉中后，刘备任命法正为军师，更依赖他为自己谋划事情。诸葛亮对法正并无嫉妒、猜忌之心，反而很欣赏法正的智慧和谋术，两人在各方面都配合得很好。

遗憾的是，刘备伐吴时，法正已病逝。所以，听到刘备惨败，诸葛亮叹息着说："孝直如果在的话，一定能制止主上东征；就算不能制止，他随军东征，也不至于全军覆没！"然而，历史没有如果，这次大败使蜀汉继失掉荆州后再一次实力大损，国力大为减弱。

陆逊击败刘备后，并没有就此善罢甘休，而是继续向白帝城追来。蜀汉章武二年（222年）七月，陆逊兵抵夔关。

夔关在奉节县东，关前为夔府；关口下游称鱼腹浦。陆逊到了关口，发现前方临山傍江有一雾阵冲天而起，赶紧勒马说道："前面杀气冲天，必有埋伏，三军不可轻进。"

他引军退出关口，在十里之外摆开阵势准备迎战，然后派出探马前去仔细探视。探马深入关口之中，未见一兵一马，只是江边有八九十堆乱石。探马回报后，陆逊将信将疑，登高一望，见杀气又起；一直等到太阳快要落山，杀气居然越来越盛。

陆逊下令找来几个本地渔民，问道："是什么人把那些乱石堆在这里的？为什么乱石堆中会有杀气冲起？"

渔民回答："这个地方叫做鱼腹浦，夏秋时节常会浓雾密布，有时三步之内看不见人影。诸葛亮入川时用石头排成一阵，这里的云雾便有了杀气。入阵后，会被迷住心智，很难从阵中走出来。"

陆逊听后，带上数十人去看石阵，确实只看到乱石，于是笑着说道："看来又是那诸葛孔明骗人的手段，这不过是迷惑人的邪术罢了，如何能挡得住我们的大军。"说着他翻身下马，准备对阵法研究一番。

部将连忙劝道："大都督，天快黑了，还是早些回去吧。"

陆逊刚要出石阵，忽然狂风大作，刹那间飞沙走石，遮天盖地，只见怪石嵯峨，江声浪涌如同箭鼓之声。陆逊大惊失色道："糟糕，我中了诸葛亮的计了！"他急着要出石阵，却发现已经无路可走，来来回回好几趟就是出不了石阵。直到第二天日出雾散，才看见鱼腹浦的石堆还是原样，走百十步即可出阵。

诸葛亮为何要在这里布阵呢？原来，在刘备占据彝陵犒赏三军时，诸葛亮赶到巴郡江州，与赵云商议再劝刘备撤军。恰在这时，马良送来了前线的布防图和军情报告，诸葛亮看后马上给马良回信，然后对赵云说："不用劝主公退兵了。"赵云不解地问道："丞相是说主公能一举获胜吗？"诸葛亮摇摇头，一脸沉重地说："还请子龙将军马上动身赶往彝陵，一刻也不能耽搁了。"

赵云的任务是在前锋和中军后撤或败退时接应，自然知道诸葛亮此话意味着什么，他马上率部出发了。

赵云出发后，诸葛亮详细估测了敌我形势，在夔关设下了八卦阵。这是因为夔关有一夫当关、万夫莫开的地理优势。在三段峡谷中，它最短、最狭、最险，是阻止吴军攻入巴蜀的最佳防线。

陆逊从阵中出来后，大为感慨，叹道："诸葛亮真不愧为卧龙啊，我比不上他。"陆逊深知孤军深入险地乃兵家大忌，于是下令迅速撤退。其部将不解地问道："刘备兵败势穷，困守一城，我们正好可以乘胜追击，大都督为何只是见了诸葛亮的一个石阵就要退兵呢？"

陆逊回答道："我不是怕这石阵，而是担心我们深入此地，时间拖得太久，一直虎视眈眈的魏国会乘虚而入，偷袭我们东吴。"

关于这个八阵图，后来杜甫还写过一首诗，诗云："功盖三分国，名成八阵图。江流石不转，遗恨失吞吴。"不过，八阵图并无信史可考，只是个民间传说，表达了老百姓对诸葛亮的崇敬之情。

与此同时，徐盛、潘璋、宋谦都上表说刘备一定可擒，要求陆逊再发大军穷追；朱然、骆统等则认为曹丕大举调集军队，表面上是帮助东吴讨伐刘备，实际上是怀有奸心，应该谨慎决策。孙权仔细斟酌之后，召还了陆逊的西征大军。

刘备兵败之后，下令在白帝城屯住，一方面是为了防备东吴，一方面是自我惩罚，为自己的冲动和决策失误承担责任。他整天悔恨交加，又时常思念两个结拜兄弟，竟一病不起。

刘备在白帝城养病期间，诸葛亮因蜀中军政事务繁忙，无法脱身，而且大军新败，他需要稳定人心，以防变故，所以，尽管他有几次想到白帝城去，与刘备商议军事，但刘备都写信让他以国家大事为重，婉拒了诸葛亮前来慰问之意。于是，诸葛亮便先后派尚书令刘巴、军议中郎将射援前去请安。

在新的一年到来之际,刘备的病情急转直下。他在诏书中说:"朕最初只是得了一点痢疾而已,后来转而得了其他的病,恐怕难以挽救自己了。"他还时常哭喊关、张二弟的名字,病情愈重,以致两眼昏花,身体好像被抽空了一般。不过他的大脑还算清醒,急忙派人去成都请诸葛亮赶来白帝城。

此时,成都周边恰好发生动乱,但诸葛亮来不及处理了,交代了太子刘禅几句,就带着鲁王刘永、梁王刘理,代表朝廷上下,急急赶来白帝城探望刘备,同时让益州治中从事杨洪辅佐太子留守成都。

从蜀汉章武三年(223年)二月至四月,诸葛亮一直留在永安宫,和刘备共同规划蜀汉的未来。这个时候,局势已经有所变化,魏、吴联而又分,吴、蜀之间有了和好的迹象。但是,蜀汉的整体形势并不是很好,马超、黄忠先后离世,而且蜀军主力在猇亭损失惨重,战斗力丧失殆尽,难以对抗魏、吴。同时,益中和汉中的统治也不够稳定,荆州失守加上刘备东征失败,又给蜀汉的经济造成了很大负担。这个时候,一旦刘备发生不测,蜀国内政将面临危机。

刘备也意识到了危机,他拉着诸葛亮的手说:"朕得丞相倾力相助,才有幸成就了一番帝业,可惜不听你的劝告,擅自兴兵,才有如此大败!现在朕病入膏肓,活不了几天了,有些事情朕必须跟你交代清楚。你的才能,超过曹丕十倍,一定能够安定国家,成就蜀汉大业。我已经想好把儿子刘禅托付给你,但知子莫如父,刘禅有多大志向,朕一清二楚。如果刘禅可以辅佐,你就辅佐他;如果他实在不成器,你大可以取而代之,做成都之主。"

诸葛亮闻言惊出了一身冷汗,但他很快判定刘备说的是真心话,连忙跪伏在地说:"作为您的臣子,岂有不竭尽全力辅助太子之理?陛下还是安心养病,朝中之事,臣下会全心全意去处理。"

诸葛亮忠诚的话语令刘备很满意,但是他也知道要想治理好国家,仅靠诸葛亮一个人是不行的,所以他希望诸葛亮能一如既往、毫无私心地举荐几个能帮助太子守住家业的人才。诸葛亮还没有认真考虑过这个问题,于是就凭印象推荐了几个人,其中就有马良的弟弟马谡。

在二月份时,刘备感觉自己实在是不行了,又召鲁王刘永、梁王刘理及赵云、李严等人来永安宫,并向诸葛亮、李严等人正式托付后事。他让人取来纸笔,写下遗诏,然后递给诸葛亮,叹息道:"朕虽读书不多,但也大概知道,圣人云:'鸟之将死,其鸣也哀;人之将死,其言也善。'朕本想与你们同灭曹贼,共扶汉室,不幸中道而别。烦丞相将诏付与太子禅,千万不要以为只是说说而已。凡事更望丞相教导他!"

接着,刘备又对刘永、刘理说:"你们都牢记朕的话,朕亡之后,你们兄弟三人,都要像对待父亲一样来对待丞相,不可稍有怠慢。"说完,便命二王一起跪拜诸葛亮。

诸葛亮泪眼婆娑,发誓道:"臣一定报答陛下的知遇之恩,为陛下鞠躬尽瘁，死而后已！"

接着，刘备嘱咐赵云说："朕与你结交于患难之中，相依相从到现在，不承想在此地永别。你要时刻想着是朕的故交，不管何时何地都要照管好我的几个儿子，不要让他们忘了朕的遗言。"赵云虽然没有听懂刘备话中隐含的意思，但他还是很激动，哭泣拜倒在地，哽咽道："臣下时刻不忘效犬马之劳！"

蜀汉章武三年（223年）夏四月二十四日，刘备病逝于白帝城永安宫，享年六十三岁。文武官员，无不哀痛。诸葛亮率众官奉梓棺还成都。太子刘禅出城迎接灵柩，安于正殿之内。

灵柩安放好后，诸葛亮对前来祭拜的文臣武将说："国不可一日无君，请立嗣君，以承汉统。"

五月，十七岁的太子刘禅即皇帝位，改元建兴。

按照刘备的遗嘱，丞相诸葛亮加封武乡侯，领益州牧。尚书令李严为中都护，统内外军事，留镇永安。

从这时开始，诸葛亮正式设置丞相府，全面担负起了治理蜀汉的重任。他向刘禅推荐侍中、侍郎郭攸之、费祎、董允等人管理"宫中"之事，将军向宠则管理"营中"之事，安排得十分细致周到。

第八章 再定国策

第一节　平息内乱与权力制衡

　　蜀汉政权原本就很脆弱，又经刘备意气用事地一顿折腾，面临着很大的危机——北有曹魏虎视眈眈，东有孙吴趁火打劫，而在蜀国内部也有人蠢蠢欲动。

　　蜀汉章武三年（223年）春正月，诸葛亮受诏要离开成都到白帝城永安宫去见重病的刘备，成都留下年少的太子刘禅监国。当然，以诸葛亮高超的预见能力，对国内可能出现的动荡局面不可能没有防备，东行之前，他交代太子刘禅，如遇突发情况，可以询问蜀郡太守杨洪。

　　杨洪原是犍为太守李严的功曹，刘备北征汉中时，蜀郡太守法正随行，诸葛亮便让杨洪来成都代理太守之职。后来，刘备急信要求朝中发兵增援汉中，但都城中没有多少援兵可派，诸葛亮以此事询问杨洪。

杨洪说:"汉中是益州的咽喉,也是蜀国存亡的要害之机枢,如果没有汉中则没有蜀国,这是家门口的祸患。如今的形势,男人应当参战,女子应参加运输,发兵往救还有什么可疑虑的!"

杨洪不仅忧公如家,且处事大胆果决,令诸葛亮十分欣赏。所以,让杨洪来照看太子和守护都城,诸葛亮还是比较放心的。

果然,就在诸葛亮去往白帝城时,汉嘉太守黄元认为成都的政权势力单薄虚弱,有机可乘,决定起兵造反。参与反叛的除了他的亲信部众,还有不少彝人。

黄元起兵之初,势头颇为凶猛,一度逼近了成都。成都作为蜀汉的国都险些失守,举国上下一片恐慌。诸葛亮收到急报后,依然显得从容不迫,淡定自如。他没有把消息告知刘备,免得他担心。

在成都,杨洪到刘禅府中,奏请太子动用亲兵前去征讨。然而,刘禅手下的亲兵也只有两千余人,就算全部出动,也未必能赢,所以他有些犹豫。杨洪劝道:"平贼如灭火,趁火势不大容易灭掉。必须以太子的名义即刻起兵,主动征讨,千万不可示弱。"于是,刘禅让将军陈曶、郑绰去讨伐黄元。

不少大臣都吓坏了,因为都城内几乎连一个能打仗的兵都没有。众人议论纷纷,认为如果黄元不围困成都,就会占据南中为王,那样麻烦就大了。杨洪却不以为然,说:"贼多示众不假,但黄元性格凶残暴虐,没有什么恩德信义,手下的兵士又有几个是心甘情愿跟着他反叛的？只要太子的大旗一举，保证都会散掉，根本不会发生大战。不过，黄元失败后必会沿水路东下，去投降东吴，只要我们在黄元后方的南安峡口埋伏起来，等着活捉他，就大功告成了。"

蜀汉章武三年（223年）三月，黄元出兵攻打临邛城（今四川省邛崃市临邛镇），一把火烧了县城。刘禅的亲兵按杨洪之计，兵分两路，一路去临邛与黄元正面交战，一路在南安峡口埋伏。黄元被打败后，果然如杨洪所料，顺流而下，被在南安峡口埋伏的刘禅亲兵所俘，押至成都。刘禅既不招降，也不审讯，让人直接砍了黄元的脑袋。之后，黄元余部作鸟兽散，一场叛乱就此平息。

黄元之所以反叛，一是因为刘备兵败，蜀地兵力空虚，而且刘备又身染重病，所以觉得有机可乘，想冒险赌一把；二是黄元素来与诸葛亮不和，诸葛亮认为他脾气不好，贪婪又没有才干，有点看不起他，所以他怀恨在心，又担心刘备去世后诸葛亮对自己不利，于是走了这步险棋。

事后，诸葛亮分析认为，黄元反叛虽然属于偶发事件，但这一事件传递的信息十分丰富而复杂。这涉及蜀汉内部由来已久的派系斗争问题，主要由三股政治势力组成：第一股是本土豪族势力；第二股是刘璋旧部，即随刘焉父子入蜀及后来投靠刘璋的东州士族。这两股势力可以称为益州派。第三股是跟随刘备入川的那一批人，也就是荆州派。诸葛亮和刘备都很明白，他们属于外来户，在益州本土没有什么根基，要想在益州建立霸业，必须拉拢益州派。

在过去的八九年时间,刘备和诸葛亮不遗余力,做了不少平衡调解工作,尽管收效很大,但要将问题根除,非一朝一夕之功。在蜀汉国力大损、权柄交替、人心浮动、内外交困之际,保持政治稳定、凝聚人心就显得至关重要。

政治稳定应当从基本政治关系的现象和本质加以考察。一是统治者与被统治者之间的关系,二是统治者内部关系。政治稳定就是指统治者与被统治者之间没有明显冲突,统治者内部一片和谐。而统治者内部的和谐,是建立在统治者之间权力与利益平衡基础上的。刘备在占据益州之初,就让法正、吴懿、张裔、李严等人担任很高的职位,甚至有几人比诸葛亮的权力还要大;刘备在汉中称王,有功之人皆加官进爵,同样有功的诸葛亮、赵云等人的职务却保持原样,这显然也是为了平衡内部关系;刘备称帝后,才确定了诸葛亮处理国家政务的最高权力,但军事上仍然只是总参,没有决策权。军职最高的是马超,任骠骑将军,还袭有爵位;关羽排第二,为前将军、假节,拥有荆州政务的处置权。总的来说,蜀汉内部的权力分配还算平衡。

但在彝陵之战前后,这种平衡架构再度被打破。从关羽被杀,到张飞遇刺,法正、刘巴、黄忠先后病故,张南、冯习、傅彤、程畿等战死,蜀汉高层可谓损失惨重。重病在身的刘备虽然认识到了冲动的害处,但后悔也晚了,他没有可能弥补自己的过失了。他唯一能做的,就是把权柄移交给自己信赖的人。虽然没有资料记载诸葛亮在白帝城与刘备议定国是的具体内容，但可以料定，人事安排是重中之重，刘备少不了采纳诸葛亮的一些建议。

刘备最终做出的决定，在很大程度上兼顾了两个集团的利益平衡和权力制衡，让丞相诸葛亮、尚书令李严共同辅政，以诸葛亮为主、李严为辅。另外，李严领中都护，总管内外军事，坐镇永安。一文一武两个托孤大臣，看似不错的组合，但李严内心还是有所不满。因为此时蜀国军队少得可怜，都城只有亲兵，其他部队则由他与魏延分掌，而他身为一把手，却未必能调动魏延的部队；屯驻永安的人马也少得可怜，作为蜀国的行政二把手，他远离都城。这样一来，他在军事上也就没有多大的权力，而且还只是负责蜀、吴边境的防御。

刘禅继位没几天，李严就对诸葛亮说，他将上表奏请幼主给诸葛亮封王。诸葛亮一眼便看出李严别有用心，当即回绝。后来，李严逐渐表现出与诸葛亮相对抗的行为，直到最后两人彻底闹翻。李严的行为表面上是与诸葛亮抗衡，其实质上是一些"东州士"与荆州集团的权力角逐。

其实，刘备也考虑过让赵云来统领蜀国军事，与诸葛亮文武相配，辅佐刘禅。但赵云似乎是个天生的军人，忠诚而勇敢，却缺少政治头脑，不够敏锐，对政治也不感兴趣。他在军中只是担任杂牌将军，打仗时多为后援，驻守时则与警备司令无异。刘备称帝时，他不仅不拥护，还提出了不少反对意见。

不过，刘备很亲近信任赵云，一直把他放在身边当守卫，食则同粥、衣则同袍，把他当成仅次于关、张的第三个义弟。从刘备临终前跟赵云、诸葛亮的谈话，可发现一些值得玩味的隐含之意。

刘备对诸葛亮说的是，能辅佐刘禅就辅佐，如果刘禅实在不堪大任，自取之也无妨。而刘备和赵云谈话时则说，看在老朋友的份上，不管用什么手段都一定要保护好刘禅，就算起兵也无妨。这可以说是给赵云的一项特权，明显有防备诸葛亮和其他大臣的意思，赵云为人耿直，或许没有听出刘备话中之意，但以他的绝对忠诚，保护刘禅的人身安全还是可以做到的。

诸葛亮如此聪慧，当然能领会刘备的意图，也相信赵云会尽己所能做到这一点。对诸葛亮来说，赵云的职位和权力构不成什么威胁，但赵云作为中护军，职责是都督军事，是护军之官，权柄很重，不仅掌控禁军宿卫，而且掌管下级武官的选拔。如果他不是深得刘备信任，不可能出任此职。以赵云的耿直性格，如果诸葛亮与刘禅发生意见分歧或者摩擦，难保赵云不会做出过激的事情来。所以，诸葛亮在刘禅继位后，将赵云由中护军、征南将军升迁为镇东将军，并赐封永昌亭侯。这是明升暗降，可能是诸葛亮不想赵云整天围着刘禅转，应该去发挥他的军事才能。

尽管刘备和诸葛亮为解决派系问题采取了许多措施，比如联姻、密切私人关系、做好利益平衡，尤其是在官员的任命上，非常慎重地做到各派旗鼓相当，然而派系之间的明争暗斗依然存在，有时还表现得十分激烈。其中有一人做得非常出格，他就是荆州派的老人廖立。

廖立在刘备兼任荆州刺史期间任长沙太守，年龄还不到三十岁。刘备询问诸葛亮，荆州士族中都有哪些人是治国之才，诸葛亮回答说是庞统和廖立，可见廖立的名声还是很响亮的。建安二十年（215年），孙权命吕蒙偷袭荆州时，廖立兵败后跑回蜀地，刘备仍封他为巴郡太守。建安二十四年（219年），刘备封他为侍中。

廖立见新帝登基，自己却被踢出权力中心，改任长水校尉，连级别都没动一下，非常郁闷。他自认为在蜀汉，论才能，除了诸葛亮就是他了，既然诸葛亮当了丞相，那他应该当副丞相才是，可现在他的地位远在李严等人之下，于是，他就将矛头直指李严。

诸葛亮对廖立进行了严厉批评，但他毫无悔改之意，又开始大肆攻讦荆州一派的官吏，说向朗、文恭都是平凡的俗人，向朗以前在荆州说马良兄弟是圣人，是马屁精，现在当了长史也是个马屁长史；文恭组织纪律性极差，却做了治中；郭攸之以前只是中郎而已，人云亦云，不是干大事的人，居然也做了侍中。他把荆州派官吏骂了一个遍，甚至直接诽谤刘备本人。

廖立后来因"诽谤先帝"而获罪。但诸葛亮没有杀他，只是把他废为平民，这也是考虑到荆州派的感受。

诸葛亮在处理这些事情的过程中，反复考虑几个问题：派系斗争长期存在的核心症结是什么？有没有一种更为有效、有力的权力制衡之法？带着这些困惑，他开始翻阅古籍寻求答案。

诸葛亮经常读的经典是《申子》《韩非子》《管子》《六韬》四书，不仅自己读，也让刘禅读，全文抄写后给他习读。《申子》是战国时期法家代表人物申不害的著作，《韩非子》讲以法治国、以术御人的治国之道，《管子》讲的是权衡利弊、维持平衡的道理，《六韬》讲的是姜子牙的行军布阵之法。

在温习《管子》《韩非子》的时候，诸葛亮意识到，国家这个概念或许才是解决派系斗争的关键。曹操征服了那么多的地方，但曹魏政权内部的派系斗争远没有蜀汉这么明显和激烈，很大程度上是借用大汉朝廷的名义，在这个旗帜下，不管你是什么地方的人，都是在为朝廷效力、为国家效力。因此，曹操无论是征伐还是统治一方，都占了很大便宜。

想明白这个道理后，诸葛亮开始向蜀汉臣民灌输国家概念和家国利益，这个新国度里，没有荆州人，也没有益州人，只有蜀国人。幸运的是，此时无论是益州派还是荆州派，老一辈的高级将领已所剩无几，这就给诸葛亮起用新人、淡化地域概念、树立家国意识带来了契机。

诸葛亮打破旧观念，在任用人才上不再受派系的桎梏，大胆启用了一批年轻有为的文士武将。文士中名声较大的有蒋琬、吕凯、费祎、陈震、董允等，武将人才则有关兴、张苞、张翼、王平、马谡、向宠、傅佥、马忠、张嶷等人。相对而言，他们的派系观念在悄然淡化，蜀汉由此进入了诸葛亮主政的时代。

第二节 制定联吴战略

刘禅继位后，拜诸葛亮为相父，说了一句"国家政务由相父负责,祭天祀祖则是寡人的事",然后就当起了甩手掌柜。所以,从蜀汉建兴元年(223年)起,诸葛亮便以丞相之尊、托孤之重,辅佐后主刘禅,朝廷中无论大小事件都是由他来处理,达到了权力的高峰。

这个时候,魏国曹丕见蜀汉因彝陵之战而元气大伤,加上幼帝新立,内部又不太稳定,便授意几个东汉遗老,包括尚书令陈群、司徒华歆、司空王朗、太史令许芝、谒者仆射诸葛璋等,分别写信给诸葛亮,向他陈说天命人事,希望蜀汉能举国称藩。

诸葛亮收到这些信后,写了一篇《正议》公布天下,文中说:

过去西楚霸王项羽,不以仁德对待百姓,即使兵力强大,有帝王的威势,最终还是身败名裂,成为千古遗恨。如今魏国不吸取教训,反而效仿,必将重蹈项羽覆辙。那些写书劝降我的人,都一把年纪了,行事却顺从贼子之意,就像当年陈崇、孙竦称颂王莽的功德,帮助王莽篡汉一样!

昔日光武帝创业时,率领几千人一举击溃王莽的几十万大军。足见用道义去讨伐邪恶,不在于人数多寡。曹孟德率领几十万人马,企图救张郃于阳平,最后却狼狈逃窜,不但辱没了精锐之师,还丢掉了汉中。这时他才知道,帝位是不能随意篡夺的,不久便郁郁而终。

现在他的儿子曹丕终于篡夺了帝位。即便你们几个像张仪、苏秦那样巧舌如簧,说得天花乱坠,也不可能诋毁尧、舜,到头来也是徒劳无功!正人君子绝不会这么做。

《军诫》中说:"如果一万名士卒,抱着必死的决心,那就可以天下无敌了。"过去轩辕氏率领几万士卒,制服四方,平定天下。何况我们有数十万兵马,是在替天行道、讨伐有罪之人,怎么可能不成功呢?

这篇《正议》大义凛然、气势恢宏,清楚地表明了诸葛亮与曹魏势不两立的严正立场,同时也增强了蜀汉上下抗击曹魏的决心。

《三国演义》中关于诸葛亮"安居平五路"的故事非常精彩,似乎也更让人觉得孔明"多智而近妖"。小说中曹魏联合了五路兵马,想趁蜀汉政权更迭之际灭掉蜀国。虽然正史中并无此段记载,但这段故事一直为大众津津乐道。我们在此可以感受一下诸葛亮"运筹帷幄,决胜于千里之外"的高妙与机巧。

蜀汉建兴元年(223年)秋八月,刘禅闲在宫中正有点无聊,忽然黄门侍郎董允说有边报传来。刘禅拿过来一看,边报上说魏文帝曹丕已调集五路大军来攻取西川:

第一路(北路),以魏国大都督曹真为主帅,发兵十万(虚数),进攻阳平关;

第二路(东中路),联合东吴孙权出兵,进攻长江峡口(三峡)入川;

第三路(东北路),利用部曲孟达,起上庸之兵,西进取汉中;

第四路(西北路),利诱西鲜卑首领(附义王)轲比能起并、凉之兵,经西平关(存疑)入川;

第五路（西南路），鼓动南中首领孟获起兵，攻占蜀国西南部四郡：牂牁、越巂、益州、永昌（治今云南省保山市）。

刘禅虽然不知道魏军要攻打的地方在哪里，但一共出动五路大军，规模如此庞大，他心中颇为害怕，忙对董允说："快把边报拿去给相父。"其实诸葛亮在几个月前就知道了这个消息。董允说："已先报知丞相，可丞相不知为何，数日不来丞相府理事。"

刘禅闻言更加紧张，又让近侍去传诸葛亮入朝。近侍到了诸葛亮私邸，被告知丞相生病了，已多日闭门不出。刘禅大惊，急召侍中费祎、谏议大夫杜琼等人一起到诸葛亮家里探视。

诸葛亮的宅邸在城南郊，刘备曾亲临过一次，那次诸葛亮是在装病。这次后主又要亲自上门，诸葛亮没有病，也不能装病。他并不是为魏军的五路人马而忧心，而是为眼下千头万绪的纷乱局势而焦头烂额。

刘禅来到诸葛亮的宅邸附近，首先映入他眼帘的是一片树林，树林中有一处小院落，围着一栋普通民房。远处有一片稻田，金灿灿的稻子在风中摇曳，往西还有一个水塘。刘禅忍不住感叹："相父这儿还真是一块风水宝地啊。"

诸葛亮提前得知刘禅要来，吩咐侍从说："去取鱼竿来，我想到水塘那里钓会儿鱼。"所以，当刘禅到来时，诸葛亮正在水塘边悠然自得地垂钓，这也使刘禅的紧张情绪缓解了许多。

诸葛亮见刘禅走近，小步疾趋，正要躬身下拜，刘禅跨前一步，扶住他说："听说相父抱恙，特来探视。不知今日是否安好？"

诸葛亮微笑道:"前些时日得知曹魏诡计,心里焦虑难安,经过这几日的垂钓养性,心情已渐渐平复,身体也无大碍。"

"那就好!不知相父是否想好了如何退曹丕的五路之兵?"刘禅急切地问道。

诸葛亮风轻云淡地说:"先主将陛下托付给臣,此等大事,臣怎敢有丝毫怠慢,早已有应对之策。"他看了杜琼一眼,接着说,"听说杜大夫精通谶纬之术,不妨预测一下五路之兵结果如何?"

杜琼没想到诸葛亮会突然问自己,匆忙回道:"没带谶签来,不便预测。想不到曹丕还有兴五路之兵的权势和本领,但即便没有五路,只是两路,恐怕也会对我蜀国造成很大威胁。"

诸葛亮接过话头说:"杜大夫说得不错,曹丕这次兴五路之兵并不容易。先说那西番国王轲比能,听说他为人正直,不贪财物,曹丕岂能轻易利诱得了他?要想让轲比能动心,千里迢迢地入关,曹魏给不起这个好处。再说南中的孟获,他的确有占据蜀南四郡之意,但他绝不是帮曹魏,而是为他自己。曹丕能煽动他,却不能随意摆布他,相较而言,我们更方便将他收降。再说孟达一路,更不足为虑,当初他不援救关羽,先主一时之忿对他起了杀意,如今时过境迁,让李严把他劝返也是可能的。最后说东吴那一路,孙权无论是对蜀还是对魏,都一直在战与和之间徘徊。对于蜀国,他若想战,我们有李严将军在等着他,还有赵云将军策应;他若想和,我们也可以派使者去谈。对付这一路,全在于我们自己的选择。对付曹魏则有魏延将军,马岱将军也可以策应。我们五路出击，各个击破，没什么值得担忧的。"

"可是，我蜀国原本就兵力不足，如果再兵分五路，岂不是更加势单力薄？能打赢吗？"刘禅还是一脸担心。

诸葛亮耐心地解释道："西凉兵曾经被马超打得很惨，现在一提到马超之名便害怕，让马超从弟马岱打着他兄长的旗号，率一支轻骑兵去吓唬轲比能就足够了；孟获一向多疑，我们可以派人去施离间之计稳住他；孟达与李严曾是生死之交，且李严现在身居高位，劝说孟达反投不会太难；至于东吴，臣也想出了相应的法子。"

刘禅这下心里有些底了，看来真正可怕的只有曹魏一路。不过，当年曹操占据汉中后都不敢向南跨出一步，如今汉中已失，加上入川关隘重重，曹真督率的兵马敢打过来吗？

诸葛亮见刘禅疑惑已解，笑着说："臣下今日垂钓颇有收获，不知陛下可否留下来分享？臣下这就让拙荆入厨小烹。"

刘禅听了，高兴地答应了。

吃这顿饭，不是要讨好刘禅，而是要给蜀国君臣以信心，给蜀国军民以信心。诸葛亮把刘禅哄高兴送走了，自己却又陷入焦虑之中，如今蜀国正处于生死存亡的边缘，他作为一国的当家人，哪里能食甘寝宁？这些天来，他一直在思考最初设计的"跨有荆、益"的战略有何问题？眼看就要实现这一目标了，为何又功亏一篑？

诸葛亮仔细回顾了这十五年来走过的风雨历程，终于发现了自己所犯的错误。

首先是对攻占荆州的困难估计不足。刘表主政荆州时，各地军阀混战，荆州并不十分引人注目，诸葛亮以当时的形势分析为依据提出了这一目标，而当刘、曹、孙三股势力形成鼎立之势后，被这三股势力分占的荆州必会成为争夺的焦点，只要有一方想独占荆州，必然会同时面对两股劲敌，不仅刘备没有这样的实力，任何一方都没有这个实力。

其次，"跨有荆、益"和"外结好孙权"自相矛盾。孙权的战略愿景中，包括了北至江淮、西至巴蜀的地盘，为了实现这一目标，他和势力弱小的刘备交好，打下了荆州大部分地盘，但他从未承认过荆州是刘备的地盘，只是看在双方友好合作的份上，将荆州"借"给刘备。随着时间的推移，北方的曹操迅速强大起来，孙权北进的愿望落空；西面刘备占据益州，也在逐渐变强，对孙权构成了威胁，他不得不收回"借"给刘备的荆州。结果一个"讨要"，一个"不还"，双方相持不下，这时刘备作出了一个错误的决定——亲自率兵五万东下，准备付诸武力。这使孙权的态度发生了极大的转变，对盟友产生了敌意。尽管有鲁肃从中斡旋，加上淮南战事紧张，孙权稍有妥协，但双方关系已产生了裂痕。

再次，荆州争端的和平解决，使刘备、诸葛亮和关羽对形势的估计过于乐观，刘备分兵让关羽攻取襄、樊，条件还不够成熟，本身就有赌的意味。这个决策，依然是建立在与孙权交好的基础上，刘备和诸葛亮完全没有料到中间会出岔子——关羽拒绝与孙权联姻，使孙、刘的友好关系进一步恶化。与此同时，曹操又在推波助澜，蛊惑孙权与他一起夹击刘备。孙权终于接受吕蒙的建议，袭夺荆州南郡治所江陵，孙、刘彻底闹翻。

最后，刘备为了报复孙权，举全国之兵东征，更是与《隆中对》所提出的战略构想背道而驰，使构建了十五年的战略体系毁于一旦。

把这些是是非非梳理清楚后，结合蜀汉的国力与兵力，诸葛亮终于下定决心对既定战略进行重大调整，彻底放弃荆州，继续寻求与孙吴修复关系的机会，以争取主动，共御强敌。

诸葛亮做出这个决定是很艰难的，更让他犯愁的是，孙权已投靠曹魏，被赐封吴王。虽然孙权和曹丕都心怀鬼胎，各有算计，但要想让他们公然翻脸也不是那么容易的事情。

孙权在彝陵之战后曾遣使向刘备请和，刘备虽然正在气头上，但还是作出了回应，先后派遣丁厷、阴化等使者出使东吴，只可惜他们有的连孙权的面都没有见到就被打发回来了。双方积怨甚深，虽然频繁互派使者，但关系始终没有实质性的改变。

刘备病逝后，孙权派立信都尉冯熙到蜀国吊唁，冯熙回来后，又被派往曹魏。曹丕对冯熙说："吴国若想与我和好，就应该厉兵进军巴蜀，然而我听说你们又派使节前往巴蜀，你们的主意一定变了。"

冯熙说："我们往蜀汉派使节，是因为蜀汉派了使节来我国，我国不过是应付而已，并且我们派使者也是想要观察他们的虚实，哪里会改变主意！"虽是外交辞令，但也可从中窥见孙权对蜀国的态度。

第三节　邓芝不辱使命

为退魏国五路之兵,诸葛亮决定与孙吴修好,但是,要想说服孙权并非易事,必须找一位既有胆识又善言辞的人作为使者。那么,蜀国有谁能担起出使重任,说服孙权脱离曹魏,重新与蜀国结盟呢?

正当诸葛亮为无人可用而犯愁时,尚书邓芝面见他说:"现今主上年幼,在位不久,应该派遣使臣重新与东吴结好。"

诸葛亮一听非常高兴,问道:"现在蜀、魏、吴三国鼎立,我们要消灭其余两个,一统天下,你看应当先打哪一个国家?"

邓芝答道:"依愚见,曹丕为汉贼,罪恶当诛,但他势力很大,不容易消灭,只能从长计议;现在后主初登宝位,民心还没安定,只能重新与东吴联合结为唇齿,抹去先帝留下的伤痕,这才是长久的计策!"

诸葛亮听了展露出笑脸,说道:"这件事我想了很久,一直没有找到合适的人选,今天终于找到了。"

邓芝惊讶地问是谁,诸葛亮笑眯眯地看着他说:"就是邓先生您呀!"

邓芝是东汉名将邓禹之后,入蜀后被任命为郫县的军粮囤积所守备长。尽管官职低微,但邓芝兢兢业业,处处为民众着想,在工作中探索出了一套粮食管理方法,以便利民众。刘备平定益州后,巡视各郡县,路过郫县时,邓芝与他高谈阔论了一番,刘备觉得邓芝是可用之才,于是直接提拔邓芝当了郫县的县令。不久，邓芝的政绩受到刘备的赞赏，当上了广汉太守。刘备去世后，邓芝又因为官清廉、严谨，又有政绩，被征入朝中担任尚书。

这次邓芝能够挺身而出，让诸葛亮深感欣慰。在蜀国困难重重、举步维艰之际，终于有人站出来，不是要做官，而是甘愿肩负起拯救国家的使命。

关于邓芝出使东吴，《三国演义》中"烈火烹油"的阵势显然更有张力，能让读者感受到吴、蜀两国的敌对情绪和邓芝的危险处境，也反映出完成两国修好这项任务的艰难和邓芝的勇气与智慧。

蜀汉建兴元年（223年），邓芝作为蜀国使者，踏上了东去的道路。为了表达蜀国的诚意，诸葛亮让邓芝带了二百匹马、一千匹蜀锦，以及其他地方的特产作为礼物。

行走在瑟瑟冷风中，邓芝一直在设想与东吴谈判会是怎样的场景，之前的几位使者都受到了冷遇，未能完成任务，怎样才能让东吴对自己另眼相看呢？怎样才能促使东吴拿出诚意，彻底解决双方的矛盾呢？邓芝心里也没有底，看来一切只能见机行事了。

孙权并不了解邓芝此次使吴的深远意义，在他看来，这不过是正常的外交往来，让外事部门接待一下就好了，不必亲自会见邓芝。毕竟背后还有魏国在虎视眈眈，虽然去年他还跟魏国打过仗，但还保持对曹魏政权的称臣状态，如果跟蜀国走得太近，曹丕肯定会怀疑他另有所图。

然而，邓芝没有像以往蜀国的使臣那样轻易返回，明确表示见不到孙权绝不回去，并给孙权写信说："我这次来，不仅是为了蜀国的利益，也是为了东吴的利益。"

孙权有些犹豫，询问谋士张昭、尚书令顾雍等人如何处理此事。张昭说："这肯定是诸葛亮的退兵之计，让邓芝来做说客。主公可在殿前立一口大油锅，锅内装满油，用火煮沸，再选身强力壮的武士一千人均执刀在手，从宫门前一直摆至殿上，再叫邓芝进见，指责他企图扮演历史上郦食其说齐王的角色，说要依先例杀掉他，看他如何回答。"

孙权依计而行，召邓芝入见。邓芝走到宫门前，一看这个阵仗心里就明白了孙权的用意，但他毫无惧色，昂首前行，见了孙权只是拱手为礼。孙权大声喝道："你就是蜀国使者？想凭三寸之舌，仿效郦食其游说齐王归汉的诡计，简直自不量力！难道就不怕这些脾气不好的武士把你扔进油锅炸了？"

邓芝面无惧色，凛然说道："听人说东吴多有贤士，没想到却害怕一介书生！"

孙权闻言大怒道："本王怎么会怕一个籍籍无名的书生？"

邓芝从容淡定地说："既然吴王不怕我这无名的邓芝，又何必担心我来做说客呢？"

孙权问道："你还真来替诸葛亮做说客？是不是想让本王与**魏国**绝交，与蜀汉交好？"

邓芝微微一笑，说道："我区区一个儒生，哪有本事让吴王与**曹魏**绝交，该与谁交好，那是吴王您该考虑的。我虽然效力蜀国，也是为吴国的利益而来，没想到你们竟陈兵设鼎，如此对待！"说着，装模作样就要往鼎里跳。

孙权听了很是惭愧，立即喝退武士，撤去沸鼎，解释说："我确实想与蜀国和睦相处，但是担心你们国主年纪太小，国土狭窄而形势紧迫，被魏国利用，不能保全自己，我因此才犹豫！"他让人给邓芝设座，然后诚恳地问道，"邓先生倒是说说，蜀、吴两国的利害如何？"

邓芝答道："吴、蜀两国占据四州的土地，大王您又是名高一世的英明领袖，诸葛丞相也是名震一时的人杰。蜀国有重重的山川险要作屏障，吴国有三江的防阻，合这两种长处，互为唇齿相依的盟邦，进可以兼并天下，退则可以成鼎足之势而独立，这是最自然的道理。吴王今天若想向魏国委身妥协，魏国必然是希望大王您入朝称臣，岁岁缴贡；还会要太子进京做人质，稍有不从，就以讨伐叛逆为托辞对吴国开战；蜀国见到可能的时机，也必将顺水推舟，向吴国进兵。如此，富饶的江南就不再属于吴王您了。"

孙权沉默良久，说："邓先生说的话很对，我愿与蜀国交好，先生肯为我牵线搭桥吗？"

邓芝见孙权已经动心，为了进一步坚定他的决心，就又将他一军："刚才要用油锅煮我的人，是大王；现在要我牵线搭桥的人，也是大王，您这样反复无常、犹疑不定，又怎么取信于人呢？"

孙权坚定地说："我决心已下，请邓先生不要怀疑！"随即传令众大臣马上商定与蜀国结盟之事。

过了两天,孙权告诉邓芝,他已经确定出使蜀国的使臣人选,然后又问邓芝:"我们两国联合,不愁打不败曹魏,等到把曹魏打败了,两国的君主共同统治国家,岂不是一件很美好的事情?"

邓芝当即直言道:"那是不可能的!常言道,天无二日,地无二王。如果我们两国将来消灭了魏国,大王不能识天命归顺我朝,那么两国君主各树一帜,到那时,龙争虎斗,战争才刚刚开始,做臣子的也只能各自竭诚尽忠了,哪里还谈得上两国相安无事呢?"

孙权闻言大笑道:"你的坦诚直率,竟然到了这个地步!"

邓芝在外交辞令上颇为诚恳,对敏感问题也不遮掩,令孙权一生都很敬佩。正因为邓芝不欺骗、不敷衍,孙权才更加信任他、看重他。

邓芝出使结束后,孙权在给诸葛亮的亲笔信中,把蜀汉另两位使者丁厷、阴化和邓芝进行比较,说:"说起使者,丁厷的言辞过于铺张浮夸,阴化则是言而不实;能够使两国长久和睦往来的,只有邓芝了。"

此后,吴、蜀两国之间信使往来不断,孙权还专门刻了一枚印章,放在镇守荆州的陆逊手中,凡是孙权给后主刘禅和诸葛亮的信件,陆逊都可以过目并对不妥之处进行修改,然后"以印封之",再派人送走。

邓芝这次出使东吴,诸葛亮还交给他一个秘密任务:务必接张裔回国。张裔在前往益州出任太守时，被反叛的益州豪强地主雍闿抓住，然后送到东吴邀功请赏。现在双方既已重修旧好，当邓芝一提出这个要求，孙权很爽快地答应下来。张裔临行之前，孙权和他谈了一次话，发现张裔很有才华，便想留他为东吴效力。张裔察觉到了孙权的用意，迅速登船回蜀。等孙权派人追赶时，张裔已经安全抵达蜀汉境内。张裔回到蜀国后，诸葛亮任命他为参军，署府事，又领益州治中从事，作为自己的得力助手。

蜀汉建兴二年（224年）春，孙权派张温出使蜀国，以维护东吴与蜀汉的友好关系。孙权对选派使者是非常慎重的，经过几次筛选最后才确定下来。

张温是吴郡吴县人，从小就修养名节操守，容貌奇异伟岸，是东吴很有名气的一个才子。孙权听说他的声名后，召他入见，张温谈吐文雅、对答如流，孙权很是佩服，任命他为议郎、选曹尚书，后升为太子太傅，深受信任和器重。

这次，三十二岁的张温是以辅义中郎将的身份出使蜀国。孙权对他说："您本来不适合出使远地，但是我担心诸葛亮不了解我和曹魏互通心意的原因，所以委屈您出使。如果山越之患全部消除，我们便会对魏国大举进攻。使者的道义，是只接受上级布置的任务，不必受上级指令的约束。"

张温回答说："我在朝廷之内没有过作为亲信大臣的谋划，出行外交没有独自应对的才能，恐怕没有春秋晋大夫张孟播扬国家声誉的本事，又没有晋国子产阐述事理的能力。不过诸葛亮见识通达、精于谋划，必定了解您的神明思虑和屈伸权宜之计，加上朝廷天降恩惠，推测诸葛亮的心，一定不会有什么猜疑。"

张温来到蜀国后，按照孙权的旨意，称美蜀政、互通友好，顺利地完成了使命，诸葛亮也十分赞许张温。

当张温完成出使任务，准备返回吴国时，诸葛亮率领文武百官为他饯行，但长水校尉秦宓一直到开宴时都没有出现，诸葛亮派人催促几次后，秦宓才姗姗来迟。

张温从诸葛亮那里了解到秦宓是一个资历很老、很有学问并且敢于仗义执言的名士。作为东吴年轻有为的才子，张温很想找个机会显露一下自己的才学。而且，他认为秦宓虽然是老资格，但也不应该让这么多人等他一个人。因此，他准备在宴席上为难一下秦宓，让他出出丑，闹闹笑话。

秦宓到来后，还没等相互介绍，张温就当着诸葛亮和众官吏的面，开始向秦宓提问。他提出的第一个问题就很有嘲讽意味："您读过书吗？"

秦宓一听很生气，回答说："三尺高的孩子都读书，您又何必小看人！"

接下来，张温和秦宓就开始以"天"为论点，一问一答起来。

张温又问："天有头吗？"

秦宓回答："有头。"

张温追问："头在何方？"

秦宓回答："在西方，《诗经》说'乃眷西顾'，以此推之，头在西方。"

张温又问:"天有耳朵吗?"

秦宓回答:"天的位置高高在上,但也能听到地下的声音,《诗经》有言,'鹤鸣于九皋,声闻于天'。如果天没有耳朵,用什么来听?"

张温又问:"天有脚吗?"

秦宓回答:"有,《诗经》说'天步艰难,之子不犹'。假如上天没有脚,凭什么行走?"

张温又问:"天有姓吗?"

秦宓回答:"有姓。"

张温追问:"姓什么?"

秦宓回答:"姓刘。"

张温追问:"你怎么知道姓刘?"

秦宓回答:"当今天子姓刘,因此知道天姓刘。"

张温又问:"太阳是从东方升起的吧?"(暗指东吴在蜀国东面)

秦宓回答:"虽然太阳是从东方升起,但是它最终还是从西边落下去。"(蜀汉在西面)

张温的提问,完全没有难住秦宓。张温辞穷理屈,实在不好意思问下去了,毕竟一连串的问题全都被秦宓占了上风,要是再厚着脸皮问下去,他真没脸坐在宴会上了。

张温终于明白蜀国人才众多,不可小看。这场辩论,不仅体现了他们的辩论技巧,也表明了问答双方的政治立场。张温回东吴后如实向孙权汇报,使孙权更加坚定了与蜀国联合抗击曹魏的决心。

同年夏天，曹丕见吴、蜀联合抗魏，准备先下手为强，亲率三十万大军水陆并进，攻打吴国占据的江夏郡及淮南地区。孙权派人将这一情况告知诸葛亮，并请蜀国发兵相助。诸葛亮回信说，派兵去肯定赶不及，可以让镇东将军赵云去打阳平关，直取长安，曹丕肯定会分兵回援。同时建议孙权在淮南把声势搞大一点，最好能不战而屈人之兵。

事态的发展正如诸葛亮所料，曹丕兵抵长江后，坐在楼船上遥望江南，只见江南营寨密密层层，刀枪如林，列阵上百里。曹丕不知道这是东吴大将徐盛的疑兵之计，正犹豫要不要马上开战，又传来蜀军将攻打长安的急报，只得下令将主力撤回。

第四节　加强吴蜀联盟

在与东吴修好的同时，诸葛亮于建兴三年（225年）春率军南征平叛。同年秋天，诸葛亮顺利平定南中之地，马上派费祎出使东吴，向孙权致以友好之意。

孙权特地为费祎安排了一场宴席。在宴席上，诸葛恪、羊衙等人一起向费祎发难，明褒暗讽地调侃和嘲讽蜀国的一些人和事，但费祎辞顺义笃，据理力争，应对自如。孙权也想要灌醉费祎，然后问以国事，并论当世之务，但费祎始终保持清醒，回答问题没有丝毫出格的地方。

这让孙权由衷地表示叹服，他对费祎说："您是具有美德和才能的人，日后必将成为蜀汉的股肱之臣，恐怕不能常来了。"为了表示自己对费祎的看重，孙权还解下自己的佩刀送给他。

费祎答谢说："我才能不佳，不敢受此恩待。刀是用来讨伐叛逆、禁暴正乱的，但愿大王勉建功业，同兴汉室。我虽然愚弱，但绝不会辜负大王的结好相待之意。"孙权听了甚为赞许。

费祎顺利完成了出使任务，回到蜀国后，诸葛亮提拔他为侍中。不久，孙权也派使者来成都向诸葛亮表示慰劳，并赠给后主刘禅两头驯象。

与东吴重修盟好，不仅解除了诸葛亮南征平叛时的外部威胁，减少了统一南中地区的阻力，也为他日后北伐创造了有利条件。

从此，吴国对魏国的态度也由臣服转为敌对，双方时有战事发生。

诸葛亮第一次北伐失败后，魏明帝曹叡又派兵三路伐吴，但没有成功。诸葛亮听说魏军大量集结在东线，决定进行第二次北伐。

北伐期间，诸葛亮多次派费祎出使东吴，巩固吴、蜀联盟。费祎有一次出使东吴，孙权在酒醉之后说："魏延、杨仪这两个人，虽然看起来很有才能，但都是小人得势，如果有一天诸葛亮不在了，他们必会引发蜀国的隐患。"

费祎听了脸上有点挂不住，但是一时又没想到反击或者化解的方法。这时，费祎的副手董恢回答说："杨仪和魏延虽然不和，但是他们没有叛逆之心。眼下强敌当头，如果因为他们两人品行恶劣就弃之不用，就好比在风波当中放弃舟楫一样。"

孙权听了哈哈大笑。这也可以看出，双方恢复友好关系后，孙权对蜀汉内部的情况有着较深的了解。

费祎回去后，将情况如实向诸葛亮汇报。诸葛亮很欣赏董恢的机敏善辩，提拔他为丞相府属，后来又升他为巴郡太守。至于杨仪和魏延，诸葛亮因为爱惜他们的才干，不忍心制裁他们。

当然，吴蜀联盟也不是一帆风顺，在诸葛亮第三次北伐后，双方的关系又出现了危机。

建兴七年（229年）四月十三日，孙权在武昌称帝，随即派使臣到蜀汉，要求双方以平等的皇帝名义交往。蜀汉大臣对此都十分不满，认为孙权称帝的行为动摇了蜀汉政权的合法性，是僭越之举。如果同意孙权的要求，就等于放弃了蜀汉的正统地位。为了彰显天命所归，应该断绝与东吴的友好往来。

这对诸葛亮来说是一个艰难的抉择，他权衡利弊，以独特而卓越的政治眼光和战略高度写下《绝盟好议》，对群情激愤的大臣们进行劝解："孙权有僭越、叛逆的不臣之心由来已久，我们之所以长期无视他的险恶用心，是想通过他来牵制曹魏。如果我们现在公开与他断绝盟好，必然引起他对我们的仇视。这样一来，我们就不得不在东部边境增兵防守，与之长期相持，等到彻底兼并他们，才能考虑北定中原。孙权手下贤才众多，将相和睦，不是一朝一夕可以平定的。而我们长期屯兵东部，与之相持不下，将使北方的曹魏得以休养生息、积蓄力量、隔岸观火。这实在不是一个好的策略。"

接着,诸葛亮又以大汉故事举例:"昔日孝文帝对匈奴单于言辞谦恭、先帝曲意迁就与东吴结盟,都是根据客观形势的变化而采取的深谋远虑之举,不是匹夫逞一时之勇所能做到的。"

对于蜀汉大臣长期以来对孙权所持的错误认知,诸葛亮也予以纠正:"现在有人认为孙权安于鼎足三分,不能做到和我们合力抗曹,而且他的愿望已经得到满足,没有了渡江攻打曹魏的打算。这些说法看起来正确,实则不然。为什么呢?孙权是心有余而力不足,所以才依江自保。他无法越过长江进取,就如同曹魏无法越过汉水深入一般,除了实力不够强大以外,客观条件也不支持他这样做。"

最后,诸葛亮指出与孙权保持盟好关系的好处:"如果我们派大军北伐曹魏,孙权的最佳策略是同时出兵去分割魏国的地盘,然后再作进一步打算;他肯定不甘心毫无作为,至少也会趁机掠夺魏国的人力,扩张地盘,向曹魏炫耀武力。就算他按兵不动,只要与我们交好,我们在北伐时就没有后顾之忧,同时他还可以牵制黄河以南的敌人,使之有所顾忌而不敢全部调到西线来,这对我们是很有利的。所以,孙权僭逆称帝的罪名,现在还不宜声讨。"

诸葛亮的这种思想与其《隆中对》中的内容是一脉相承、一以贯之的。在《隆中对》中,诸葛亮为刘备分析天下大势,提出进取方案时,就明确提出了处理与东吴关系的两大原则——一是可以为援而不可图,二是结好孙权。也就是说,在打败曹操之前，要继续维持与孙权的同盟关系，这无疑是一种正确、明智的选择。

在成功说服群臣后，诸葛亮派卫尉陈震为使者前往武昌，向孙权表示祝贺。诸葛亮还写了一封信给哥哥诸葛瑾，介绍陈震说："孝起（陈震字）为人忠正淳朴，年龄越大越笃诚。他赞颂东西两国的关系，转述双方消息，使两国共同欢乐，和平友好，有可贵之处。"陈震也没有辜负诸葛亮的厚望，认真贯彻执行了诸葛亮的联吴方针。

陈震进入吴国时，在给关候的文书中写道："吴、蜀两国使者往来不断，结盟续好，友谊日深。吴国皇帝受天命而称帝，开疆辟土，使天下响应，各有所归。在如今的形势下，大家同心协力讨伐国贼，这样的话，什么样的敌人不能被消灭呢？我国君臣非常高兴与东朝为援，以有所依赖。我是个无才之人，有幸作为使节，奉命前来交好，进入贵国就受到热情的接待，就像回到了家里一样。献子前往鲁国，触犯人家忌讳，受到《春秋》的讥讽。如果我有做得不周到的地方，希望诸位适当提醒，告诉我该如何行事。"

陈震到达武昌后，向孙权献上礼物，表示祝贺。孙权十分高兴，双方经过协商，升坛歃盟，约定将来灭魏之后，吴、蜀平分曹魏疆土，西部的并、凉、冀、兖四州归蜀，东部的徐、豫、幽、青四州归吴；司州则以函谷关为界，西部归蜀，东部归吴。

双方还写了盟书，其中写道：

"古代建立伟大的功业，一定要先结盟立誓。蜀汉与东吴，虽然信义出于内心，但分割魏国的土地，应当先有盟约。诸葛丞相的德行和威望天下闻名，他在内辅佐蜀汉皇帝，在外主持军国大政，道义诚信感动天地，再结同盟，加深约誓，使东吴、西蜀两国军民都知道结盟大事。自今日蜀、吴两国结盟之后，戮力齐心，共讨魏贼，济危助难，祸福同当，好恶相共，不可二心。如果有人侵害蜀国，则吴国去讨伐他；如果有人侵害吴国，则蜀国去讨伐他。两国各自守好自己的疆土，互不侵犯。盟约所定，传之后代，始终如一。"

这次结盟立誓，可以说是吴蜀联盟关系的巅峰。

第九章 治国施政

第一节 治国必有法

肩负着治国重任的诸葛亮认为,治国如同治家,要治理一个劫后余生的国家,必须先确立根本。只有根本树立了,末梢才能端正。任何一个国家,都应有其经常之法,有其基本的规矩,这是必不可少的,否则就会失常,就有患害。

过去刘璋治蜀时,刑法过轻,导致蜀国人忘了君臣之道,蜀汉政权作为客籍政权,面对着来自益州旧势力的阻挠。诸葛亮认为,"三纲不正,六纪不理,则大乱生矣"。三纲指君为臣纲,父为子纲,夫为妻纲;六纪指诸父有善,诸舅有义,族人有叙,昆弟有亲,师长有尊,朋友有旧。

所以诸葛亮提出"威之以法,法行则知恩;限之以爵,爵加则知荣;荣恩并济,上下有节"(诸葛亮《答法正书》),维护君臣之道，顺应天理，依法治国。有了清明的政治、严明的法度、完整的礼仪，重视并加强这些方面的工作，老百姓自然就能够安居乐业。

从理论上，诸葛亮提出了"法""礼"的观点，一再告诫、反复强调法在治理国家过程中的重要性：身为将帅，指挥着百万大军，能够使部队恭敬地接受命令，凝神专心，稳重有序，这是法令严格的结果。

诸葛亮还进一步从反面强调了不以法治国的严重后果：如果将帅不能严明刑赏，部下不知礼义，即使据有天下，占有四海之内的财富，也难逃自我灭亡的命运，比如夏桀、商纣这样的暴君。如果将帅在领兵的时候，能以法令为赏罚的依据，而部下没有敢违背命令的，比如孙武、司马穰苴这样善用法制的人。可见，法令不可轻视，由法令而产生的将帅威势也不可以违抗。

在执政过程中，诸葛亮也深感民乱始于政乱，即始于豪强官僚的专横自恣。所以，他提出"先理强"，削弱、限制豪强，打击豪强的不法行为，厉行法治。几年前，诸葛亮与法正、刘巴、李严、伊籍五人制定的《蜀科》已经开始在蜀地施行。诸葛亮开府理政后，又制定了《法检》《科令》《军令》等法令条例，并颁布施行。这些法令条规，使文臣武将保持警惕，有所戒惧，从而廉洁奉公，忠于职守。

有了法令条规之后，诸葛亮执法严明，任何人犯下不利于国家的罪行，都会受到相应的惩处，如处死、流徙、罢官等。

比如向朗，诸葛亮一直很器重他，让他当丞相长史。诸葛亮南征时，留向朗代理丞相一职，负责处理国内事务。后来蜀军北伐，向朗跟随部队出征。马谡失街亭后逃亡，向朗因为和马谡交情深厚，知情不报。诸葛亮十分愤怒，将向朗罢官。

由于诸葛亮审势定法，宽严有度，不随便宽赦，有人便说他"惜赦"。诸葛亮解释说："治国应该用大的德行而不是靠小恩小惠，所以名臣匡衡、吴汉都不愿随意赦免罪犯。先帝刘备也说，他曾经拜访求教于大儒陈纪（字元方）、郑玄（字康成），他们告诉他治理乱世之道，都没有谈及赦免罪犯。像刘表父子那样，年年赦免罪犯，对治理国家有什么好处呢？"

据《华阳国志》记载，诸葛亮执政时罕有大赦，而在诸葛亮去世以后，刘禅先后有十一次大赦。由此可见，诸葛亮认为对犯罪行为的免除，本质上是刑罚的不公平。

诸葛亮虽然主张明法，但反对滥刑。所以，他挑选忠直廉正的官员主管治狱事务，反对凭个人好恶"专持生杀之威"。他说："高兴之时不能放纵罪恶的行为，愤怒之时不可杀戮没有犯法的人。"要求官员们在断案行刑时一定要慎重，既不冤枉好人，也不能放过一个坏人。

在执法过程中，诸葛亮还注意把"威之以法"和"服罪输情"结合起来，给人出路和希望。比如，廖立"诽谤先帝，疵毁众臣"，诸葛亮只是把他贬为平民，流徙汶山郡；李严犯了重罪，也是被贬为平民，流徙梓潼郡。诸葛亮去世后，廖立痛哭失声，李严则激愤忧病而死。这主要是因为，他们仍期待有一天能被朝廷重新启用，现在诸葛亮去世了，他们便再无重返政坛的可能，不会有出头之日了，因为再也没有像诸葛亮这样有胸怀和诚意的人了。

诸葛亮也不实行严苛的家族连坐制度，比如李严犯罪，仍留李严之子李丰为官，后将其升任朱提太守。诸葛亮还专门写了封信去安慰和勉励李丰，信中说："我与你父亲并力辅助汉室，这是人神共鉴的事情。我上表推荐你父亲去镇守汉中，委命你去管辖江州，都没有和别人商议过。我的诚心始终如一，没想到却发生这样的变故。过去楚国官员屡次受到挫败，但仍能克敌制胜。这也说明一心向道，就会有善果，这是符合天道的。希望你能多多宽慰你的父亲，让他努力改正过去的错误。他现在虽然被免官，权势、家业不如以往，但依然有奴婢门客百数十人。而你担任中郎参军，也还算是上等人家。如果你父亲能深刻反省自己的过错，一心报国，你和蒋琬能诚心共事，那么阻塞仍能通畅，失去的仍可再得。但愿他能明白我的良苦用心。"

由于诸葛亮不畏权贵、不徇私情、依法办事、宽严有度，蜀国的统治秩序逐步稳定下来。晋人习凿齿评论说："在不得不用的时候才施行法律，把刑罚施加到那些犯罪的人身上，给人封爵绝不出于私心，诛杀人也让人没有怨言，天下谁不心服口服呢？诸葛亮从这方面来讲可以说是善于使用刑罚，自秦、汉以来都没有这样的人。"这种赞许一点也不为过。所以，晋武帝司马炎听说诸葛亮的事迹后，也赞叹道："善哉，如果我得到了诸葛亮的辅佐，还会像今天这样辛苦吗？"

第二节 盘活蜀汉经济

法制是治国根本,兴农则是富民之本。为了维护蜀汉的统治,增强国家经济实力,诸葛亮充分利用蜀地的自然地理条件,重视发展生产,广开财源。

一是爱惜民力。

为了迅速恢复生产,诸葛亮推行"务农殖谷、闭关息民"的政策。他认为,老百姓因为吃不饱、穿不暖而犯法,很大程度上是因为横征暴敛所致。所以他多次减轻赋税,与民休息,还"为民置产",要求各地官吏重视农业,不要妨碍农民按农时耕种和收获,并且强制回收地主土地,分给百姓耕种。为了减轻农民的负担,他还让士兵利用空闲时间参加生产,分兵屯田,施行"兵农合一"。他曾经招募五千人到汉中屯田,并命令汉中太守兼任"督农"(屯田官)。

诸葛亮明确提出:"治理国家以使百姓安居为根本方略,不以繁文虚饰为首要之务。"因此,他十分爱惜民力,各种治国措施都秉持务实作风,坚决不搞华而不实、徒耗人力物力财力的花架子。注重解决农业发展中的实际问题,诸如保护劳动力、土地,改进生产工具,合理灌溉,改良品种,增加肥料和消除自然方面的灾荒、疾疫等。

诸葛亮积极推行奖励耕种的政策,做到足食足兵,并把农业收成作为衡量政绩的标准。短短几年,成都平原呈现出"沟洫脉散,疆里绮错,黍稷油油,粳稻莫莫"和"田畴辟,仓廪实,器械利，蓄积饶"的繁荣兴盛景象。

二是发展丝织业。

丝织业是蜀汉政权引以为傲的一个行业。刘备入蜀前，益州的织锦业就十分发达。诸葛亮在治理蜀国时发扬这一地域性的优势，将蜀锦作为蜀国的特色商品，特意设置锦官负责生产销售。他说："如今百姓穷困、国库空虚，与敌人战斗所需要的物资，就全仰仗蜀锦了。"所以，他鼓励百姓种植桑树，养蚕织锦，使蜀地呈现出"栋宇相望，桑梓接连"，"技巧之家，百室离房，机杼相和"的景象，成都也因此有了"锦官城"的称呼。

为改进织锦技术，诸葛亮命人将丝织物加金工艺首先用于蜀锦，为蜀锦的蓬勃发展奠定了坚实的基础。

蜀锦的生产，既为蜀国提供了充足的军费，也是使者往来的重要礼品。比如邓芝出使东吴，赠送"锦千端"；东吴使者张温来蜀，获赠"蜀锦五端"。曹操去世时，刘备派遣韩冉入魏，"并贡锦布"。直到蜀汉后期，蜀锦依然是蜀国重要的"决敌之资"，比如后主刘禅曾下诏拨给姜维大量的锦、绮、彩、绢，以充军费。蜀国降魏时，所献物品中有锦、绮、彩、绢各二十万匹。

诸葛亮还把蜀锦的制作工艺介绍到边远地区，使少数民族百姓也掌握了织锦技术。据说诸葛亮平定南中后，鼓励当地的少数民族种桑养蚕、缫丝织绸，亲自绘制蜀锦的图案画谱，并教会他们织造技艺。《遵义府志》中写道："锦用木棉线染成五色织之，质粗有文采。俗传武侯锦铜仁蛮不下，时蛮儿女患痘，多有殇者，求之武侯，侯教织此锦。为卧具，立活。故至今名之曰武侯锦。"说的就是诸葛亮教给苗族人织锦技艺的故事。为了纪念诸葛亮,苗族把自己织的五彩锦称为"武侯锦",而侗族则把自己织的侗锦称为"诸葛锦"。

三是盐铁官营。

在手工业方面,盐铁生产直接关系到百姓的生活和国家的财税收入。刘备、诸葛亮入蜀后,实行盐铁官营政策,设置"司盐校尉"等官职,负责管理盐铁生产和兵、农器的制造。

由于官府的提倡和支持,当时蜀地开掘的盐井有很多,诸葛亮十分重视盐业生产,还亲自到生产现场进行考察指导,使用火井来煮盐,并推广这种生产方式。

据张华《博物志》记载,临邛有"火井一所,从广五尺,深二三丈……诸葛丞相往视之,后火转盛热,盆盖井上,煮盐得盐"。

益州的冶铁业自秦汉以来就很有名,所以益州地区分布着许多冶铁场所,其中有不少是铸造兵器的兵工厂,为诸葛亮以后征战提供了战略物资储备。

有"神刀匠"之称的蒲元,"性多巧思","熔金铸器,持异常法",制作的刀削铁如泥,诸葛亮任命他为西曹掾,负责造刀。蒲元为诸葛亮铸刀三千把。刀铸成以后,为了检验质量,蒲元让士兵在竹筒里灌满铁珠,举刀猛砍,如截刍草,竹筒断开,铁珠也被砍裂,被人们称为"神刀"。

四是重视水利建设。

都江堰是我国古代著名的水利工程,也是成都平原农业的命脉。诸葛亮视察都江堰后,认为它是农业的根本、国家经济发展的重要支柱,于是在都江堰设置"堰官",派马超率领一千二百多人常年驻扎堰区,疏通河道,精心维护管理,大大促进了农业生产。

为了防止洪水冲毁低洼地带的农作物,诸葛亮还组织人力,在成都市西北郊的柏河上修了一条九里长堤,人们称之为"诸葛堤",既能防洪,又是漂运木料的码头,可谓一举两得。

五是重视修路,便利交通。

蜀地道路艰险,诸葛亮非常重视沟通秦蜀,竭力维持穿行在秦岭、巴山之间的褒斜栈道和石牛栈道的完整,以发挥它们在交通中的作用。

据《太平寰宇记》记载:"诸葛亮相蜀,凿石架空为飞梁阁道,以通行路,于此立剑门关。"当时剑阁道只有一条羊肠小道,不利于大部队通行。诸葛亮为实现北伐中原、匡复汉室的目标,在剑门关一带,修整栈道,修筑剑门关,设立关隘。

建兴六年(228年),赵云、邓芝出箕谷(今陕西省汉中市附近的褒河谷中)攻打魏国失利,撤退时放火烧了赤崖以北的阁道。诸葛亮对此十分关切,在给诸葛瑾的信中说:"先前赵子龙退兵时,烧坏了赤崖以北沿着山谷周围的阁道长达一百多里,阁梁一头通入山腰,另一头在水中立柱。现在山水大而急,已无法立柱,困难至极,不能勉强了。"

后来,赤崖以南阁道又被洪水冲坏,诸葛亮在写给诸葛瑾的信中又说:"近时山洪暴发,赤崖以南的桥梁阁道全都冲毁了,当时赵子龙与邓伯苗,一个在赤崖驻防屯田,一个驻防于赤崖口,双方只能沿着崖边互相呼应而已。"阁道破坏后造成了种种不便,水过之后,自然要全力抢修。诸葛亮在世时,阁道基本保持了畅通。

六是厉行节俭。

诸葛亮在《诫子书》中说:"夫君子之行,静以修身,俭以养德。"意思是说:君子的行为,是以潜心专一的精神来修身,以俭朴的生活来培养高尚的品德。诸葛亮是这么说的,也是这么做的。在重视发展生产的同时,他大力提倡俭以养德,而且言行一致,率先垂范,长期坚持俭朴的生活,以此激励和带动文武百官。

诸葛亮还劝喻百姓要丰歉互补,做到"丰年不奢,凶年不俭""秋有余粮,以给不足",只有如此,才能达到"富国安家"的目的。

西蜀地区原来奢侈的风气极盛,官僚地主生活奢靡,甚至婚丧嫁娶都要花掉全部家产。在诸葛亮的带领和影响下,很多蜀汉大臣也十分节俭。比如邓芝,从来不置办家产,妻子儿女都不免受饥挨冻,去世时家无余财;大将军姜维住室简陋,而且"乐学不倦,清素节约";后来的丞相费祎,生性谦虚朴素,家中不积钱财,子孙都穿布衣、吃素食,出入不乘马车,和普通百姓没有什么区别。

所以,刘备驾崩时疲敝的益州,很快便"田畴开辟,仓廪充实,器械坚利,蓄积丰饶",使得诸葛亮后来的北伐战争有了坚实的物质基础。

第三节 不拘一格举人才

无论是依法治国,还是发展经济,都需要人才。诸葛亮执政以后,一改过去刘备举用人才、考察官吏的方法,迅速解决人才匮乏的难题。

过去蜀汉沿用汉代察举、征辟制,即由上级官员考察、推荐、提拔下级官员,其实质是朝廷、州郡府中掌握实权的人拥有决定权。而诸葛亮采取的措施是统一用人标准,严格按照标准选用人才。

诸葛亮在《将苑·知人性》中,结合前人选拔人才的经验,提出要从"志""变""识""勇""性""廉""信"七个方面来了解和考察人才。

"志",即提出是非不同的问题,观察其志向;"变",即提出复杂的难题,考察其对问题的解答及应变能力;"识",即征询计策,以观察其见识;"勇",即在祸难临头时,考察其是否有临危不惧的精神;"性",即考察其醉酒后所显示的品性和本色;"廉",即把人安置在有利可图的位置上,考察其是否廉洁;"信",即分派任务后,考察其是否守信用。

总的来说,就是从谈吐和行为两个方面来了解人,诸葛亮认为通过问答可以了解一个人的志向、操守以及如何应对问题,还可以了解人的见识、智谋和勇怯之情。通过用酒、财来考察人,可以了解一个人的性情,了解其是否廉洁、是否守信用。

比如蒋琬,在刘备入蜀之初被任命为广都长。有一次刘备外出视察，突然来到广都，发现蒋琬众事不治，经常喝得烂醉如泥，不禁勃然大怒，打算将他治罪。这时，诸葛亮出面为蒋琬求情，说："蒋琬是社稷栋梁之才，其才干不止于治理一个百里的小县。他为政以安民为本，不以表面文章夸饰，希望主公深加考察。"劝刘备重用蒋琬。后来，蒋琬的种种出色表现，使刘备对他刮目相看。蒋琬也得以从地方进入朝廷，历任尚书郎，以及诸葛亮丞相府的东曹掾、丞相长史，逐渐担负起治国重任。

诸葛亮认为，"治国之道，务在举贤"。选用贤士能人，是关系到国家兴衰存亡的大事。由于蜀国地处偏远，相对于魏国和吴国，人才比较缺乏，所以，在任用人才方面，诸葛亮很爱惜人才，讲究唯才是举，不拘一格，用人所长，避其所短。具体体现在：

其一，外举不避仇，内举不避亲。

诸葛亮"取人不限其方"，即不拘一格、不抱成见来任用人才。董和、黄权、李严等人是刘璋旧属，吴懿、费观等为刘璋姻亲，诸葛亮都让他们担任显要的官职，以充分发挥其自身的才能。

向宠是向朗之侄，本是一名普通的牙门将，在彝陵之战中各营都损失惨重，唯独向宠所领的部队完好无损。向宠随即受到重用，被推举为中部督，负责管理宫廷宿卫军。诸葛亮向后主刘禅推荐向宠时，说他"心性品德善良平和，又通晓军事"。北伐时，诸葛亮将向宠提拔为中领军，委以营中要事。

姜维是降将，诸葛亮跟他交谈几次后，认为他"忠勤时事，思虑精密,是凉州上士",于是大力培养他,任命他为仓曹掾,加奉义将军,封当阳亭侯。他还派姜维去成都统领一支五六千人的虎步军,并给张裔和蒋琬写信说:"姜维擅长军事,颇有胆略,深明大义,通晓兵法。他不仅立志兴复汉室,而且才智过人。等他训练部队以后,要让他进宫拜见皇帝。"后来又迁姜维为中监军、征西将军,为北伐做人才方面的准备。

对于自己的亲人,诸葛亮也是该任用的就任用。诸葛亮因为婚后迟迟没有子嗣,于是与诸葛瑾商量,请他将次子诸葛乔过继给自己。诸葛瑾征得孙权的同意后,让诸葛乔来到蜀汉。诸葛亮以诸葛乔为嫡长子,并将其字由"仲慎"改为"伯松",对他十分疼爱。不过,诸葛亮并没有让诸葛乔在丞相府中养尊处优,而是任命他为驸马都尉,随自己进驻汉中,在兵战中锻炼成长。在给诸葛瑾的信中,诸葛亮写道:"诸葛乔本来该回到成都,但现在诸将子弟都要参加后勤运输,我考虑他宜与大家荣辱与共,故现在派他督率五六百人,与各位将军的子弟一起在山谷中运输粮草等军用物资。"

其二,从基层选拔人才。

让相应的人经过锻炼和考验予以提拔,更是诸葛亮的优点之一。他说:"只要能洗净污垢,何必非江河之水;只要能行走疾速,也不必非骐骥名马;用人求贤也一样,只要明晓事理即可,又何必像要求圣人那样苛求呢?"

费祎、董允起初都是太子舍人,职位较低,但费祎才智卓越,见识和悟性超过一般的人;董允能斟酌情理,毫无保留地贡献忠言。诸葛亮发现他们的才干后，分别委以重任。费祎和董允也没有辜负诸葛亮的期望，费祎出色地完成了出使东吴修好的外交活动；董允作为侍中，领虎贲中郎将，恪尽职守，处事干练，表现优秀。诸葛亮死后，他们两人都成为主持蜀汉军政事务的重臣，时人把他们与诸葛亮、蒋琬并称为"四相"，又号"四英"。

杨洪的部下何祗担任督军从事时，整天游戏放纵，不勤所职。听说诸葛亮前来视察，何祗连夜掌灯办公，审问囚犯，阅读有关文件。第二天诸葛亮进行考核时，何祗对答如流，无所凝滞。诸葛亮十分欣赏他的才干，于是提拔他为成都县令，后来郫县县令一职出现空缺，又让他兼郫县县令。

这两地人口众多，政务繁杂，何祗每处理一个案件，都会提前做好准备，把罪犯的情况了解清楚。审案的时候，他常常中途睡着，醒来之后，却能迅速指出罪犯的奸诈之处。民间传言何祗梦中有神灵相助，实际上他是一边装睡，一边暗中听着百姓的讼词，心中早已有了判断。当汶山郡出现动荡局势时，诸葛亮又提拔何祗为汶山太守，何祗在任上把当地的夷人治得妥妥帖帖，因政绩卓著，升任广汉太守。

当时杨洪还是蜀郡太守，每次朝会，何祗都坐在杨洪旁边。有一次，杨洪来晚了，跟何祗开玩笑说："你的马怎么跑那么快，跑到我的前面了？"何祗回答说："我是您的故吏，怎么敢骑马超越呢？只是您没有快马加鞭罢了。"此事在蜀国传为美谈，大家都很佩服诸葛亮能做到人尽其才。

王平出身行伍，没有受过什么教育，文化水平很低，认识的字不超过十个，起初只是个牙门将，但他实战经验较为丰富，在街亭之战中立了功。诸葛亮便拜他为参军，后来逐渐晋升其为讨寇将军、封亭侯。后来诸葛亮北伐，他也屡立战功，发挥了重要作用。

巴郡人张嶷出身寒微，曾在刘璋手下当小官，诸葛亮发现他胆识过人，又颇有见地，而且为人忠诚，于是提拔他为越嶲太守。张嶷善于处理复杂的民族关系，很好地贯彻执行了诸葛亮"安抚"的民族政策。

宗预是张飞旧部，诸葛亮主掌朝政后，听说宗预有贤德，于是提拔他为丞相府主簿。

其三，鼓励下属举荐人才。

阆中人姚伷在刘备进占益州后，担任功曹书佐。刘禅即位后，姚伷先后被诸葛亮任命为广汉太守、丞相掾属。姚伷经常向诸葛亮举荐文武人才，为此，诸葛亮提拔他为参军，对他十分器重，还特意写了一篇教令号召大家向他学习。教令中说："当臣子对国家最忠诚、最有益处的工作，莫过于为国家多推荐人才。姚伷能够这样做，希望大家都向他学习。"

从这件事可以看出，诸葛亮不仅自己当伯乐，还鼓励大家都来当伯乐。

其四，诚心访求人才。

杜微曾在刘璋手中担任益州从事，汉朝衰微后，他再也不愿意做官，无论谁请他出山，他都一概拒绝。诸葛亮担任丞相后，任命杜微为益州主簿。杜微坚决推辞,诸葛亮便派人去把杜微接到自己府上。

杜微的听力不太好,为了躲避官场之事,他索性装聋。诸葛亮拿来纸和笔,耐心地跟他沟通,写道:"我经常听说您的道德品行,一直渴望见面,可惜没有机会。王元泰、李伯仁、王文仪、杨季休、丁君干、李永南兄弟、文仲宝等人,经常称赞您的高风亮节。如今国家缺乏人才,百废待兴。我们虽然统领益州之地,但功德浅薄,任重而道远,时常感到忧虑。陛下今年刚刚十八岁,仁爱聪敏,爱惜有道德的人,谦恭地对待贤良之士。人们纷纷追慕汉室,也希望您遵循天意、顺应民心,辅佐当今明主,和我们共创复兴汉室的大业。"

然而,对于诸葛亮纡尊降贵、充满诚意的请求,杜微仍不为所动,以年老多病为由再次拒绝。诸葛亮无奈,又在纸上写道:"曹丕弑君篡位,自立为帝,就像泥土捏的龙、稻草扎的狗。如今天下人都认为曹丕邪恶虚伪,想要用正义消灭他。现在您不为此事出力,想要回到山野之中,实在可惜!近来曹丕率领大军攻打吴、楚等地,军务繁忙,使我国暂且得以封闭四境,勤劳务农,休养百姓,同时治理军队,只等曹丕攻吴受挫,然后就可以去讨伐魏国,如此,将士们不会有过多的战争,老百姓也不会历尽辛劳,就可以让天下平定。您应该以自己的德行辅佐时世,我并不要求您参与军事,为何您急切想要离开呢?"

杜微终于被诸葛亮的诚心打动,接受任命,做了蜀国的谏议大夫。

其五，爱护和帮助人才。

人无完人，各有长短，诸葛亮在用人的时候，并不求全责备，而是以宽容的心态帮助人才成长。

射声校尉兼留府长史张裔，颇有才干，但是心胸狭窄，以私废公。张裔被东吴关押时，他的儿子张郁在供给郡吏方面犯了一点小过失，杨洪作为张裔的老朋友，并没有包庇，照样惩罚了张郁。张裔从东吴回到蜀国后，对此一直耿耿于怀，和杨洪的友情也大不如前。

后来张裔又和司盐校尉岑述不和，嫉妒岑述得到诸葛亮的重视，以至于积怨成恨。诸葛亮写信给张裔说："你以前在陌下打了败仗，我因为担心你，食不知味；后来你被人绑送东吴，流离他乡，我为你悲伤叹息，寝不安席；如今你终于回到蜀国，我委以你重任，希望和你一同辅佐朝廷。我自认为与你的友情坚如磐石，如果是这样的话，那么为了朋友的利益而举荐自己的仇人，为了表明心志而割下自己的骨肉，都决不会推辞。现在我只是信任岑述而已，你怎么就容不下他呢？"

诸葛亮在批评中尽显关爱之情，使张裔深切感受到他的坦荡胸襟。

其六，严格考察官吏。

为了切实做到用人唯贤，诸葛亮以"循名责实"对官吏进行考核，要求官吏们为政要讲求实效。他特别强调"治实而不治名"这条原则，反对名不符实、表里不一的作风，严格考查官吏身上是否存在"五害"：

一是假公济私，利用权势胡作非为。左手拿刀威胁百姓，右手置办家产；对内侵占公家财物，对外搜刮民众。

二是过失大却处罚轻，法令不一。清白无辜的人遭到惩治，甚至遭受人身迫害，犯重罪却宽大处理；袒护豪强，欺压百姓，以严刑惩罚百姓，肆意歪曲事实。

三是纵容有罪官员。迫害揭发控告者，禁止他们讲话，掩盖案情真相，甚至纵容因受到迫害而逃亡的人，徇私枉法。

四是利用更换郡守县令的机会，在临时代理行使职权时，庇护亲信，故意刁难他人，手段狠毒，破坏法令，横征暴敛，巧立名目，谋取私利，甚至借口欢送旧官、迎接新官，征发劳役供其驱使，或谎称储备财物，却霸占为私人家财。

五是追求功利，利用赏赐别人或处理民间事务的机会勒索钱财；征收税费时私自决定金额高低、数量多少，以致百姓破产失业。

对于犯有"五害"的官员，一定要严惩不贷；没有犯"五害"的官员，则要加以奖赏。

诸葛亮还提出了考察文武大臣的基本原则：忠诚、细心、能干、公正，以及久经锻炼和考验。

诸葛亮任用的经济、政治、军事、文化等方面的人才，大约有六十三人，其中大部分是刘璋、刘备的旧部，甚至还有曹魏的降将。由此可以看出，诸葛亮用人没有地域、先后、亲疏、派别之分，真正做到了不拘一格任用人才。为了招揽人才，他还曾在成都建筑招贤台，以集诸儒，并招待来自四方的贤士。

为了充分发挥人才的效用，诸葛亮还创设了参署机构，参署人员中，以董和、胡济最为有名。

董和在刘璋手下担任益州郡太守时，廉洁为民，善于处理各种政事，与境内的少数民族讲信修睦，深受敬重。刘备攻占益州后，任命董和为掌军中郎将，和诸葛亮并署左将军、大司马府事。董和经常提出一些很好的建议，有时两人意见不一致，争辩讨论竟达十次之多。但这并不影响他们的关系，诸葛亮十分赞赏董和，两人相处极为融洽。

胡济曾担任诸葛亮的主簿，为人性情刚烈勇毅，敢于直言，经常提出不同意见。诸葛亮非常看好他，胡济后来官至兖州刺史、右骠骑将军。

诸葛亮担任丞相后，也经常教导大臣们要集思广益，学习董和、胡济等人的聪明才智和爱国的精神，这样才能减少过失。为此，他一再发布《与群下教》，鼓励大家发扬"直言敢谏"的作风。

第一个教令说："参与朝政，署理政务，就是要集思广益，采纳各种有益的意见。如果因为一些小小的隔阂而彼此疏远，我们的事业也会受到损失。听取不同的意见，然后从中得出正确的结论，就像扔掉破烂的草鞋而获得珍珠美玉一样，只是人们很难做到这一点。董和参与朝政七年，一旦发现某项措施有不妥之处，便经常征求不同意见，然后向我报告。如果大家能像董和那样勤勉尽职，我的过失就可以减少很多了。"

后来，诸葛亮又发布了第二个教令，说："以前我与崔州平交往，他多次指出我的优缺点；后来又与徐庶结交，得到了很多启发和教诲。以前与董和议事,他总是知无不言,言无不尽;随后又与胡伟度共事,因为他的劝谏,我得以避免了很多失误。尽管我生性愚钝、见识浅陋,不能完全吸取他们给我的教益,但跟他们一直相处融洽,这足以表明我对直言是很欢迎的。"

从以上两个教令,可以看出诸葛亮善于纳谏,欢迎别人提出不同意见的真诚态度。正因为他谦逊的行事作风,蜀国的贤人志士纷纷聚集在他的身边,形成了一个强有力的领导班子。

第四节 以"礼""法"治军

生活在割据势力争雄的年代,诸葛亮执政后采取的种种措施,都是为了让蜀国变得强大起来,完成刘备的遗愿——兴复汉室,还于旧都。这就必须建立一支强大的能够克敌制胜的军队。

诸葛亮十分重视军队建设,认为治理军队是保护国家、巩固政权的大计。他提出了以下治军原则和方针:

一是选将任能。

诸葛亮认为,军队是用来保卫国家和百姓安危的,将领的优劣,关系到国家和百姓的安危。所以,选择将帅必须谨慎严格。

根据人才才能的高下,诸葛亮设置了六个等级,即十夫之将、百夫之将、千夫之将、万夫之将、十万夫之将和天下之将。按照他的要求,高级将帅绝不能只是鲁莽之辈,也不能只有军事知识和作战经验,而应该是一位全才,要掌握领兵作战的要领,能够鼓舞部下的斗志,严格赏罚制度,聚合政治军事手段,掌握刚柔相济的方法等。

诸葛亮还说:"用仁义慈爱的思想滋润部下;讲信用、主正义,使邻国敬佩;掌握天文、地理和社会知识;对世界事物就像对自家的房子一样熟悉。这才是难得的将帅。"这也说明品德高尚、知识渊博的将领是难能可贵的。

在诸葛亮看来,为将之要,在于计谋,先定计谋,然后再行战。用智慧,定计谋,施其事,行其战,不能靠凭空想象来决策战争行动,只有在审察、明知天地之道、众人之心、兵革之器、敌人之谋、道路之险、敌我之情、攻守之机、防御之备、征伐之势、士卒之能、成败之计、生死之事等的基础上,才能定计谋,兴兵事。

诸葛亮还十分强调将领与士兵的和谐,如果"将无思虑,士无气势,不齐其心而专其谋,虽有百万之众,而敌不惧"。带兵最重要的是带心,只有上下齐心协力,才能充分地发挥战斗力。

二是治军以明。

相对于应变之策,诸葛亮更重视如何建立严明的军纪。他认为,一支纪律严明的军队,即使将领的指挥应变技巧差一些,也不容易被击败;反之,即便将领的能力再高,也很少能不失败。

而要让军队行动一致,服从命令,必须依靠法律制度。为此,诸葛亮制定军法军令,让将士牢记于心。他著写了《法检》两卷、《军令》两卷(现仅存《军令》十五条),制定了《八务》《七戒六恐》《五惧》《便宜十六策》等条规,不仅从正面指明该做什么、不该做什么,还从反面指明了种种悖德违法之事,时刻警醒每一个将士。比如他安排去屯田的士兵,和百姓混杂居住在一起,却从来不会扰民。

诸葛亮明文规定,"不从教令立法",对轻军、慢军、盗军、欺军、背军、误军的违犯者斩,这样使士卒懂得为兵之道,不轻易违犯禁令。

比如马谡,诸葛亮对他深为器重,每次接见他与之谈论,总是从白天一直谈到黑夜。但是马谡在街亭一战中违抗上级指挥,导致失败,而且还畏罪潜逃,所以诸葛亮下令处死他。马谡的部将张休、李盛也被处斩,黄袭则被解除兵权。赵云和邓芝因兵弱敌强,失利于箕谷,之后及时聚拢部队,固守箕谷,没有造成大的损失,但赵云仍被贬为镇军将军。

三是教练为先。

教,即教化。诸葛亮提出了明确的道德要求。如《将苑·谨候》中便集中表述了这方面的内容。诸葛亮明白地指出"勇""廉""平""忍""宽""信""敬""明""仁""忠"等道德方面的要求。《将苑·将材》中要求将帅要具备"仁""义""礼""智""信"的品质。《便宜十六策·阴察第十六》中说阴察之政要有五德,包括"禁暴止兵""赏贤罚罪""安仁和众""保大定功""丰挠拒逸"。

练,即军事训练。诸葛亮十分重视军队的训练。首先是对将帅提出为将之道,要求将领们做到"五善四欲",五善即"善知敌之形势,善知进退之道,善知国之虚实,善知天时人事,善知山川险阻"；四欲即"战欲奇，谋欲密，众欲静，心欲一"。

其次是注重士兵们的战法训练。诸葛亮认为，如果士兵得不到应有的教育和训练，那么一百名士兵也抵不上一个训练有素的敌军；如果士兵受到了应有的战法教育和训练，那么一名士兵就可以抵挡百名敌人的进攻。他总结历史上的作战经验，根据敌情、地形的不同情况，改进和制定了一种军队操练和作战法，叫"八阵法"。他用"八阵法""教兵讲武"，把军队编成不同的作战单位，各部互相配合，临敌制变，机动灵活，随时掌握进退主动权，以战胜敌人。同时结合实战，制定了有关练军、行军、扎营、作战、撤退等一整套行之有效的办法。经过诸葛亮严格训练的军队，阵列整齐，奖惩公正，军令明确，连他的对手司马懿也十分赞叹。

四是赏罚以信。

从军事观点来讲，一个将帅能够善待士卒，就可称得上是"仁"；将士若能以身殉国，就是"忠"；不为利禄富贵所动摇，就是"义"；胜利了不骄傲，不居功，是"礼"；能够做到计谋多端，使敌人难以预测，就是"智"；奖赏不拖延时间，惩罚不论人物的贵贱，就是"信"。能够做到仁、忠、义、礼、智、信的军队，就是一支战无不胜的军队。

诸葛亮在《将苑·将诫》中说："故领军作战的要诀，在于务必笼络英雄豪杰的心。"在与曹魏争夺关陇的时候，由于连年征战，士卒苦于军旅，怨声颇多，所以诸葛亮及时将军队分为两半，一半作战，一半休息，定期进行轮换休整。

其间，司马懿率二十多万人打了过来，而蜀军只有八万人马，情况十分紧急。有人建议说："情况突变，敌军势力大增，我们是不是暂时让该休整的部队继续留在前线，以壮大我军声势？"

诸葛亮却斩钉截铁地说："我用兵令将，以信为本，即使军情紧急也不能有失诺言。那些该撤下的兵士已经收拾好了行装，待命回家，他们的家人也在引颈祈盼，计算他们的归期。"将士们听说后都深受感动，主动要求参战，结果蜀军大获全胜。

诸葛亮经常告诫将领们，身为军中首脑，岗位光荣而神圣，肩负着重大的责任，一定要做到诚实守信，表里如一地对待部属。将领对部属是否讲诚信、相互之间是否信任，是检验一支军队凝聚力、战斗力强弱的重要条件。假如将领对部属经常言而无信，做事没有信誉，那么部属就不会信服他，时间长了人心就可能会涣散。

诸葛亮曾在《答李严书》中说自己"位极人臣，禄赐百亿"，他的俸禄和赏赐这么多，家产却很少，为什么呢？原来，诸葛亮用自己的绝大部分财产赏赐有功将士。他提倡"将不可吝"，指出将领不能够吝啬，吝啬就不会给予部下奖赏，不给予奖赏，则士兵就不会效死命去作战，士兵不肯效死命就不会建立军功，所以要对勇敢前进杀敌的士兵给予重赏，而且奖赏要及时，不能逾期；同时对贪生怕死后退的士兵予以重罚，并且惩罚不能因为地位尊贵而有所减免。后来他"挥泪斩马谡"，成为赏罚分明的经典事例。

第十章 平定南蛮

第一节　巧施反间计

后主刘禅刚即位不久，诸葛亮作为辅政的顾命大臣，不仅需要治理汉中、巴蜀，还需要"南抚夷越"，稳定南中，因为南中那些想要称霸割据一方的汉族官僚、地方豪族和少数民族首领，一直蠢蠢欲动，伺机发动叛乱。特别是刘备的逝世，使南中的局势一下子变得严峻起来。

蜀汉建兴元年（223年）夏，益州郡太守雍闿野心作祟，勾结少数民族首领孟获一起叛乱。他们还把前来接任的太守张裔绑缚起来，送往东吴。与此同时，越巂郡（今四川省西昌市）酋长高定元（或称高定）杀死郡中将领焦璜，举兵响应。不久，牂牁郡（大致在今贵州省境内）太守朱褒也反了。

南中四郡中有三郡反叛，事态十分严重，不仅关系到蜀汉对南中地区的统治,而且关系到吴蜀联盟的发展前途。

消息传至都城,君臣震惊。刘禅理所当然地把询问的目光投向诸葛亮,这样的大事当然要由相父拿主意。

诸葛亮暗暗叫苦,脸上却表现得风轻云淡。他略加思索,说道:"南中四郡地处偏远,地域广阔,自古以来是夷越之地,居住着多个少数民族,他们名义上归附蜀汉,实则各首领都想割据自立,称霸一方,时常反叛;部族之间,相互争斗的也不少见。鉴于南中地理特殊、人情复杂,臣下认为可派人去查明情况后再作打算。"

诸葛亮随即任命龚禄为越巂太守,到南中边界安上县(治今四川省宜宾市屏山县)进行防备;蜀郡从事常颀则直接进入夷越之地,调查南中反叛情况。同时,又让李严写信给雍闿,表明朝廷的态度,解释其中利害。

李严一连给雍闿写了六封信,但雍闿只回了一封信说:"我曾听说天无二日、土无二王,现在天下成鼎立局面,自称正朔的都有三个,所以我感到疑惧,不知该归属哪一个。"信的内容显得十分傲慢。

常颀到达牂牁后,立刻收押郡中主簿,准备查明事实。不料太守朱褒乘机杀害常颀发难,也起兵反叛,响应雍闿和高定元的叛军。

消息传来后,诸葛亮心里在滴血,却只能先忍着不出兵。这主要是因为:一是蜀汉与东吴的关系刚刚有所改善,蜀汉章武二年(222年),孙权就已派人到南中永昌一带活动,雍闿与东吴走得很近,被东吴任命为永昌太守。孙权还任命刘璋的儿子为益州刺史,屯驻在益州、交州的交界处,企图将东吴的势力伸向益州南部的南中地区。如果诸葛亮出兵干预,势必会与东吴发生冲突,所以有必要派人与东吴就此事交涉。二是短时间内抽调不出足够的兵力,新兵正在招募,新的武器装备也还在试制之中。三是对夷越近期的情况知之甚少,而且诸葛亮在《隆中对》中有过"西和诸戎,南抚夷越"的设想,是剿是抚,要看事态如何发展。

诸葛亮还是希望通过政治手段来解决这件事,即使事态往坏的方向发展,至少可以给他多一点准备时间。然而,诸葛亮的美好愿望落空了。

为了扩大势力,雍闿采用卑鄙的手段——在少数民族中散布谣言。当时有夷人不服从雍闿,雍闿便利用孟获在夷民中的威信游说各夷部酋长,对他们说:"官府想要黑狗三百头,而且胸前都要是黑色,还要螨脑三千斤、三丈长的断木三千根,你们拿得出来吗?"黑狗、螨脑本来便难找,而断木因为十分坚硬、弯曲,不可能有三丈长。所以夷人听了都很气愤。就这样,经过雍闿、孟获的欺骗和煽动,不少少数民族民众加入了叛乱队伍。

不过,雍闿到永昌郡上任时,遭到了太守王伉、功曹吕凯的顽强抵抗,无法进城。王伉、吕凯忠于蜀国,协力坚守郡城,还给雍闿写了一封文书,希望他回心转意。但是,南中三郡的反叛声势越来越大,叛乱几乎遍及整个南中地区。

蜀汉建兴三年(225年)春,诸葛亮入朝禀奏后主:"以臣之见，夷越叛首恐怕不会降服，实在是国家的心腹大患。臣请亲率大军征讨。"

刘禅紧张地说："相父领兵外出，东有孙权，北有曹丕，如果两国派军来攻，朕该如何应对？"

诸葛亮劝慰道："陛下放心，东吴与我国讲和，未来三五年不会有变，如有意外，李严屯驻永安之兵可以抵御；魏延据守汉中，又有赵云镇守关口，曹魏也不足为虑。臣还会留关兴、张苞分两军机动策应，确保陛下万无一失。"

这时，屯骑校尉兼丞相长史王连劝阻道："丞相，那里是不毛之地、瘟瘴之乡，不值得您这位全国所依仗的人去冒险行事。"

但因为没有其他合适的将领可以派遣，诸葛亮仍决定亲自担任主帅。刘禅赐诸葛亮金铁钺一具，曲盖一个，前后羽葆、鼓吹各一部，虎贲六十人。

金铁钺是古代仪仗用的礼器，更是权力的象征，代表了帝王所赐予的专征专杀之权。虎贲则是指皇宫卫士。君主赏赐这些给臣子，一般代表着朝廷对忠臣的信任与嘉奖。诸葛亮受到这些赏赐，正是刘禅尊敬、信任他的表现。

三月，诸葛亮亲率二万余大军从郫县出发，参军马谡送行出城至十里之外。临别时，诸葛亮握住马谡的手，诚恳地说："虽然我们一起谋划此事多年，但今天还是请你再多提点好建议。"

马谡说："南中依恃地形险要、路途遥远，不服朝廷管制已经很久了。即使今天将他们击溃，明天他们还会反叛。现在您正准备集中全国的力量北伐，以对付强贼。叛贼知道国家内部空虚，就会加速反叛。如果将他们全部杀光以除后患，既不是仁厚者所为，也不可能在短期内办到。用兵作战的原则，以攻心为上，攻城为下；以心理战为上，以短兵相接为下，望您能使他们真心归服！"

马谡所说的用兵原则，与诸葛亮"南抚夷越"的方针不谋而合。诸葛亮心里已经有了大致的方向：这次用兵的重点仍放在政治争取上，但对带头叛乱的南中豪强大姓和顽固夷帅，则要坚决镇压！

诸葛亮率大军沿水路快速到达僰道（在今四川省宜宾市内），而后以僰道为前进基地，开始分兵行动。劳师远征本来就是兵家大忌，加上夷越之地，山高水远，岩峦阻绝不辨疆界，困难可想而知。所以，诸葛亮挑选对山区生活比较熟悉或者有山地作战经验的人为将，分兵进军。

雍闿得知诸葛亮率部亲征的消息后，连忙和高定元、孟获、朱褒一起商议对策，最终决定兵分三路御敌，雍闿为左路，高定元和孟获居中路，朱褒为右路。高定元麾下猛将孟琰为先锋，迅速赶往越嶲郡边界迎战。

蜀军西路大军在龚禄引领下，刚经过安上来到锦屏山下，就遇到了一支叛军。蜀军前锋王平出战，对叛军喊道："你们是谁的队伍，劝你们早早投降，免得白白送死！"叛军中走出一个小头目，只见他身材壮硕、相貌丑陋，骑一匹枣红马，持一支开山狼牙棒，回应道："本将是叟帅先锋孟琰。不怕死就来一战，我定要你有来无回！"

二人同时拍马而出，一刀一棒，你来我往，约战了二十回合，孟琰不敌，转身逃跑。王平哪肯放过，大刀一挥，率部追了上去。孟琰跑不到数里，就被早有防备的张翼拦住。孟琰换了个方向继续逃，又被王平堵住去路。孟琰见无路可走，只得回过头来与张翼交战，试图从张翼这一边逃脱，可他还是打不过张翼。王平赶来后，与张翼一起合击，很快将孟琰打下马来活捉。

王平和张翼将孟琰绑缚，押到诸葛亮的营帐。诸葛亮命人解去孟琰身上的绳索，又拿出干牛肉和酒食招待他，然后和颜悦色地问道："你是谁的部下？"

孟琰说："我是叟帅高定元部下。"

"那你能不能实话告诉我，你们为什么要造反？"诸葛亮看着孟琰的眼睛，温和地问道。

"是因为痛恨当地官府，要自立做主。我则是随主而反。"孟琰显得有些尴尬。

"还真是实话。"诸葛亮笑了笑，意味深长地说，"看得出来你对你的主子还是很忠诚的。我知道高定元也是忠义名士，只是受了别人的蛊惑才反叛。但我觉得，你的主子是被别人当枪使了。雍闿反，是因为东吴封他为太守；你的主子反，却只能给自己增添罪孽。我现在放你回去，好好劝高定元早些来投降，免得被牵连。"

首战失败后，高定元知道自己的兵力过于分散，不能与蜀军正面硬碰硬，于是让驻扎在旄牛（在今四川省雅安市汉源县内）、卑水（在今四川省凉山彝族自治州美姑县附近）、定筰

（在今四川省凉山彝族自治州盐源县内）等一线堡垒的人马，都向卑水垒靠拢；同时要求雍闿的一部人马赶来与他会合。

诸葛亮也集中兵力于卑水，据险以守，不主动出战。经过几天对敌情的观察，他制订了一个聚歼计划——等高定元、雍闿的兵力集中后，再邀敌决战，一举歼灭他们。

这一计划是否可行，还有待于反间计的施行结果。跟诸葛亮预想的一样，孟琰被放回去后，一再称赞诸葛亮的恩德，极力劝说高定元投降。高定元说："雍闿的左路军就在卑水之南，如果我们投降，雍闿岂能不跟我们翻脸？"

孟琰说："他一直把我们当枪使，我们也没有必要跟他客气。可设一酒席，请雍闿赴宴，在宴席间擒获他。"

雍闿本来就是搞阴谋的高手，特殊时期始终保持着高度警惕。他听说孟琰从诸葛亮那里活着回来了，顿时起了疑心，找了个借口不来赴宴。

高定元见事情败露，决定先下手为强，当晚便引兵杀入雍闿寨中。雍闿猝不及防，慌忙叫上两个亲信，策马往山林小路逃走。他慌不择路，刚要驻足辨识方向，便见一人从林中杀出，手拿狼牙棒砸向他的脑袋。他看出来人正是孟琰，但已来不及格挡，生生被打落下马，一命呜呼。孟琰割了雍闿的头颅，拿去向高定元邀功。

高定元收编了雍闿的人马，集中扎寨于卑水。第二天，高定元和孟琰引两部人马向诸葛亮投降。诸葛亮想利用高定元去攻打朱褒，于是在高定元和孟琰一进营帐时，就大声喝令左右，要将他们推出去斩首。

高定元大惊失色，忙问："我感念丞相大恩，遵嘱斩杀雍闿来降，为什么反而要杀我？"

诸葛亮冷哼一声道："你这诈降的小把戏，岂能欺瞒过我？"

高定元一脸错愕，辩解道："丞相有什么凭据说我是诈降呢？"

诸葛亮脸色肃然，随手从案几上拿起一封书信在手里扬了扬，说道："牂牁郡朱褒早就写密信告诉我，你和雍闿是生死之交，怎么肯杀了他？无非是诈降来偷袭我！"

高定元懊恼地嚷道："天地可鉴！丞相，这是朱褒的反间计，想借丞相之手杀我！"

诸葛亮收起书信，说："你休要强辩，我凭什么相信你而怀疑朱褒呢？要不你把朱褒捉来，自然就能表明你的真心了！"

高定元连忙说："好，就照丞相所说，我这就带人去擒拿朱褒。"说完，他和孟琰回营寨带了一队人马去攻打朱褒。

乘高定元离开之际，诸葛亮命令蜀军将驻留在卑水的叛军全部包围虏获，然后将雍闿旧部人马和高定元的人马分营关押，又让两边的将卒互传谣言：凡是高定元的人都免死，而雍闿的人则全部诛杀。

不一会儿，诸葛亮让军士把雍闿的人押到帐前，问："你们都是谁的手下？"雍闿的人都假装说是高定元的部下，诸葛亮便下令全部免死，并赐给酒食，派人将他们送回去。

随后，他又叫人押来高定元的部将问话。这群人只好回答："我们才是真的高定元的部属。"诸葛亮也下令全部免死，赐以酒食，然后说："雍闿今天派人来投降，说要献你们主人高定元以及朱褒的首级来立功，我实在是不忍心，你们既然是高定元的部下，我就放你们回去，千万不要再反叛朝廷了。要是再被我擒获，决不轻饶。"

如此一来，叛军的两部人马已去了大半。当天晚上，高定元和孟琰无功而返，原来朱褒早在几天前就带着本部千余人马星夜赶回自己的领地牂牁去了。

高定元无法在诸葛亮那里自证清白，最终没有像孟琰那样选择投降，而是纠集了两千多人，继续负隅顽抗。

这天，高定元和蜀军交战后疲惫地回到营垒，刚坐下准备休息一会儿，忽然从营垒外杀来一群近乎疯狂的将卒（雍闿余部），高定元还没搞明白是怎么回事，便在混乱之中被杀。

击败高定元后，诸葛亮派参军、越嶲郡太守龚禄带一队人马追击叛军残部，直至定筰垒。西路主力则经卑水迅速南下，转向泸水（金沙江）。

第二节　收服孟获

叛军首领雍闿、高定元被杀后，孟获代替雍闿，成为益州郡之主。

第十章 平定南蛮

《三国演义》中"七擒孟获"的故事为人津津乐道,但《三国志》等正史中却并没有相关记载,而《华阳国志》等文献虽有"凡七虏七赦"(《华阳国志·南中志》)的记录,甚至清代嘉庆年间的《滇云纪略》还列明了七次擒住孟获的地点,但史料中仍难以查考此事的真实性,并无翔实记载诸葛亮曾到过滇西。但不得不说,《三国演义》从历史的只言片语中发挥浪漫想象,值得我们去触摸历史的脉络,品读这段精彩的故事。

诸葛亮对孟获做了一些调查,得知他原本是彝族首领,不但打仗骁勇,而且在夷越之地很有号召力,深受本地人敬仰。他的部将大部分来自少数民族,悍勇好斗。

几经权衡,诸葛亮决定对孟获及其部众采取逼降之策。不打散,不打死,但要把他们打服。如果打散了,再一一进行清剿,不知要花费多长时间;如果把孟获和一些首领打死,则群龙无首,夷越之地会陷入更加混乱的状态。

其时,孟获的部众分布在泸水至益州郡治所滇池(在今云南省昆明市晋宁区内)一带,在险要之地扎寨抗御蜀军。

蜀汉建兴三年(225年),诸葛亮的西路军进抵泸水北岸,第一次与孟获的叛军交战。

为了活捉孟获,诸葛亮事先让张翼、张嶷在白崖一狭窄河谷设下埋伏,然后让王平到孟获寨前挑战。战斗开始,孟获先后派出三将轮番与王平交手,王平力穷不敌,回马而逃。孟获率众乘胜追击,至河谷,遭到张翼、张嶷两支人马伏击。双方激战一场,叛军的三位将领一人战亡、二人被俘。孟获回撤不及,也被活捉。

孟获被押到蜀军大营,心想这回一定没有活路了。不料诸葛亮却叫人给他松了绑,好言好语劝说他投降。孟获不服气,说:"我不知你军虚实,中了你的诡计,怎能叫人心服?"

诸葛亮没有正面回答,只是带着孟获参观了一下蜀军军容,然后问:"你看我军营阵是不是比你那些部众威武?"

孟获不屑地说:"蒙赐观看了你军营阵,原来不过如此。如果再战,我必定可以取胜。"

诸葛亮朗声笑道:"既然这样,我就放你回去,好好准备一下再打吧!"

五月中旬,诸葛亮定下计策,释放了被活捉的叛军俘虏,然后率西路军主力渡过波涛汹涌的泸水,紧咬着孟获叛军不放。

丞相参军杨仪不解地问道:"丞相,我们原计划不是到滇池与李恢将军会合吗?"

诸葛亮说:"我们这次是来平剿叛军,又不是争夺地盘。叛军主力就在面前,我们跑去郡城干什么呢?"

与此同时,马忠的东路军打败了牂柯郡的叛军,马忠带军队前来会合。

李恢的中路军,经由平夷(今贵州省毕节市)、益州,直捣叛乱中心益州郡治所滇池。由于孤军深入,李恢军被益州郡各县叛军集结而成的大队人马(军民混合一起)包围在滇池县。叛军的人数是蜀军的数倍,这时又没有诸葛亮的消息,形势非常严峻。

李恢知道不能硬拼，情急之下他想出一计，故意散布消息说："蜀军粮草耗尽，已经准备撤军回去了。我们离开家乡很久，好不容易得到机会回来，不愿再回到北方，希望与你们共同谋划大事，故而以诚相告。"

南夷叛军相信了李恢的话，对包围的防守有所懈怠。李恢抓住机会主动出击，大败叛军，并追逐败敌的残部，至盘江以南，东到牂牁边界。

西路军在泸水与孟获叛军主力作战，多次击败孟获，最终生擒孟获。史料语焉不详，演义则非常精彩。

孟获被释放后，又集结部众在泸水临水扎寨。蜀军尾随而至，孟获担心又中诸葛亮的计谋，于是占据四处险要，守寨不出。他想，到酷暑炎热之后，蜀军就会自行退兵。

诸葛亮一眼看穿了孟获的意图，下令蜀军在树林里扎寨以避暑热，又令张翼领二千兵马绕到孟获的营寨后方，去截断叛军的补给线，还把降将放回去作为内应。孟获以为据险而守，且粮草充足，定能万无一失，于是每天饮酒取乐。

一天夜里，张翼依诸葛亮之计，悄悄从沙河口渡河，夺取了叛军粮草，并阻断了夹山粮道。孟获闻报大怒，把看守粮草的副将重打了一百军棍。副将非常不满，找借口把孟获请到自己的营帐来喝酒，趁孟获大醉之际，与手下一起将孟获绑了，送到诸葛亮的营寨。

孟获仍然不服气，诸葛亮又带着他在蜀营军备粮草库遛了一圈，然后将他释放。诸葛亮的两个参军不解地问道："这次丞相怎么一句话也不说,就又将他放了?"

诸葛亮风轻云淡地说:"不用担心,他晚上还会来的。"

果然,孟获回去后,很高兴地对弟弟孟优说:"我已经了解到了蜀军的重要军情,你带领十几个精兵假装向诸葛亮献宝,与我里应外合杀了他。"

晚上,孟优带人来到汉营诈降,诸葛亮命人准备大量的酒菜,热情地招待他们。孟优带来的人也很高兴,一个个喝得酩酊大醉。

午夜时分,孟获带着二千余人按计划前来劫营。不料刚靠近诸葛亮的营帐,他们便被蜀军包围。孟获大呼上当,率部强行突围,但在泸水边遭到张翼的阻击,又被活捉。

这一次,孟获仍然不服气,说是弟弟孟优饮酒误事。诸葛亮再次放了他。

偷袭失败以后,孟获终于认识到自己的夷兵完全不是蜀军的对手,但要想让他就此向诸葛亮屈服,那是绝对不可能的。况且,他还可以组织更多的人马,而且占有地利,有足够的时间和蜀军耗下去。

很快,孟获召集了一批牌刀獠丁军,准备与蜀军大战一场。牌刀獠丁军是夷越精兵,因为怪异的纹身让他们恍若鬼怪而得名。孟获将他们部署在治渠山下的有利位置,自以为足可与蜀军一战。

诸葛亮率西路军赶来,只见孟获穿犀皮甲,骑赤毛牛;牌刀獠丁兵赤身裸体,涂着鬼脸,披头散发,如野人一般。诸葛亮下令退十里扎寨，紧闭寨门不战。傍晚时分，诸葛亮带着几个甲士绕到山一侧，经过仔细观察地形，他终于有了主意。

第二天一早，孟获率领牌刀獠丁军杀气腾腾而来。诸葛亮依然紧闭寨门，静待时机。獠丁军在蜀军寨前遭遇鹿角阵，速度渐渐慢下来，再跨过铁蒺藜阵，直到獠丁军威势锐减，诸葛亮一声令下，蜀军两支人马从左右两边杀出。獠丁军虽然凶猛，但是蜀军人数占优势，以二战一，由于诸葛亮下令不可死战，力求活捉，所以双方战了一个多时辰。孟获见不能取胜，自己的人马越来越少，心中有点慌乱。他的人马至少有一半是借来的，如果损失太大，那可赔不起。于是，他下令收兵。可是，就在他犹豫的那一刻，退路被堵死了。他只得绕到一侧，从一条小路逃走。

当孟获逃到一棵树下时，只见诸葛亮坐在山地梯车上，手执羽扇轻轻摇动，神态自若。孟获冲过去想要捉拿诸葛亮，不料却掉入陷坑里，反被擒获。

孟获仍然不服，诸葛亮便又一次放他回去。这下，杨仪、张嶷、杨平都看不懂了。

张嶷说："丞相，看样子蛮王的兵马已经不多了，为何还要放他回去呢？"

诸葛亮笑了笑，反问道："你们觉得牌刀獠丁军的本领如何？"

杨平说："牌刀獠丁军不畏刀枪，不惜性命，悍勇无比，却野性难驯，恐怕难以收服。"

诸葛亮点了点头，不再说话。第二天，他下令大军继续西行,打算前往永昌郡。雍闿和高定元虽然已经死了,但他们派去围攻永昌郡治的兵马还没剿清。大军行至青蛉(治今云南省楚雄彝族自治州大姚县境内)附近,与永昌郡太守王伉的人马相遇,诸葛亮得知永昌郡城已经解围,问王伉道:"是谁协助你守城,一直坚持到现在的?"

王伉答道:"永昌能守住,全靠功曹吕凯出策出力。"

"吕凯来了吧?"诸葛亮说,"我想跟他谈几句。"

吕凯见诸葛亮要找自己问话,连忙走上前来。诸葛亮问他:"大军进入蛮荒之地平叛,你有什么高见吗?"

吕凯说:"我长期在夷蛮之地任职,因为夷蛮豪族经常与官府发生冲突,我预料到他们迟早会反叛。所以,我派人将各个险要地形、屯粮屯兵等军事要地画成一图,取名'平蛮指掌图'。现在献给丞相,希望对丞相平叛有所助益!"

诸葛亮接过图,认真看了看,高兴地说:"太好了,吕功曹真是有心人啊!"他收了地图,任命吕凯为参军,兼任向导官。

有了吕凯作向导,诸葛亮对收服孟获更有信心了。

孟获从治渠山败退后,逃到西洱河。诸葛亮一直担心孟获叛军几次战败后会作鸟兽散,所以一路紧紧追踪,又在西洱河与孟获交战。

毫无意外,孟获再次战败被俘。他仍然不服,要再与诸葛亮在银坑洞决战,诸葛亮又放了他。

孟获西逃入哀牢(古国名,云南省保山市怒江以西)。他在银坑洞纠集蛮兵千余人,正要安排与蜀军决战,蜀军便已兵临洞前。孟获大惊失色，其妻祝融氏替丈夫出阵。她以丈八长标为兵器，背插五口飞刀，勇猛无畏，不仅用飞刀伤了蜀将张嶷，并活捉了他，而且还用绊马索绊倒了马忠一起捉了去。祝融氏初战小胜，不过在第二天便被诸葛亮用计活捉。

孟获以张、马二将换回了夫人，然后要木鹿大王出战。木鹿骑着白象，口念咒语，手里拿着摇铃，赶着一群毒蛇猛兽向蜀军营阵攻来。诸葛亮则用提前准备好的木制巨兽，口里喷火，鼻里冒烟，吓退了蛮兵的毒蛇猛兽，占据了孟获的银坑洞。

孟获还是不服，说假如能擒他七次，他才真的服气。诸葛亮爽快地答应再战。

这一次，孟获又请来了藤甲军，与蜀军决战。结果诸葛亮用油车火药烧死了无数蛮兵，孟获第七次被擒。

诸葛亮又传出话来，让孟获等人回去，几个彝族首领请孟获拿主意，是降是战。孟获流着眼泪说："丞相对我们已经仁至义尽，我没有脸再回去了。"他来到诸葛亮面前，"咕咚"一声跪了下来，说道："丞相真是天神啊，南人再也不会反叛了。"这就是流传已久的"七擒孟获"的故事。

第三节 开发南中

建兴三年（225年）秋末，诸葛亮和李恢、王忠在滇池会师。至此，蜀军成功平定南中。

十二月，诸葛亮班师，孟获也一同前往成都。后主刘禅率朝中大臣出城三十里迎接。这些官员的年龄、官位多在费祎之上，诸葛亮却特地请费祎和自己同坐一车，众人对费祎无不刮目相看。

进入成都城后，后主刘禅设太平筵，重赏三军。

为了有效地控制南中，诸葛亮把叛乱的益州郡改为建宁郡，把南中四郡划分为建宁、永昌、牂牁、云南、兴古，增加郡数，以利于加强中央集权。

诸葛亮与众官商讨治理南中的政策与措施。费祎建议说："丞相亲自率军，深入荒凉之地，收服了蛮夷。现在蛮王孟获归服，何不向各郡派遣官吏，留兵镇守，和孟获一同治理南中？"

诸葛亮说："眼下这样做有三个不易解决的问题。第一，如果以汉人为行政长官，则要留兵驻守，留兵就需要固定的后勤补养，势必耗费国家军粮。第二，夷人刚刚被打败，死伤甚多，父兄被杀之仇，不共戴天，如果将汉人留下但又不留兵驻守，一定会出现混乱。第三，夷人担心有违反诺言和杀死我们士兵的罪名，自我感觉隔阂很深，如果留下汉人进行治理，终究不会得到信任。"

杨仪、马谡、李恢等人也纷纷发表了自己的意见。诸葛亮权衡利弊，决定采取"不留兵，不运粮"的政策（实际上留有驻军）。他任命李恢为建宁太守、吕凯为云南太守，又让部曲爨习、孟琰与孟获一起接受官职，笼络南人。在任命的官员中，只有马忠是外地人，为牂牁太守。

为了更好地控制南中地区，诸葛亮从政治、经济、军事等方面采取了一系列有效措施，治理南中地区。

一是解决南夷人在蜀汉的政治地位问题。

"设官置守"可以体现设治者的政策思路，诸葛亮的措施是"以夷治夷"。这个"夷"并非蛮夷，而是南中士人，他们多出自南中大姓，牂牁郡有龙、傅、尹、董等大姓；建宁郡有雍、孟、霍、爨等大姓，叛乱的雍闿、孟获等就出自其中的大姓；朱提郡有朱、鲁、雷、兴、仇、递、高、李等大姓；永昌郡有陈、赵、谢等大姓。他们都不是真正的蛮夷。所以，诸葛亮的"以夷治夷"政策，可以理解为让有"当地背景"的人来担任地方官，治理一方。比如，汉兴亭侯、建宁太守李恢是建宁郡俞元县（今云南省澄江市）人。

为提高南夷人的政治地位，诸葛亮把部分南中的士人带到了朝中做官，县级以下的官吏，也基本由少数民族上层人士担任。在少数民族聚居地，采取"即其渠帅而用之"的政策，也就是保留原来的部落组织，并且承认原来的少数民族头领、酋长的统治权力，只是赐予新的封号。这些策略，有助于培养南中夷人对蜀汉政权的向心力。

他还特地将南中青羌精锐万余户迁往蜀郡。据《华阳国志·南中志》载："移南中劲卒青羌万余家于蜀，为五部，所当无前，号为飞军。分其羸弱配大姓焦、雍、娄、爨、孟、量、毛、李为部曲；置五部都尉，号'五子'，故南人言'四姓五子'也。以夷多刚狠，不宾大姓富豪，乃劝令出金帛，聘策恶夷为家部曲，得多者奕世袭官。于是夷人贪货物，以渐服属于汉，成夷、汉部曲。"

由此可见，受奴役的是那些"羸弱"的夷人，夷人要是不服从，就让大姓用金钱解决，类似于雇佣。大户可以世袭官位，可以有自己的武装。实行这一措施是为了达到"纲纪粗定，夷汉粗安"的目的。

此后，南夷的小规模叛变仍时有发生，但与前朝相比，南中还算是相对平稳，多次小规模、小范围的叛乱亦被马忠、李恢、吕凯等快速平定。

诸葛亮在南中推行这种治理结构，得到了地方的响应。于是，建宁郡便有了"霍家部曲"，朱提郡的大姓亦有部曲。

在南中，诸葛亮还做了文化传播工作，充分利用当地的风俗习惯和宗教信仰，以加强对少数民族人民的统治。《华阳国志》记载，南中地区夷越诸族信奉巫教，迷信鬼神，诸葛亮利用这一风俗特点，借助山神海灵，奇禽异兽，"乃为夷作图谱，先画天地日月君长城府，次画神龙，龙生夷及牛马羊。后画部主吏，乘马幡盖，巡行安恤。又画牵牛负酒赍金宝诣之之象，以赐夷，夷甚重之。"其画作既取材于现实生活，又有神奇而丰富的想象。

《华阳国志》又记道："永昌郡，古哀牢国……世世相继，分置小王，往往邑居，散在溪谷，绝域荒外，山川阻深，生民以来，未尝通中国也，南中昆明祖之，故诸葛为其国谱也……又与瑞锦、铁券，今皆存。"图谱涵盖了宗教、文化、风土、物产等，为南中各族广泛重视，夷民看到这种象征和平的图谱，十分高兴，争相拿回家供奉，以期上佑友善局面。此后，每当朝廷的刺史、校尉到来时，少数民族头领便拿着铁券前来晋见，以表明他们的合法地位。后世仍有不少夷人崇拜诸葛亮的现象。

诸葛亮运用独特的方式来获取夷人之心，就是闯入夷人的宗教文化信仰的世界。他为夷人作图谱，是为了引导他们的精神世界，大力宣扬君臣伦理、尊卑贵贱的观念，教育他们要尊敬天地、神龙、皇帝、官吏，服从治理，向官府交纳金银财宝、粮食粟帛，还要以牛、酒慰劳官吏，使他们服从于蜀汉的统治。

二是帮助少数民族改进生产技术，大力发展农业生产。

由于蜀汉在北方与曹魏战事不断，地处蜀汉南部边疆的南中地区就成为支援前线的大后方。所以，诸葛亮平定南中后，在建宁郡设五部都尉，配以夷汉部曲，进行屯垦。也就是由大姓担任都尉，利用官府配给的农奴和他们领有的"夷汉部曲"进行大规模屯田。同时兴修水利，在云南保山等地修建堰塘。时至今日，云南省保山县城南还有能够灌溉的"诸葛堰"。

为了将汉族地区的先进农业技术传播到南中地区，诸葛亮还派人到南中教当地的少数民族使用牛耕，并动员他们下山开垦耕地，使西南地区的少数民族"渐去山林，徙居平地"，建立城邑，务农种桑，极大改善了南中地区民众的生活水平。

诸葛亮也很重视南中地区的手工业和商业，包括传播手工业技术，教授蜀锦编织；开发矿产，把盐铁开采、冶金、铸钱等手工业的经营收归地方官府，以增加官府的财政收入来源。这些措施使南中地区的经济得到迅速发展。永昌郡的特产橦华布在成都十分畅销，而南人上贡的金、银、丹、漆、耕牛、战马等，也使蜀汉军费有了来源，国家富裕，在一定程度上保障了诸葛亮的北伐。

另外，诸葛亮还调整了在南中的税收政策。平定南中后，蜀汉朝廷长期在南中收税。比如李恢平定叛乱后，将各部族中的"豪帅"迁徙到成都，然后从叟、濮少数民族的部族中征取耕牛、战马、金、银、犀角、皮革当作军资，所以这些方面的费用没有缺过。让夷人豪帅与其部族隔离，以蜀汉朝廷来替代豪帅收税，减少了中间损耗和环节。

当然，对南中收税的行为似乎也引起了一些不满，谯周后来劝阻后主刘禅逃往南方时说："南方偏远蛮夷之地，以前不交纳租税，尚且多次反叛，自诸葛丞相以武力相威逼，他们走投无路才归顺。现在如果去南中，外要抗拒敌兵，内要供奉日常粮食物品，所需甚费，又没有别的地方可以收取，只能取自各夷人部族，那样一来，他们必然会反叛。" 这也说明，南中地区只是屈从于蜀汉的武力，对蜀汉政权并没有归属感。但不可否认的是，诸葛亮给南中地区带来了较为先进的生产技术，这对落后地区的开发、改善各族人民的生活水平还是有利的。

三是调发士卒充实蜀汉军队。

以前收复荆州武陵郡的时候，诸葛亮就见识过三苗后裔的武陵蛮雇佣军的战力，那些自小以游牧、打猎为生的士兵，战斗力比农耕民族不知高出了多少。当时诸葛亮便想过建立一支适合山地作战的专门部队，但是因为条件不成熟，最终作罢。这次平定南中，诸葛亮再一次见识了南中青羌劲卒的作战本领。所以，在结束南中战争后，他决定将南方这些"失业"的士兵征召到蜀国军队中，这样做一是为了避免这些彪悍的人在当地闹事，维持边境的和平；二是为了加强蜀军的战斗力。

这个方法可谓一箭双雕，但有一个问题是，征召这些人的经费从哪里出呢？

诸葛亮采取的办法是区分瘦弱，配给大族焦、雍、娄、爨、孟、量、毛、李为部曲，设置五部都尉。因为少数民族性情刚毅，好勇斗狠，和大族、富豪的关系很差，诸葛亮便劝大族捐出金帛，聘请他们作部曲，只要聘请的少数民族人数足够多，便可世袭官位。于是，夷人渐渐臣服属于朝廷，建立起夷、汉并列的部曲。

这就使蜀汉不用官府出钱招兵，而是由当地的豪强出钱出物。在物资匮乏的南中部落，百姓往往会被这些好处吸引。出钱的豪强则负责管理手下的士兵，从而获得一定的社会地位。这样，一方愿意出钱，一方愿意出力，达到了"以夷制夷"的效果。

当然，这些军队作为地方军队，不能完完全全地为官府所用。后来，在诸葛亮的建议下，蜀国花费大量的人力、物力，将一万多家南中蛮夷迁到了四川腹地，使他们变成蜀国的军户，成为职业军人，世世代代为蜀国当兵。每当部曲的名额有空缺，必奔走而告，以当兵为荣。

诸葛亮还在离自家私宅不远的新津开辟校场，专门训练特种兵，包括：

报国兵——好勇斗狠且武艺高强，是最精锐的白毦兵；

突陈兵——气概过人且身手矫健，如猛虎之态，为虎步营；

飞驰兵、摧锋兵——箭无虚发，善用强弩，是板楯蛮人劲卒组建的三千连弩士；

争锋兵——善于纵马、箭术精良，是为精骑兵；

搴旗兵——行动敏捷，势若奔马，所向无敌。

这批特种兵被人们称为"无当飞军"，参军王平为第一任主将，后来成为诸葛亮北伐时一支英勇善战的王牌部队。

第十一章 北伐中原

第一节 上表北伐

诸葛亮执政五年，果断调整战略目标，与东吴重修旧好，平定南中，"休士劝农""教兵讲武"，整顿内政，这一切都是在为北伐做准备。

蜀汉建兴四年（226年）夏，重病中的曹丕把中军大将军曹真、镇军大将军陈群、抚军大将军司马懿、征东大将军曹休召入宫中嘱咐后事，几天后就宾天了。东吴得知消息后，又躁动起来。诸葛亮也感觉北伐的时机已经到来。

新的一年到来时，诸葛亮向后主刘禅上《出师表》，决定北上伐魏。

表文情词恳切，亦叙亦论，推理严密，催人泪下。蜀汉政权的创建者刘备一直以正统自居，打着"大汉皇叔"的旗号四处奔走，意图恢复汉室基业，一统天下。这也是蜀汉君臣终其一生都在追求的政治抱负。尽管先主刘备已逝，但"匡扶汉室"的战旗不能倒，所以诸葛亮始终坚持以"北伐灭曹""夺回正统"为基本国策。

刘禅虽然觉得自己扛不起这面大旗，但还是被《出师表》激发起了斗志，他热泪盈眶地说："请相父全权筹划用兵之事。"

建兴五年（227年）春，诸葛亮点将出师，留蒋琬、费祎等负责治理蜀中之事。刘禅带领百官一直送诸葛亮出成都北门外十多里。

诸葛亮辞别后主，率军进至汉中，在勉县立营。

魏国君臣得知诸葛亮已经进驻汉中，大臣多主张派兵征讨。这时，散骑常侍孙资以曹操征张鲁攻占城池不久失守为教训，劝谏曹叡据险固守，使蜀军徒耗兵力。曹叡采纳了他的意见。

当时，新城（治房陵，今湖北省十堰房县）太守正是蜀汉降将孟达。孟达降魏之初，曹丕待他甚厚，任命他为新城太守，但司马懿认为他不可信任。等到曹丕逝世，孟达也失宠了，诸葛亮乘机与他通信，劝他叛魏，但他一直犹豫不决。诸葛亮探知孟达与魏兴太守申仪有矛盾后，为了促使孟达早点下定决心，便派郭模到申仪处诈降，有意泄露孟达暗通蜀汉的消息。孟达见事已泄露，准备马上起兵。

这个时候，司马懿正驻扎在宛县（今河南省南阳市宛城区），加督荆、豫二州诸军事。他得到密报后，一边写信给孟达以便稳住他，一边暗中派兵前去平剿。

诸葛亮一眼便识破了司马懿的诡计，忙写信告诉孟达，不要上司马懿的当，应加强城防待援。但孟达不听，认为司马懿要动自己，需要先请示曹叡，待诏需要时间。出乎他意料的是，司马懿仅用八天时间就兵临城下。诸葛亮急忙派援兵去解救孟达，但司马懿早已派兵沿途拦截，在西城的安桥、木阑塞（在今陕西省旬阳市东北）等地击退了援兵。

蜀汉建兴六年（228年）春，在解救孟达的行动失败后，诸葛亮召集诸将商议，打算调整部署。丞相司马、镇北将军魏延认为长安守将夏侯楙胆小怕事且没有谋略，他愿率领精兵五千，由子午谷直取长安，夏侯楙见蜀军突然来袭，一定会弃城逃走，长安很容易便可攻克。这样一来，长安以西所有地区可一举而定。但诸葛亮认为这样做太过冒险，不如安全地从平坦的路上出去，稳稳当当地取得陇右地区，然后再攻下关中，所以拒绝了魏延的建议。

诸葛亮最终决定稳扎稳打，采取声东击西之计，兵分两路从汉中北伐：赵云、邓芝率领一万偏师，经褒斜道佯攻箕谷、郿县（今陕西省宝鸡市眉县）；他自己亲率五万大军，经阳平关出祁山（在今甘肃省陇南市礼县东）入陇右。

诸葛亮突率大军杀来，魏国因事先毫无防备，陇右五郡一片慌乱。诸葛亮想首先拿下天水关（今甘肃省天水市附近），但这个关口的守军太多，强攻的话代价太大，于是，他分一路人马假装成主力去攻打南安（今甘肃省定西市陇西县东）。

天水关太守马遵不知是计，下令全营火速去解救被围的南安。天水郡参军姜维识破了诸葛亮的计谋，极力劝阻，又向马遵献计。蜀军见天水关守军去了南安，立刻发动攻击，不料守关的魏军并没有去援救南安，而是反过来包围了攻关的蜀军。

诸葛亮闻报略感吃惊，想不到魏军中竟然有人识破他的计谋，还用计反制。他打听到此人叫姜维，便想降服他，于是再施反间计，没有去解天水关之围，而是将预备力量全部派往南安，假戏真做。同时，派人潜入城向马遵透露机密信息，说姜维与蜀军早有勾结。

马遵开始并不相信，待诸葛亮打下了南安，他才相信姜维等人确有异心，于是乘夜随雍州刺史郭淮跑去上邽（今甘肃省天水市）。姜维直到第二天才知道马遵已经撤走，连忙追赶至上邽，郭淮闭城不纳。姜维又转回冀县，但冀县也不收留，他无奈之余只得投了诸葛亮。

魏军中军大将军曹真以为赵云想谋取郿城，便将主力部署在这一带。诸葛亮得以迅速拿下天水郡（今甘肃省天水市甘谷县东）、南安郡、安定郡（今甘肃省平凉市泾川县）三郡，陇右五郡只有广魏郡、陇西郡拒不投降。

消息传到洛阳，众臣惊慌无措，曹叡却自信地说："诸葛亮不过是依赖险要的地形，投机取巧罢了。"

抚军大将军司马懿见曹叡如此镇定，附和道："现在诸葛亮贪图陇右的地盘，只知道进攻，顾不上防守，打败他并不难。"

经与众臣商议，曹叡决定给曹真增兵，并命右将军张郃率兵五万去收复陇右。曹叡也知道此战关系到陇右的得失，于是亲自到长安督战。

第二节　挥泪斩马谡

诸葛亮第一次北伐的目标是要占领陇右、雍凉，这一地区马匹众多，在此驻军休养生息，不仅可以积蓄军备物资，还可训练骑兵，再与南方的特战步兵配合，就可进图中原。

诸葛亮已拿下陇右三郡，想要拿下另外两郡，完全占领陇右，那么阻截张郃的五万援军就成为此战胜败的关键。

赵云拖住曹真的兵力本来就有些吃力，现在魏国又增兵，他更感力不从心，显然无法分兵去完成阻截任务。诸葛亮在选派阻截魏军的将领时也很为难，他把手下的将领过了一遍：魏延、吴懿、马岱、周仓、廖化、马谡、王平、张苞、关兴、王甫、赵累……最合适的人选应该是丞相司马、镇北将军魏延，但诸葛亮一直认为他有反骨，因此弃之不用；护军、都亭侯吴懿，从来没有独立掌军；马岱，只能用为战将，没有什么谋略……几经权衡，诸葛亮最后选中了马谡。

马谡时为侍中、参军，没有参加过实战，但读了不少兵书，平时很喜欢谈论军事，蒋琬曾称赞他为"智计之士"，诸葛亮对他的谋略才能也十分欣赏。选定守将以后，诸葛亮还是不太放心，又任命行伍出身、实战经验丰富的王平作为副将。

相比渭水道，通往陇右的陇山道更加平坦宽阔，沿途没有天然的险阻，也没有高大的城墙，但中间要经过一段地势险要的小隘口——街亭（在今甘肃省平凉市庄浪县）。街亭南北都是山，中间是一条宽几公里的大道，这也是从关中进入陇右的咽喉要道。

诸葛亮和马谡、王平一同选定在街亭布阵来阻截魏军张郃部。只要扼守住此地，便可以拖延张郃的行军速度，为大军攻取陇西郡和广魏郡争取时间。

马谡带领约一万人前往街亭，张郃的五万人马也朝街亭而来。马谡观察了街亭的地形后，对王平说："这一带地形险要，街亭旁边有座山，正好在山上扎营，布置埋伏。"

王平提醒他说："丞相临走的时候嘱咐过，我军已经占尽先机，要在山下街亭路口筑垒、布阵而守，在山上扎营太冒险了。"

马谡不屑一顾地说："路口相对平坦，虽然便于扎寨却无险可守，街亭北面的山不和其他山脉相连，树木茂密，这可是天险啊！"

王平争辩道："这可不行。如果在路口扎寨，筑垒设阵，敌军便无法偷袭；即使强攻，五万敌军一时半会也过不去。而在山上扎寨，离道路过远，敌军来个突袭，不待我们伏兵出击，便可冲破隘口。加上敌军数倍于我军，到时把我们围在山上，那我们可就插翅难飞了。"

马谡大笑道："你这是目光短浅！兵法里教的是要据险而守，敌军攻来时，先用弓箭远射，然后令士兵冲杀下来，势如破竹。要是魏军敢来，我让他们片甲不留！"

王平耐心地说:"我跟着丞相平定南中时,丞相指点了我很多。驻守在山上,最怕敌军断我水源,北山是座孤山,如果魏军把我们围困在山上,再切断水源,那里将成为绝境。"

马谡斥责道:"你别乱说!孙子有言,'置之死地而后生。'如果魏军切断我军水源,我军怎会不拼死作战,以一当百呢?我平时饱读兵书,丞相还经常向我请教,你为何三番五次地阻拦我?"

王平见说服不了马谡,只好请求带千余人马在街亭山西南十里驻扎,与马谡形成掎角之势,既可防止魏军突袭,又可相互策应。

张郃率领魏军赶到街亭,看到马谡放弃现成的路口不守,却把人马驻扎在远处的山上,内心暗喜。但他并不急于突袭,而是让一部人马在山下筑好营垒,与王平相持;另一部人马则将马谡扎营的北山围困起来。

马谡见张郃来围,令数千伏兵冲下山来,结果不仅没有他预想中势如破竹地冲破重围,还被魏军乱箭射死了不少人,致使损兵折将。

随后,马谡又组织了几次冲杀,均无功而返。魏军切断了山上的水源。蜀军在山上断了水,连饭都做不成,两天后自己先乱了起来。张郃看准时机,发起总攻。蜀军兵士纷纷逃散,马谡动用军令惩戒也无法阻止,只好带领残部杀出重围,往西逃跑。

王平得知马谡失败,自知难以阻挡比己方多几十倍的魏军,于是命兵士拼命打鼓,装出要进攻的样子。张郃不清楚王平有多少人马,担心有埋伏,不敢快速逼近。王平乘隙整理好队伍,不慌不忙地向后撤退，最后不但一千人马一个也没损失，还收容了不少马谡手下的散兵。

由于街亭失守，张郃五万大军在蜀军未攻取陇西、广魏二郡之前便赶到了，这样一来，诸葛亮占领陇右的计划也落空了。同时，曹真与郭淮率军在箕谷打败了赵云、邓芝的偏师，魏、蜀两军在郿县和陇右的兵力对比悬殊，诸葛亮没有本钱再拼下去了，只得下令退兵。

其时，夏侯楙早已布置好伏兵等赵云入围，而且是居高临下。当时赵云手下只有千余人，杀到山坡下，只见夏侯楙在山上指挥三军。赵云左冲右突，始终无法突围，只得引兵杀上山去。然而半山中又有檑木炮石砸下来，不能上山。赵云老当益壮，奋力斩杀魏军大小五员战将，正力竭体乏时，关兴、张苞赶来帮他突围。

诸葛亮回到汉中后，甚感沮丧。他详细查问了街亭失守的经过，才知道马谡违反了他的作战部署，于是按照军法将马谡定了死罪。但要斩杀心腹爱将，他实在是心痛难忍。他想起了先主刘备说过马谡为人言过其实，自视甚高，思虑常不切实际，不可重用之言，十分自责、后悔。

这时，马谡的好友蒋琬从成都赶来，听说诸葛亮要斩马谡，劝道："以前楚成王因战败之责，杀了大将成得臣，晋文公听到这个消息后非常高兴，他的心思不难理解，无非是希望敌人内讧。蜀中本来就缺少帅才，现今天下未平，正是用兵之际，丞相却要斩精于谋略的重臣，这岂不是太可惜了吗？"

诸葛亮说:"过去孙武能够制服敌人而取胜的原因,是因为他军法严明;晋悼公的弟弟扬干犯法,魏绛就杀了给他驾车的人。现在天下分裂,战争才刚刚开始,如果废弃军法,又怎么能够讨伐敌人呢?"

不过,诸葛亮内心还是很纠结的,他去狱中看望马谡,问他有何遗言。马谡知道免不了一死,对诸葛亮说:"丞相平日待我像待自己的儿子一样,我也把丞相当作父亲。这次我犯了死罪,希望我死以后,丞相能够像舜杀了鲧还用禹一样对待我的儿子,这样我死了也就没有牵挂了。"

诸葛亮流着泪说道:"你的家人自不必牵挂,只是你再无他言?"

马谡不再言语,欣然赴死。跟随其出战的张休、李盛也一并受死。

马谡被斩后,诸葛亮痛哭流涕,对众人说:"我并不是为马谡而哭……而是深恨己之不明。"之后很长一段时间,诸葛亮每每想起自己和马谡的情谊,心里就十分难过,不由自主地流眼泪。后来,他把马谡的儿子照顾得很好。

这次北伐失败后,诸葛亮自我反省说:"这次出兵失败,固然是因为马谡违反军令,但我也应该负起用人不当的责任。"随后他又作了总结,"我们在祁山、箕谷的时候,兵力强于敌军,但都没有打败敌人,反而被敌人打败,可见问题不在于兵少,而在于将领。现在我打算减少兵将,鲜明责罚,反思过失,将来另想变通的办法。否则,即使兵力强大也无济于事!"

诸葛亮上了一份《街亭自贬疏》给后主刘禅，请求将他的官职降低三级。奏疏中说：

臣凭借微弱的才能，窃居不该占据的高位，亲率军队掌握生杀大权，严格训练三军。结果因为不能宣扬军令、训明法度，临事不够小心谨慎，以至于犯下了马谡在街亭违反命令、作战失败的过错，以及箕谷警戒不严的失误。所有的过错都是因为我授人任官不当而造成的。臣的见识不能了解人才的好坏，考虑事情大多不够明智。春秋大义，军队战败，责任都在于主帅，臣下的职位正当受此罪罚。我自请贬职三等，以此作为对我的处罚。

诸葛亮这种勇于担当、敢于自我批评，并请求自贬三等的精神，实在是感人肺腑，令人深思。

刘禅收到奏章后，一时不知如何是好。有个大臣说："既然丞相这样说了，就依着他吧。"于是，刘禅下诏把诸葛亮降级为右将军。

第三节　策应东吴发兵

一出祁山的失败，不仅给诸葛亮造成了沉重的打击，对蜀汉帝国的军心、民心也产生了消极影响。

由于没有得到陇右的资源，诸葛亮组建特战骑兵的愿望也落空了。他被降级为右将军后,仍旧行丞相之事,总揽军政大权,但暂时不再考虑二次北伐,军队也在休整。这使他有时间回成都和家人小聚几日。不过,他在家主要是闭门研制武器装备。其间,他的妻子黄月英给了他很大的帮助。除了改进之前的运输工具木牛流马之外,他又对连弩车、假兽、攻城云梯车等进行了改进。

蜀汉建兴六年(228年)夏,曹叡有意对东吴用兵,于是询问司马懿的意见:"吴、蜀都该讨伐,应该先从何处着手?"

司马懿回答说:"吴国认为我们北兵不习惯水战,所以才敢凭水据守。如果攻打敌军,一定要先扼住敌军的咽喉,再狠狠地撞击他们的心脏,这样才容易取其性命。现在皖城就是孙权的咽喉,夏口则是他的心口。我们可以先派一支军队假装攻打皖城,孙权肯定会调集主力部队前去救援,夏口防守空虚,这时我们派水师去攻打夏口,乘虚而击,一定能大破吴军。"

曹叡深以为然,依计调遣兵马。

孙权很快识破了曹叡的计谋,经与众臣商议,决定先下手为强。他让鄱阳(今江西省上饶市鄱阳县)太守周鲂向曹魏大司马、扬州牧曹休诈降,请曹休派兵到皖县(今安徽省潜山市)接应。曹休对此心存怀疑,周鲂便拿过一个侍从的剑,割下自己的一缕头发,丢到地上,发誓道:"我以忠心对待侯爷,而侯爷却如此戏耍于我。身体发肤,受之父母,不敢毁伤,现在我割发以表示自己的忠心。"曹休这才答应他的请求。

曹休毕竟是魏军的最高统帅,要想算计他,还是要做好充分的准备。因此，孙权派使者前往蜀汉，希望蜀汉能出兵策应。诸葛亮对此感到很为难，蜀军刚刚吃了一次败仗，无论在士气上还是物资上，都还没有做好准备，但他认为这是一次难得的机会，最终决定出兵策应孙权。

此时，蜀军还有几万人马屯驻汉中，镇军将军赵云也在汉中，诸葛亮下令发兵三万，以赵云为先锋，再次北伐。准确地说只是策应孙权。这次征战因为准备不足，也没有明确的目标，如果非要说有目标，那就效仿汉高祖，在他曾经走过的路上，"出汉中，过三秦"，至于能走到哪里，只能见机行事，或许会有意外的收获。

赵云率先头部队经阳平关，取最难走的绥阳小谷（疑为褒斜道上的一条支路间道），进至陈仓城附近，切断了陈仓城内与外界的一切联系。诸葛亮给兄长诸葛瑾写信道："有一个叫绥阳的山谷，山崖险要，溪水纵横，行军十分困难。以前侦察兵在这一带往来，走的都是险要的小道。现在我命令先头部队砍伐树木，修建道路，以便通往陈仓，去牵制敌人，让他们不能分兵进攻孙吴。"诸葛亮告诉兄长，蜀军已从汉中发兵北进陈仓进行策应。

随后，诸葛亮率主力围住了陈仓城。而且，因为诸葛亮不久前攻打陇右，魏军加强了对汉中北进通道——祁山道、绥阳谷（陈仓）、褒斜道、傥骆道、子午道的控制，陈仓城由曹真部将郝昭、王双驻守，他们用三个月时间加固了城防，尽管城内守军只有不到两千人，但城池坚如铜墙铁壁。魏军之所以派郝昭来镇守陈仓城，就是为了应对蜀军攻城。

这年秋天，蜀军以二万余兵力对陈仓发起进攻。他们架起云梯，发动冲车，朝陈仓城猛扑过去。但城中守军的反击远远超出了他们的预料。浸透了油膏的火箭从城上飞射而来，犹如箭雨，猛如龙蛇，密密麻麻地扎在攻城的云梯上、突击士兵身上，城上城下都燃起了大火。蜀军最为先进的攻城冲车，也被魏军用绳索吊着的磨盘碾压和撞击，以木料为主体的大型冲车和云梯顿时粉碎，狼藉坠地。蜀军伤亡惨重，叫苦连天。

如此争战数日，蜀军突击部队始终没能从城墙攻上去。而且每发动一次攻击，蜀军的突击队员都损失不小。

为了减少不必要的伤亡，诸葛亮派郝昭的同乡靳详前去游说劝降。靳详在城下，郝昭在城上，双方以乡党的礼俗展开了对话。郝昭严词拒绝道："魏国的法规，先生是熟悉的；我的为人，先生也很清楚。我蒙受魏国深恩而门第显赫，早已抱定以死报国的决心。先生不必多费口舌了，请回去转告诸葛亮，让他尽管攻城吧。"

诸葛亮不甘心，又让靳详第二次去劝降郝昭，让他告知郝昭：双方兵力悬殊，没有必要作无谓的抵抗。然而，郝昭的态度仍然十分坚决，他说："上次我已经说得很明白了，先生不必多言。我虽然认得先生，但弓箭不认人，您还是快点回去吧。"靳详无奈，只得作罢。

诸葛亮见劝降无效，又想到了一个新的办法。既然单靠简单的云梯、冲车强行攻城不太奏效，那就改用更具进攻威力的井阑。这井阑类似于建筑工地高高搭起的塔井架，兵士们站在井阑上，可以直接俯视城内的状况,而且可以利用远距离攻击武器对城内进行打击。这种武器在官渡之战时使用过,袁绍利用井阑攻击过曹军防守的官渡孤城,占了不少便宜。现在,诸葛亮将同样的装备用来攻击陈仓的魏军,使城内的魏军出现了伤亡,军心动摇。

不过,从井阑上发射的武器射程有限,攻击力也受到了限制。诸葛亮见状,一边命令突击部队继续猛烈攻击,一边又命令辅攻部队设法填平护城壕沟。士卒们每人背一袋黄土,冲向城下,然后把黄土全部投到城下的壕沟里去。两天之后,城下积聚的黄土不仅填平了又深又宽的护城壕沟,而且慢慢地堆升到半城上去。如果坚持下去,用不了多久,突击部队就可以用黄土垫出一条直接登上城墙的通道。

就在蜀军准备发起总攻的时候,郝昭紧急召集城内军民,让他们在原有城墙的基础上,重新增筑了一道新的防护墙。蜀军差一点就攻上城头,但因攻击正面太窄,又被魏军打下城来。

架井阑不行,填壕沟也不行,陈仓久攻不下,成了一个让人头疼的问题。诸葛亮召集众将一起想办法,有人建议不如挖地道试试。诸葛亮觉得挖地道说不定可以成功,于是下令从城南、东、北三面挖地道。

一个夜黑风高的午夜,在寒风中巡逻的守军发现了第一个从地道钻入城内地面的蜀汉突击士兵,紧接着是第二个、第三个、第四个……然而,蜀军爬出地道口,还没有来得及看清周围的情况,就倒在魏军的刀刃之下,还有一些则成了俘虏。不久,魏军巡逻队相继在城南、城北发现了几处地道的痕迹。于是,郝昭也下令在城内挖地道进行拦截。

诸葛亮在三里之外的大营，举目朝灰蒙蒙的陈仓古城上空望去，只见寒风凛冽的城楼上，魏军将士由于连日来遭受围攻突击，明显减少了许多，城楼上隐约有人缩着脑袋朝城外张望。

其实，诸葛亮并不是一定要攻下此城，重点是牵制曹真、张郃两部，同时也是为了履行同盟义务、巩固吴蜀同盟。如果付出太大的代价，显然是不明智的。因此，在围城激战二十几天后，眼见粮草即将耗尽，而且魏军援军费曜部、张郃部也即将抵达，诸葛亮下令主力撤退，赵云、魏延殿后阻击。

第二天早晨，在城楼巡望的魏军发现昨天还吵吵嚷嚷的蜀军大营已经空空如也，这才知道诸葛亮撤军了。已经焦头烂额、疲惫不堪的郝昭，手扶城墙，举目远望，终于长长地松了一口气。

中午时分，一支打着魏军旗号的精锐骑兵，朝蜀军的后卫部队冲杀过来，不过，他们还没来得及与蜀军后卫接触，便遭到掩藏在秦岭山谷深处的伏兵突袭。一时间，道路两旁乱箭齐发，魏军死伤过半。紧接着，蜀军从两边杀出，一场近身肉搏过后，魏军全军覆灭。这支追击部队的将领王双也被赵云斩杀。

陈仓之役被称为蜀汉的第二次北伐。严格来讲，这只是一次策应东吴的战役，蜀汉虽然一无所获，但至少为东吴牵制了曹真、张郃的二十几万兵力。

蜀汉建兴六年（228年）八月，曹休率领步骑兵十万人向皖县进发，以接应周鲂。魏明帝曹叡又命司马懿向江陵方向、贾逵向东关方向，三路大军同时进发。

曹休立功心切，率十万大军深入皖县。孙权亲自到皖县坐镇，命令大都督陆逊统兵九万迎敌。陆逊将大军一分为三，自率中军，朱桓、全琮为左右翼，三路并进，准备与曹休进行决战，并在曹休南进的路上设伏，伏击点在夹石至挂车之间。

曹休得知东吴大军从皖县出动的消息后，知道自己上当了，但他自恃兵多将广，足以与孙权一战，所以他不等与贾逵会合，便率大军直接越过夹石，准备一路杀到皖县，不料刚过夹石就遭到了吴军的伏击，损失不小。

曹休十分恼怒，挥军直逼皖县。当他前进至石亭时，陆逊的三路人马包抄上来，与魏军展开了一场激战。曹休人马虽多，却无地利，将卒死伤上万，只得下令突围，但撤退到夹石时，归路又被吴军切断。眼看十万大军即将全军覆没，关键时刻，贾逵率援兵赶来，将曹休救出。

吴军在淮南战场上第一次取得了重大胜利。兵败不久后，曹休羞愤而死。

石亭之战的胜利，大大激发了吴军的斗志，也激发了孙权的政治野心。蜀汉建兴七年（229年）四月十三日，孙权在武昌称帝，立孙登为皇太子，同时任命诸葛瑾长子诸葛恪为太子左辅，张昭次子张休为太子右弼。

孙权称帝后不久，便大造声势，兵锋再指合淝。

而从石亭战役到孙权称帝这段时间，诸葛亮一直在配合东吴打仗。建兴七年（229年）春，诸葛亮亲率一万余人马第三次北伐，试图收到一举两得之效：一是减轻孙权在荆州的压力，因为司马懿正在图谋荆州；二是乘机在陇南占据地盘。

诸葛亮这次下的本钱并不大，仅一万余人。他认为"兵不在多，在于人谋"，所以没有带太多军队北伐。此时经常担任先锋及后卫的赵云、张苞都已经去世，可用的蜀军将领少得可怜。诸葛亮以陈式为先锋，出阳平关，进取武都（今甘肃省陇南市成县）、阴平（今甘肃省陇南市文县）。

武都、阴平二郡，既是蜀汉和曹魏之间的屏障，也是兵源和产粮佳处，归凉州管辖。作为魏、蜀的缓冲区，魏国一直想借助二郡图谋汉中和巴蜀，给蜀汉构成了很大的威胁。这两个郡对蜀汉非常重要，而对曹魏来说只是偏远的边境之地。

但是，既然诸葛亮打到这里来了，魏军就不能不重视。因为一旦诸葛亮占据此地，随时都有可能进取陇右。所以，驻守上邽的郭淮赶紧出兵前来救援。

这时，诸葛亮的主力悄悄地进至祁山和二郡之间的建威（在今甘肃省陇南市成县附近），试图切断郭淮的后路。郭淮大军刚到武都，突然传来消息说蜀军正在进攻建威，他不由大惊失色，蜀军怎么突然就跑到他的背后去了？建威的位置临近祁山，是进出汉中最容易走的一条道。郭淮以为诸葛亮是要关门打狗，赶紧在关门之前撤了出去。

郭淮退走后，诸葛亮从建威回军，先后攻取了武都郡、阴平郡。诸葛亮安抚了当地的氐人、羌人，然后留兵据守，自己则率军返回汉中。

至冬天，诸葛亮将府营迁徙到南山下的平原，新建了乐城

（今陕西省汉中市城固县）和汉城（今陕西省汉中市勉县内）两个基地，位于汉中东、西，加强了汉中的防守。以后如果要出兵伐魏，无论是走山谷小路还是走祁山大路，都有了更多的选择。

诸葛亮这一战几乎没有付出什么代价便夺得两郡，是局部战争的一次胜利。战后，刘禅恢复了诸葛亮的丞相职位。诏书中说：

街亭战败，全是马谡的过错，相父却引咎自责，自请贬职，朕很难违逆您的心意，所以勉强同意下来。前年您宣耀军威，斩杀魏将王双；今年你再度北征，魏将郭淮虽逃走，但降服了氐、羌蛮族，收复阴平、武都二郡，威势震动了凶暴的敌人，功勋显扬于天下。如今天下骚扰动荡，首恶尚未消灭，您肩负着复国大任，是蜀国的重要支柱，却长久居于自我委屈的地位，这并不是显扬我国军民忠诚爱国精神的做法呀！现在恢复您的丞相职位，请勿推辞！

同年，诸葛亮建立了丞相府。

这时，李严乘机劝诸葛亮接受九锡的赏赐，晋爵封王。九锡是皇帝赐给诸侯、大臣的九种礼器，象征着最高奖赏，但后来因为权臣的操作，使得九锡成为篡位的标志。当年曹操便加九锡，晋爵封王，甚至享用天子仪仗，离篡汉只差半步，所以受到了世人的非议。诸葛亮从来没有非分之想，他的志向就是治理好国家，复兴汉室，以报答刘备的知遇之恩。所以，他回信给李严说："你我认识这么久，你还是不了解我。我受先帝（刘备）知遇，位极人臣，现在讨伐曹贼还未成功，没有报答先帝的知遇之恩，你却要我效仿当年齐国的田氏，晋国的韩、赵、魏三卿，利用朝廷的宠信来谋取私利，那不合义理。如果能够兴复汉室，消灭曹魏，斩杀曹叡，让陛下还居故都，那么十锡都可以接受，何况九锡呢？"诸葛亮在信中再次表明了自己的心意，同时规劝李严要尽忠为国，以统一大业为重。

第四节　再图陇右

诸葛亮前几次出兵北伐虽然收获不大，但还是给曹魏造成了很大的压力。而孙权称帝，公开与曹魏为敌，也意味着无论蜀、吴联盟是否存在，魏军都要继续两面作战。

孙权称帝后，诸葛亮便不再委屈自己，配合东吴出兵了。在加强汉中的防守以后，他又开始谋划北伐。

此时，魏军在淮南战场吃瘪后，孙权又叫嚣着要进军合肥，结果却是雷声大雨点小。曹叡迫切想要扭转被动防守的局面，转守为攻，刚接任大司马一职的曹真提议伐蜀。曹真与诸葛亮几次交手，认为应该把进攻汉中作为重点，从郿县经褒斜谷直取汉中。曹叡也觉得暂时还无法收复荆州和淮南，那就先打汉中。但司空陈群认为褒斜谷多险阻，难以进退。于是，曹叡命大司马曹真率主力改由子午道进发；大将军司马懿率军溯汉水而上，与曹真在汉中会师；张郃则从褒斜道进兵，直指汉中。

蜀汉建兴八年（230年），曹魏三路大军出发了。

魏军来势汹汹，诸葛亮虽然只有三万多人马驻守汉中，但他镇定自若。他预料到魏军不会以太大的代价来夺取汉中。不过，为了确保万无一失，他下令加强成固（今陕西省汉中市城固县附近）、赤阪（今陕西省汉中市洋县附近）等要地的防守，同时要求李严调派二万人准备增援汉中，又上表后主刘禅，任命李严之子李丰为江州都督，防卫后方。

曹真率主力朝子午谷进发，前锋夏侯霸先大军一步，进至兴势（今陕西省汉中市洋县北），在曲折的谷中下营，被蜀地百姓看到，告知蜀军攻击。魏军抵挡不住，幸好夏侯霸临危不惧，亲赴鹿角阵前指挥，就地建垒防御，待援军解围。

司马懿从荆州溯汉水出西城，开拓道路，水陆并进，沿着汉水逆流而上，直达朐忍（今重庆市云阳县），攻克新丰县，驻军丹口。这时下起了大雨，持续多日不止，平地水深三尺，士兵们无法睡觉，马无草料，军无战心。曹真所率主力也因为道路艰险、栈道断绝，走了一个月才前进了一半路程。华歆、杨阜、王肃上疏劝魏明帝曹叡下诏撤军，至九月，三路大军受诏撤退。

魏军主力撤退后，因为从雍、凉方向前来策应的郭淮、费曜两部人马动向不明，诸葛亮派吴懿、魏延两员老将率一支偏师进入雍州南安地界，攻打曹魏凉州地区。当吴懿、魏延率军进至阳溪一带时，与郭淮、费曜的雍凉军团遭遇，蜀军克服地形上的劣势，主动出击，一举歼敌千余人，还夺取、烧毁了魏军的不少军备粮草。

蜀汉建兴八年（230年）夏至次年春，曹魏多地大旱，一连半年没有下雨，粮食减产，以关中、雍凉的灾情最为严重。诸葛亮判断曹魏军粮困难，决定再次出师北伐。这时，占据武都、阴平的作用也体现出来了，诸葛亮打通了与北方少数民族的陆上联系，联络鲜卑轲比能起兵攻占石城，响应蜀军。

蜀汉建兴九年（231年）二月，四万蜀军出阳平关，进抵祁山，包围了祁山堡，并用木牛流马运粮，以困住敌人。

此时魏国大司马曹真已经病逝，魏明帝曹叡找来司马懿说："西方有事，除了爱卿，再没有别人可以托付了。"于是派司马懿西驻长安，都督左将军张郃、雍州刺史郭淮防御蜀军。

司马懿率大军进至隃糜（今陕西省宝鸡市千阳县东）后，与部将商议用兵之计。张郃劝司马懿分兵驻扎雍（今陕西省宝鸡市凤翔区）、郿两地，以作大军后镇。张郃的用意是让前军到祁山迎战诸葛亮，再以后军截断诸葛亮的退路，力图把蜀军全部歼灭于陇右。但司马懿没有接受他的建议，分析说："分兵两路后，若前军能独当诸葛亮，当然可以这么做；若不能独当，把兵力分为前后两路，会被诸葛亮各个击破。"于是，他命令部将费曜、戴陵率四千人守上邽，然后自率主力西救祁山。

诸葛亮听说魏军援军将至，于是分兵两路，自率主力迎击司马懿，留下王平、张嶷、吴班等人继续围攻祁山堡。王平等人吸取久围陈仓不克的教训，在祁山堡东北面的卤城筑垒扎寨，采取"围点打援"的战术。

卤城位于祁山堡与上邽之间，司马懿进至卤城时，发现诸葛亮的人马已经到了这里，便不急于去救援祁山堡了。他分析认为，诸葛亮肯定是利用他急于救援的心理，想在卤城与他大战一场，如果贸然前去解围，势必中了诸葛亮的"妙计"。祁山堡地势险固，蜀军一时半会也攻不下来，等蜀军真的攻城了再赶过去也不迟；另外司马懿料定诸葛亮知道魏军在上邽已经做好了准备，以诸葛亮谨慎的性格，应该不敢来上邽，所以这两城都暂时不会有危险。相反，不论是突破蜀军在卤城的阻截去救援祁山堡，还是切断蜀军粮道，都必然是在野外作战，远没有依城据险而守合算。于是，司马懿就在卤城对面登山掘营，与诸葛亮对峙。

诸葛亮见司马懿不上当，干脆直接率主力东进，攻打防守力量薄弱的上邽。郭淮、费曜开始还以为蜀军是真的要来攻城，赶紧加固城防。但诸葛亮只以少数人马佯攻，而让大部人马去抢割麦子。因为有些麦子还未成熟，只破坏了麦田。

郭淮见诸葛亮无意攻城，便想夜袭蜀军，以保护麦田。但他以四千人对抗蜀军主力，即便寻机偷袭，显然也非明智之举。诸葛亮料到魏军会出此招，于是抓住这个难得的机会，派大将魏延、高翔、吴班分三路出击，很快将郭淮、费曜打败。

司马懿见诸葛亮跑到自己的后面去了，一面令张郃去攻打祁山堡，一面紧急率军去救援上邽。这时，诸葛亮的三支人马已经在上邽附近布好了阵势。就这样，诸葛亮运用迂回战术，将预设于卤城的主战场转移到了上邽。

诸葛亮第一次和司马懿在上邽正面交锋，就给予了他沉重的打击。据《汉晋春秋》记载，此战诸葛亮派魏延、高翔、吴班整军迎战,大破魏军,"获甲首三千级、玄铠五千领、角弩三千一百张"。

司马懿从上邽退回了卤城对面的营寨,而张郃也没有攻下祁山堡。双方各自退守险地,相持不战。

魏军虽然首战失利,但蜀军的兵力、兵种其实都处于劣势。魏军将领数次请战,司马懿都不准,诸将心生不满,便讥笑他:"您畏惧诸葛亮就像畏惧老虎一样,要让天下人笑话吗!"但司马懿毫不在意,依然坚持这种龟缩的战术。从司马懿的角度来看,只要自己可以坚守下去,蜀军就会因为粮草耗尽而退兵。

敌不动,我不动,先动必然会被动挨打。诸葛亮自然明白这个道理。他却采取了一个令人不解的冒险行动——撤了对祁山的包围,下令全部军队向卤城集中。司马懿乘机派张郃打通了与祁山堡的联络,然后攻打卤城以南的王平,进逼蜀军;他自己则率部进攻卤城以北,力图以钳形攻势,击败诸葛亮所率主力。由于王平坚守不动,张郃无法得手,钳形攻势最终未能形成。

诸葛亮夺取了魏军屯田多时好不容易成熟的陇右小麦,同时又有木牛流马源源不断地运送粮草。魏军首次面临比蜀军更严重的粮草危机。魏国准备从关中地区运送粮草到前线,郭淮又出面强征陇右少数民族地区的粮草,终于勉强解决粮草危机。关键时刻,谁能挺下去,谁就能取得这场战争的胜利。

至六月,诸葛亮的后勤补给线出现了严重的问题,粮草接应不上,而且又收到了后主刘禅下达的圣旨,令北伐军撤退。诸葛亮满心疑惑,但也无可奈何,只得引军撤退。

司马懿得报，立即派遣张郃去追击蜀军。张郃认为，对于正向本土撤退的部队不要去阻截，对于被包围的敌军要预留缺口，现在诸葛亮并没有在战场上失利，撤退过程也井然有序，一定会提前做好周密部署，防止被曹军追杀。但司马懿的基本战术是"敌进我避，敌退我追"，坚持要追击蜀军。张郃无奈，只得领兵而去。

诸葛亮见魏军尾追而来，便在自天水经祁山返回汉中的一条主道——木门道布下埋伏。张郃追至木门道口，魏延、关兴各率一支人马迎战。魏延与张郃战不到二十回合，便拍马朝木门道内跑去，张郃奋勇追赶至木门谷，蜀军在山坡上居高临下，万箭齐发，魏军死伤无数。张郃也被射中右膝，因伤势过重，不久死去。

这次北伐，诸葛亮虽然大败魏军，但由于粮草问题而被迫退军，仍然没有完成占据陇右的初期战略目标。

诸葛亮退军后，司马懿的军师杜袭、督军薛悌认为诸葛亮在明年麦熟时还会入侵，在陇右建立据点是诸葛亮北伐的第一个目标，于是建议趁冬天调运粮草，解决陇右粮少的问题。

司马懿则不以为然，以他谋略家的眼光作出预测："诸葛亮第二次北出祁山，费尽九牛二虎之力攻打陈仓，结果严重受挫，无功而返。即使他以后再出关征伐，也不会再强行攻克坚城，肯定是寻求野战，且一定会把战场选在陇东，而绝不会在陇西。他每次都因为粮草少而留下遗恨，这次回去后肯定会囤积足够的粮草才出兵。以我的估计，没有三年的时间，他是不会贸然出兵的。"

第十二章 鞠躬尽瘁

第一节　屯粮练兵以备战

诸葛亮从祁山撤军回到汉中，心中的疑团一直没能解开，他正想回成都面见后主刘禅，弄清楚这次下旨撤军到底是怎么回事，没想到负责后勤补给的李严已经抢先一步呈送奏折给后主。奏折中说："臣已经准备好了军粮，即将运送到丞相大军那里，不知道丞相为什么忽然班师？"

后主刘禅闻奏很不高兴，当即派尚书费祎赶到汉中，向诸葛亮询问班师的缘由，口头传达后主的旨意。

诸葛亮听了更是惊愕："不是陛下下旨撤军的吗？"

费祎说："李将军奏称军粮已经准备好，丞相却无故回师，陛下特地派我来问个明白。"

诸葛亮闻言大怒，马上派人调查此事。原来，诸葛亮北伐时，李严负责运送粮草等物资。时值夏秋之季，阴雨连绵，粮草运输不太顺利，李严担心诸葛亮问罪，于是派参军狐忠传话给诸葛亮，让他退军。

事后，李严担心事情败露而获罪，打算杀死督运领岑述，让他背锅，又上奏后主刘禅诬陷诸葛亮。蜀军撤回时，李严托病逃到沮县，又跑到江州，后来为狐忠所劝阻。

事情水落石出后，诸葛亮愤怒地说："匹夫为一己私利，误了国家大事！"

实际上，李严为一己之利所做的事情并不止这一件。之前有一次，诸葛亮得知曹魏三路大军要进取汉中，连忙调派李严率二万人去支援汉中。李严当时任都护，驻守江州，他不满被调离江州，私下传言给诸葛亮，说司马懿等已经设置了大将军官署职位来诱降他，但他没有答应。诸葛亮怎会不明白他的真实用意，于是上表迁李严为骠骑将军，又让他的儿子李丰接替都护，主持江州防务，李严这才愿意支援汉中。

凡此种种，不仅激怒了诸葛亮，也使魏延、吴懿、王平等前线将士非常愤怒。回到成都后，诸葛亮先是直接出示李严明显前后不符的书信及公文，揭露其罪状，李严理屈词穷，只得低头认罪。随后，诸葛亮联合群臣上奏后主刘禅，将李严废为庶人。

惩处李严，也是对文武百官的警示。诸葛亮要求众臣凝神聚力，为了实现先主刘备的遗愿——北定中原，攘除奸凶，兴复汉室，还于旧都，为了蜀汉生存与长治久安，同心同德，共克时艰；坚定信念，不惧生死；效国为民，功名不入心。

接下来的几年，蜀汉的军政事务依然是以北伐为重心，积草屯粮，讲阵论武，整治军器，存恤将士……诸葛亮夙兴夜寐，事必躬亲。

有人说诸葛亮事必躬亲，是不舍得放权，也有人说他是出于无奈，因为蜀汉人才相对匮乏，其实，更重要的原因应该是性格。有人曾评价说"诸葛一生唯谨慎"，很多事他都要亲自把关，所以才会出现"事必躬亲"的状况。后来有人认为他是"累死"的，也不无道理。因为过于关切政事，他甚至亲自考核文书簿册，以致日夜操劳，十分辛苦，这对一个人的精力是极大的消耗。

当时的丞相主簿杨颙还直言规劝诸葛亮说：

"治理国家要有分别，上下级的职责不能相互混淆。请让我以您为一家之主来比喻：如今有一个人在这里，让奴隶负责耕种，婢女负责烧火煮饭，公鸡负责早上报时，狗负责在出现盗贼时叫唤，牛负重，马载人出行，私人的事情一件也没有耽误，所需都很充足，生活舒缓无忧，所需要做的只有饮食。突然有一天，主人想要亲自去做这些事，不再把事情交给别人去做，因为这些琐碎的事务，身体疲劳，精神困倦，最终没有一件成功。难道他的智力不如奴隶、婢女、公鸡和狗吗？当然不是。他之所以没有做成一件事情，是因为这违背了作为一家之主的原则。

"所以古人说：'坐着谈论道理的人为三公，起身去做事的人为卿大夫。'邴吉不去理会路上的尸体，而担心牛因炎热而喘气；陈平不会回答关于国家赋税的问题，认为自然会有人负责。

他们都尽到了自己的职责。如今您治理国家,亲自考核文书簿册,整天辛苦流汗,不是十分艰劳吗?"

诸葛亮听了,对杨颙表示感谢。他虽然听进去了杨颙的劝谏,但并没有改变。后来杨颙在任上去世,诸葛亮十分悲痛。不久,丞相西曹令史赖厷也去世了。诸葛亮在写给留府长史张裔、参军蒋琬的信中说:"令史失去了赖厷,掾属失去了杨颙,这是朝廷的重大损失啊!"

光阴荏苒,一晃又是三年。蜀军不仅补充了第四次北伐的作战消耗,整体实力有所增强,全国总兵力超过十五万人,除去驻守地方的部队,可用于长期征伐的约有十万人,而且因多年实行"闭境劝农,育养民物"的政策,蜀汉的经济基础日益牢固。诸葛亮对军备粮草格外重视,吸取两次因粮草不济而被迫退军的教训,用木牛流马作为运输工具,克服蜀道上的困难险阻,在汉中的两个基地囤积粮食。

蜀汉建兴十二年(234年)春,诸葛亮入朝呈奏后主刘禅,奏疏中说:"臣下慰劳救济将士,已经整整三年了。如今粮草丰足,军器完备,人马雄壮,可以讨伐曹魏。此次若不扫清曹魏奸臣乱党,恢复中原,誓不回来见陛下!"

刘禅说:"现在三国已成鼎足之势,吴、魏两国都不曾入侵我国,大家相安无事,不是很好吗?相父何不安享太平?"

这个问题,诸葛亮何曾没有想过。蜀国依仗险要的地势,苟安于一隅,凭借天险和丰富的物产,能自成一国,对中原来说却是封闭、匮乏的,与日益强大的魏国、吴国相比,只会越来越落后，差距越来越大。天下一统，是历史发展的必然规律，只要其中一国足够强大，鼎立之势就将不复存在，偏安一隅者终不得偏安。况且，蜀汉是国之正统，匡扶汉室是蜀国的神圣使命，也是先主刘备的遗愿。

对诸葛亮来说，不管这一宏愿最终能否实现，都要慎终如始，鞠躬尽瘁，死而后已。所以，他回答刘禅说："臣下受先主知遇之恩，始终牢记先主遗愿，就是睡觉做梦，也在想着讨伐曹魏的策略，竭力为国效力、为陛下尽忠。克复中原，重兴汉室，这是臣下毕生的心愿。"

面对诸葛亮的肺腑之言，刘禅除了点头答应，还能说什么呢？

不过，并不是所有文武百官都跟诸葛亮一样，愿意为蜀汉拼死一搏，希望苟安一隅、贪图享乐的人不在少数。他们反对北伐，在大义上讲不过，便借天象异兆来说事。太史谯周说："近有群鸟数万，自南飞来，投于汉水而死，此乃不祥之兆。臣又观天象，见奎星躔于太白之分，盛气在北，不利伐魏。"

诸葛亮对天象的研究并不亚于谯周，他斥责道："我受先主重托，当竭尽全力讨伐奸贼，怎么能因为这些不值一提的异象，就耽误国家大事呢？"

就在诸葛亮点将出师之际，又有传言说，征西将军魏延梦到自己头上生角，问于占梦术士赵直，赵直说："麒麟的头上有角，虽然从来没有用过，却是圣兽，这表明接下来的战事会很顺利，可以不战而屈人之兵。"但赵直背地里又对人说："角这个字,拆开就是'用刀'两个字,头上用刀,十分凶险啊!"

接着,关兴年纪轻轻,却突然病逝。诸葛亮十分难过,叹息道:"可怜忠义之人,都不长寿!"这时,他也开始为点将发愁。蜀中高级将领现在还有魏延、吴懿、马岱、姜维、廖化、王平、周仓、吴班、高翔、傅佥,以及镇守南中的马忠、张嶷、张翼……诸葛亮很欣赏智勇双全的虎步军统领姜维,于是提升他为中监军、征西将军,担任本次北伐的护军;前军师、征西大将军魏延则担任先锋;诸葛亮自领主力八万余人,再次出征北伐。长史杨仪、司马费祎等人随征。

大军出动前,诸葛亮还派使臣到东吴,希望孙权能同时发兵攻魏。孙权叫嚷着要攻打合淝好几年了,也应该有所行动了。

正如司马懿估计的一样,诸葛亮放弃了出祁山,一路攻打陇右城堡的老套路,直接走"连峰叠嶂开"的褒斜谷道,很难想象八万大军走褒斜谷道是何等景象。褒斜谷道中间分岔,一条往陈仓,一条通郿县。用了差不多两个月的时间,蜀军才抵近郿县,进驻渭水之南。从这里,既可东进长安,也可西取陇右。

此时,司马懿已率军渡过渭河,在渭河南背水筑垒坚守。他认为,如果蜀军依山东出武功(今陕西省咸阳市武功县),魏军的形势会比较困难;若蜀军西上五丈原,则魏军就没有什么危险了。

雍州刺史、扬武将军郭淮非常担忧地说:"诸葛孔明必定会争夺北原(今陕西省宝鸡市眉县西北渭河北岸),我们还是先派兵占据为好。"

但司马懿和其他将领都不以为然。为了沟通渭水南北，司马懿命先锋夏侯霸、夏侯威在渭水的几个河段架起了九座浮桥，并在大本营东侧高地筑建了城堡。

诸葛亮也以为司马懿会在渭北驻守，没想到他却跑到渭南来了，完全挡住了蜀军东出武功的道路，蜀军再想往东去，必须要打垮司马懿的防军。诸葛亮别无选择，于是选择西上五丈原（今陕西省宝鸡市岐山县境内）。

第二节　葫芦谷的雨

五丈原位于褒斜谷口西侧，背靠秦岭，面向渭河，西北与北原相接，地势高而险。诸葛亮率北征大军来到这里后，利用五行八卦的原理扎营立寨。

这时，魏军又开始分析蜀军的兵锋指向。究竟是东进长安，还是西取陇右，诸将各持己见，争论不休。郭淮说："如果诸葛孔明抢先渡过渭水，占领北原，连兵北山，就可以和北部山区的叛乱势力联合起来，切断通往陇西的道路，届时雍州地区到处战火弥漫，对我们非常不利。"

这一次郭淮说对了，司马懿见诸葛亮要去抢占北原，立刻让郭淮前去防守。所以，当蜀军赶到时，魏军早已严阵以待。

诸葛亮西取北原无果，又试图往东前行，派特种部队虎步军进袭武功县。虎步监孟琰率部扎营于武功水东岸，时值夏天，河水泛滥，阻断了诸葛亮和孟琰的联系。司马懿乘机对虎步军营地发起进攻，二十日内出动精骑兵一万余人。

诸葛亮治军最大的遗憾，就是没有像魏军那样成建制的骑兵。为了给虎步军解围，他立刻派出工兵去架桥，并让连弩士猛烈射击魏军。等到司马懿赶来，桥已经架好，虎步军顺利撤出。

诸葛亮一直在寻求战机和突破口，但狡猾多疑的司马懿处处谨小慎微，几无破绽。

诸葛亮又想往西攻打阳遂（故址在北原东，即今陕西省宝鸡市眉县西之渭水北），于是派出了一支疑旗兵。为了掩人耳目，诸葛亮率军西行，魏军诸将都认为他是要进攻西围，唯有郭淮认为诸葛亮如此大张旗鼓地西进，必定是在声东击西，调动魏军主力西援，以便趁机渡渭河向东进攻阳遂。当天晚上，蜀军果然攻打阳遂，但因魏军早有防备，袭击行动失败，蜀军未能成功渡过渭河。

蜀汉建兴十二年（234年）五月，孙权再一次打响了合淝战役。吴军进驻巢湖口，自称水陆十万兵马，分兵三路北伐：孙权亲自率兵攻向合淝新城；陆逊、诸葛瑾率一万余人进驻江夏、沔口，攻向襄阳；孙韶、张承率一万余人向广陵、淮阳进逼。

魏明帝曹叡考虑到西、南两面作战的压力，诏令司马懿：宜坚壁固守，勿与交锋。蜀兵不得志，必诈退诱敌，卿慎勿追。待彼粮尽，必将自走，然后乘虚攻之。

司马懿本来就在尽力避免与蜀军正面交锋，这下有了皇帝的最高指示，他就更加淡定了，于是高挂免战牌，打算"以逸待劳"，耗死蜀军。

最着急的人自然是诸葛亮。现在东、西两个方向都无法突破，不出新招恐怕是不行了。所谓"上兵伐谋"，既然司马懿想打持久战，那就只能奉陪了。诸葛亮想到，蜀军几次北伐都是因为粮草不济而被迫退军，导致功败垂成。于是，他开始在渭、滨一带屯田生产粮食，百姓亦相安无事，一切如常。当时渭水和斜水岸边有很多荒地，蜀军便开垦荒地，然后种上水稻。后来这些水田被称为"诸葛田"。

在两军交战之际屯田，精明透顶、心思缜密的司马懿会相信吗？毫无疑问，诸葛亮屯田是假，以屯田引诱魏军前来进攻是真。蜀军和当地百姓一起假装种田——其实百姓们在三月份就已经种下去了，同时在附近部署了精锐部队，等待魏军中计。这也是一种心理战，意在向魏军宣示：蜀军都在这里屯田了，谁能坚持到最后，还要拭目以待。

司马懿自然不会那么容易上当，诸葛亮还得一步步地把他引入自己在葫芦谷设下的圈套中。

据说在郿县还真的有像葫芦一样的山谷，谷底入口窄、腹地阔，两边高、中部低，形状像一个巨大的葫芦，故称葫芦谷。

有一天，诸葛亮安排部属储运粮草后，亲自去察看四周的地形，筹划作战方案。他在渭河边走着，发现一条弯弯曲曲的羊肠小道，一直延伸到长满乱草杂木的坡地，然后又进入深谷。他进入谷内仔细查看，只见谷地处于两山之间，地势低洼，入口处狭窄，每次只能容纳一人一马通过，谷内有一块平地，像个巨大的葫芦肚。

诸葛亮看着眼前的地势,脑子里突然灵光一闪,想出一个歼敌妙计——如果蜀军屯田种粮还不足以引起司马懿的重视,那么把这里变成一个巨大的粮食仓库,难道他还会没有兴趣吗?他又仔细考虑一些细节,然后开始布局。

魏军这边,由于司马懿坚守不战,他的儿子司马师说:"蜀军劫去我们许多粮米,现在又命令军士和我们的百姓一起在渭水边上屯田,看起来是要长驻,这样下去实在是国家的大患。父亲大人为什么不跟诸葛孔明约个时间大战一场,以决出雌雄呢?"

司马懿说:"为父奉旨坚守,岂能轻举妄动?再说,种庄稼不是一天两天就能成熟的,我们有的是时间去铲除。"

这时,夏侯霸插嘴道:"大都督,蜀军并不只是种地,他们还用一种古怪的运粮工具,日夜不停地往一个谷地运送粮食呢。"

司马懿闻言略感惊讶,问道:"运粮?从哪里运到哪里,运了多少?"

夏侯霸回答说:"据精骑探哨报告,蜀军把粮食运到距离我营二十几里的一个谷地,他们的运输工具叫'木牛流马',估计有三四十辆,已经连续运粮三天了,粮食应该有不少。"

司马懿一听顿时来了精神,当即命令夏侯霸领一队人马去抢几部"木牛流马"运输车来,看看究竟是什么东西;同时让司马师去探查那个谷地的位置,弄清蜀军到底藏了多少粮食。

两人领命而去,司马懿陷入沉思之中。

第二天,夏侯霸就把抢来的两辆"木牛流马"摆在了司马懿面前。司马懿仔仔细细看了几遍,赞叹道:"真是精巧奇工啊!"然后又看向司马师,问道:"那个藏粮的谷地查清楚了吗?"

司马师面露愧色,说:"我们查看了谷地的外部地形,那里长有百余丈,有一条羊肠小道从高坡处直入谷地。因为有上千个蜀军看守,我们没能靠太近,更无法得知里面藏了多少粮食。"

司马昭说:"要知道谷地里面藏了多少粮食也不难,明天蜀军应该还会往里运粮,我们暗中观察他们有多少辆车,每辆车运多少粮,估计一个大概的数量是没问题的。"司马懿点了点头。

又过了两天,夏侯霸的精骑又缴获一辆"木牛流马",并抓来三个运粮的人。司马懿亲自审问,这几个人除了说粮食是从汉中运来,已经运了七八天外,其他的一概不知。司马懿没有再逼问,他已经相信那个谷地就是蜀军的一个隐秘大粮库了。

这天清晨,司马懿正在思考如何夺取或烧毁蜀军的粮食,忽有探哨来报:诸葛亮率蜀军主力去攻打西围了。司马懿闻报心中大喜,立即下令夏侯霸、夏侯威各率精骑三千,先击退看守粮食的蜀军,然后向蜀军营地逼近;他自己亲率张虎和乐綝的虎、豹二营去劫粮,劫不走就地烧毁。同时,他命令郭淮、孙礼在蜀军主力进攻西围时主动撤向陈仓,以诱敌主力深入。

在夏侯霸、夏侯威的精骑出发小半个时辰后,司马懿也随虎、豹二营出动。早晨的阳光明媚和煦,暖风习习,飘来阵阵草木的清香。司马昭第一次随父出征,骑马走在渭水边,眼前的情景让他有了作诗的冲动。

二十几里的路程，两营步卒跟在司马懿马后一路小跑，仅一个时辰就来到了谷地。到后发现这里已是一片狼藉，显然刚刚经历过一场激烈的战斗。不过，司马懿并不关心战斗的胜负，而急于去察看预估超过千石的粮食。谷口狭窄只能单骑出入，司马懿下马率先进入，几个侍从赶紧跟进。司马师、司马昭也随虎营的一队士卒鱼贯而入。

从谷口越往里走越宽敞，两边有木栅栏，还有用树木、茅草搭建的天盖，应该是用来遮阳挡雨的。司马昭鼻子比较灵敏，闻到了桐油、硫黄的味道，但他没有太在意。司马懿又往前走了三四十步，仍然没见到粮食，只有一堆又一堆的稻草。司马懿脑袋轰地一下如遭雷击：上当了！这次竟然自投死地！

司马懿还没回过神来，头上便有元数火箭射下，点燃了谷地里的稻草、桐油、硫黄，瞬间浓烟滚滚，火光四起。谷地两边的高地上，蜀军喊杀声震天动地，箭如飞蝗。司马懿一时慌了手脚，赶紧往谷口跑。可是谷口太窄，一拥而至的士卒们拼命推挤、踩踏，而谷口早被死伤者堵住，不少士卒还未跑到谷口就被活活烧死。司马懿和两个儿子司马师、司马昭都被大火包围，硫黄呛鼻的气味使他们咳嗽流泪不止，呼吸越来越困难。司马懿哽咽着说："是为父把你们害了，司马家完了！"司马师和司马昭都抱住父亲，号啕大哭起来。

也是司马懿命不该绝，紧急时刻，天空中一大团乌云被一声闷雷炸开，云团像一个巨大无比的黑锅底，裂开一道道口子，骤雨倾盆而下，很快就将谷地的大火浇灭了。司马懿带着两个儿子逃出谷口后，发疯般地叫道："天不亡我司马家啊！"

此时，外面的战斗还在继续。乐綝的豹营五百人在拼命抵抗，虎营被烧死百余人，剩余的人见司马懿逃了出来，赶紧掩护他撤退。廖化认出司马懿后，当即骑马追过去，一箭射中了司马懿的后肩。

诸葛亮正要下令追击，不料去袭击蜀军营地的夏侯霸、夏侯威两支精骑已经赶回，拦住蜀军，且战且退。眼看着司马懿是追不上了，诸葛亮叹息道："谋事在人，成事在天。实在是不能强求！"

诸葛亮精通天象地理，千算万算，却没有算到谷地这块小地方会骤降暴雨，无法用他所掌握的常识和一向精准的预测奥理来解释，只能归结为一切都是天意。

第三节　风起五丈原

诸葛亮绞尽脑汁，给司马懿在谷地挖了一个大坑，最终却没能把司马懿埋葬在坑里，这让他既沮丧又无奈。渭河滔滔，西出鸟鼠山，东入黄河。望着滚滚而去的渭河水，诸葛亮心头更添了一丝惆怅。自出山以来，他南征北战、东伐西讨，但仍未能匡扶汉室。那宏伟的蓝图明晰可见却又始终无法触及，时光如流水，人生难得几回搏，只怕这次出征就是他的最后一搏了。

诸葛亮不知道自己心里何时产生了这样的想法，所以充满了紧迫感。他急于与司马懿展开决战，但司马懿自从在葫芦谷受挫后，似乎更加胆小了。诸葛亮多次派人到魏军营前挑战，司马懿始终坚守不出。

司马懿一味避战，难道就没有什么能惹恼他了吗？诸葛亮天天琢磨，还真的想到了一个好办法。他立刻传令魏延、马岱各领一支兵马渡过渭河，再沿河杀向武功县；王平、吴班、高翔乘木筏去烧掉魏军架设在渭河的浮桥；吴懿、姜维、廖化则渡河佯攻郿县。

诸葛亮如此大张旗鼓地出兵，司马懿自然很快就得到了消息，但他很不以为然地说："搞这么大的阵仗，看样子诸葛孔明是真着急了。"他只派兵加强浮桥的防守，对郿县、武功县一点也不担心。

王平领兵乘百余只木筏沿渭河而下，遇到浮桥便放火烧掉。守桥的魏军也不出寨，只是一个劲地放箭。蜀军一连烧了八座浮桥，都没有遇到激烈的抵抗。眼看只剩下最后一座桥了，王平正要下令放火，忽然听到岸上传来阵阵喊杀声，他抬头望去，只见渭河两边有无数魏军冲杀过来。王平心知大事不妙，忙令高翔率一部人马上北岸往回冲杀，他自己和吴班领一部人马从水上且战且退。

魏军的营寨在南岸，王平的木筏便尽量靠近北岸行驶，与岸上高翔的人马形成合力，经过两个多时辰的激战，他们杀退北岸的魏军，越过了南岸的营寨。魏军也不追赶，王平停下来清点人马，伤亡三百余人；吴班此役受了重伤，还没有回到营地就去世了。

这次行动没有把司马懿引出来，反而使蜀军蒙受了很大的损失，并且失去了一位大将，诸葛亮十分伤心和自责，两行泪悄然滑落。

此后，诸葛亮每天派一员大将率部到司马懿营寨前骂阵，但司马懿充耳不闻，坚守不出。

诸葛亮见用一般手段刺激不了司马懿，又想出了一个损招，拿来一个盒子，里面装上女人的头巾和缟素衣服，派使者送给司马懿。这份礼物暗指司马懿胆小得像一个妇人，甚至连女人也不如。司马懿看罢心中大怒，但他接受了衣物，强行挤出笑脸，说道："诸葛孔明看我像妇人吗？"

送走诸葛亮的使者后，司马懿的怒气很快就消了。将领们却受不了了，纷纷请命出战。为了平息部属的不满情绪，司马懿故意装出愤怒的样子，上表魏明帝曹叡请战。曹叡不同意，还派了股肱之臣辛毗杖节而来，做司马懿的军师，以节制其行动。

辛毗到达后，蜀将姜维对诸葛亮说："辛毗杖节而至，司马奸贼再也不敢出战了。"

诸葛亮说："是他自己怯战。如果他真的有胆出战，哪里会在乎曹叡的指示？所谓'将在外，君命有所不受'，根本用不着千里之外去请旨。"

不久，诸葛亮又给司马懿写了一封亲笔信，司马懿读了来信，觉得诸葛亮之所以这样一而再再而三地挑衅，软硬兼施，一定是快要支持不住了。想到这里，他向使者打听诸葛亮的饮食起居，问道："诸葛丞相整日忙于军务，身体还好吧？"使者说："丞相事必躬亲，早起晚睡，凡是二十杖以上的责罚，都亲自批阅；只是近来进食很少。"

司马懿一听就明白了。诸葛亮少食多事，如此劳心费神，岂能不病？如果自己再略施小计，一定可以给诸葛亮带来更大的心理压力，加重他的病情。于是，司马懿热情地邀请诸葛亮的使者到自己营寨里参观，并留他吃饭。

使者回来向诸葛亮汇报，诸葛亮脸上露出一抹凝重。这时，又有信使送来东吴那边的战报：魏主曹叡亲自率领大军抗击吴军，兵到巢湖口时，满宠乘吴军松懈，连夜去劫吴军水寨，吴军大败。陆逊建议将包围新城的兵将调出，去截断魏军归路。不料这封重要的信件被巡逻的魏军截住，陆逊只好另想对策。由于天气炎热，吴军染病者众多，在孙权的要求下，陆逊缓缓将兵马撤回江东。

诸葛亮还没等信使说完，心里一着急，一口鲜血从口中喷了出来。杨仪见诸葛亮吐血了，忙扶他到行军床上去休息。

诸葛亮刚躺下，又一翻身爬起来，屏退左右，独自出营巡视，一阵阵秋风吹来，他冷不丁打了个寒战。

夜幕降临时，他眺望四野，一切都变得朦朦胧胧，秦岭的峭壁凌崖被磨去了棱角之后，显得柔和了许多；滔滔渭水似乎疲劳了，渐渐安静下来；羊肠小道、幽幽河谷也被夜幕掩盖，完全没有了战争的影子和痕迹……往东望去，魏军的营帐已亮起星星点点的火光。诸葛亮嘴角牵动,喟然轻叹:这是一片多美的山河啊!

诸葛亮正伤感之时,一股阴风从河谷漫卷而来,荒草丛木簌簌有声。他又打了一个冷战,似乎这风侵入了他的身体,使他的身子一下子变得冰凉,额头却烫得吓人。

诸葛亮病倒了。昏昏沉沉地睡了一夜,第二天起来,他脑子里还是一片混沌。此时,他最关心的是八万大军的进退生死。他强撑着身子想去巡营,周仓忙把车子推来,但他摆手拒绝了。蜀军共有八寨四十一营,诸葛亮抱着病体,挨个查了一遍。

晚上,诸葛亮坐观天象,发现众多星群中,有一星群的主星明显变得黯淡了,心中不禁有些惊慌。他回到帅帐中,对姜维说:"我的生命已危在旦夕了!"

姜维惊讶地说:"丞相为何这样讲?"

诸葛亮说:"我夜观天象,在一星群中,主星明显暗淡无光,而这一颗正是我的本命星辰。"

姜维说:"末将不识天象,还请丞相不吝赐教。"

诸葛亮说:"几句话也很难讲得清楚,不如谈点别的吧。"

于是,他们开始讨论军中之事,诸葛亮想以此考察姜维是不是有统帅大军的胆略和才干。在做出最后的决定以后,他一脸凝重地对姜维说:"军中老将魏延、吴懿本当大用,只因二人资历老,平素多不服于人,我死后,只怕无人能够驾驭,还是多启用后起之秀为妥。"

姜维见诸葛亮跟自己推心置腹,明显感觉到丞相对自己的信任,他对诸葛亮说:"军队是一国支柱,末将何德何能堪当此大任,只怕有负丞相重托。"

诸葛亮接着说:"我本想竭忠尽力,恢复中原,重兴汉室,怎奈天意不如我所愿。我自知天命将尽,现将平生所学传授于你,今已著书二十四篇,内容有关于八务、七戒、六恐、五俱之法,虽然算不得精奥至深,但军中诸将能够领会的也只有你了。千万不要轻慢忽视了它。"

姜维闻言,激动得热泪纵横,跪下恭敬地接受了。

诸葛亮又说:"我有'连弩'之法,方法是矢长八寸,一弓可以发出十支箭,还没来得及布阵运用,前几次小试,收效不错。今已画成制造和布阵图本,你可以根据图法使用。"姜维连连点头。

诸葛亮又嘱咐姜维说,以后用兵仅利用汉中的两个基地是不够的。我军没有强大的骑兵,出关路途艰险,翻越秦岭更是险阻重重,还没等走出谷道,魏军就已经严阵以待了。所以要特别留意阴平、武都这两个地方。

随后,诸葛亮又召长史杨仪、司马费祎入帐,交代行政事务及如何稳定军心,防止兵乱或投敌等问题。他让杨仪暂代他掌管兵符印绶,又让费祎把军中各项要事据实旦奏后主刘禅。他自己也写了一封遗表:

"臣诸葛亮天性愚拙,恰逢艰难时世,专掌调度,起兵北伐,尚未获得成功;怎奈病入膏肓,生命危在旦夕,不能再侍奉陛下,遗恨无穷!希望陛下以后能够清心寡欲,约束自己,关爱百姓；给先帝尽孝道，为天下施仁德；提拔隐居的贤士，多听贤良之言；斥责奸邪，以使民风变得淳朴忠厚。

"臣家在成都还有八百棵桑树、十五顷薄田，子孙的吃穿用度可以自足，还略有盈余。而我在外面任职，没有别的，随身的衣食全都仰仗朝廷。臣死之日，不让家里有多余的财物，以免辜负了陛下。"

第四节　将星殒灭

《三国演义》中，在诸葛亮病逝前试图以道教的法事来祈求延长寿命，助自己继续完成使命，但并未成功。这段情节故事性很强，但正史中难以稽考，不辨真伪。不过，《三国志·诸葛亮传》注引《晋阳秋》记载："有星赤而芒角，自东北西南流，投于亮营，三投再还，往大还小。俄而亮卒。"这也给诸葛亮的死增添了一层神秘色彩。我们在此可以感受一代名臣贤相在生命的终点所展现出的无奈、悲凉和鞠躬尽瘁的高尚品质。

诸葛亮预感到自己即将油尽灯枯，所以早早安排好了自己的身后事。至八月十五中秋那天，诸葛亮已经不能站立行走，于是让周仓用车子推着他出寨巡营。他心心念念的仍是这支大军的存亡。

当天晚上，诸葛亮再一次观察星象。傍晚来临时，天边的红霞渐渐褪去，一轮明月缓缓升起，银河灿烂，繁星点点。诸葛亮搜寻到自己的本命星辰，只见主星幽隐，辅星昏黯，而客星却越来越明亮，他仔细推算，知道自己还有七天的寿命。这时，他突然有了一个奇怪的想法——运用祈禳之术，逆天改命。尽管逆天改命十分艰险，成功者也极为罕见，但他对五行八卦、相术、玄术的研究已经到了神乎其神的地步，所以决定死马当活马医，尝试一下。

回到帐中后，诸葛亮让姜维按照他交代的办法，布下一个阵法：摆设香花等祭物，地上分布着七盏大灯，周围环绕着四十九盏小灯，中间是一盏本命灯。然后，诸葛亮让姜维在大帐外面带领四十九人护阵，他自己则在帐内施法，并叮嘱说："闲杂人等，不要放进来。一切需用的东西，只叫两个小童进出搬运。如果七天之内主灯不灭，那我的寿命就能够增加十二年；如果主灯灭了，我便一定要死了。"

阵法布好后，诸葛亮开始施展祈禳之术，首先跪拜道："我生于黑暗乱世，原本想要终老于山野林泉，承蒙昭烈皇帝三顾之恩、托孤之重，不敢不竭尽犬马之劳，誓讨汉贼。今壮志未酬，不希望我的本命星辰就此坠落，阳寿终结。谨写下这幅尺素，上告苍天，伏拜以期天意慈悲，俯垂以鉴听我肺腑之言，延长我的谋算，使我能上报君恩、下救百姓，恢复汉朝的政权，将汉室江山永远延续下去。不敢有非分的祈祷，实是出于情真意切。"他祝祷完毕，继续施法。每天一次，连做七天。

第二天祝祷、施法后，诸葛亮依然在帐中处理军务。他想，蜀军此次北伐，即使不能东进长安，也要截断陇道，占据陇右。

如果这两地有一地不能得手，征讨曹魏奸贼就会是空梦一场。所以，魏延、廖化等一路人马向东与司马懿对峙，吴懿、马岱等一路人马伺机攻占陇道。

就在诸葛亮以祈禳之术续命的第五天晚上，司马懿在营寨中饮酒后，一时兴起，玩赏起霜天星月来，忽然发现星象有异动，他推算了一下，料定诸葛亮的病情一定加重了，于是对夏侯霸、夏侯威等人说道："我看到有一颗将星错位了，诸葛亮用不了多久就要死了。你们明天各自带领一千轻骑到五丈原去偷袭蜀军营地，但不可强攻，只是打探一下虚实。如果蜀军不出来应战，说明诸葛亮确实患了重病，我们就趁势攻打他们。"

第六天早晨，诸葛亮见主灯依然明亮，心中非常高兴。如果能坚持到明天夜里，就大功告成了。他在大帐中祝祷完毕，开始施法，披发执剑，踏罡步斗，压镇将星。姜维站在帐外护法，忽然听到营寨外面有呐喊之声，他刚要叫人去问问怎么回事，魏延突然走过来，大步跨进帐内，报告说："魏军精骑来袭营了！"

由于魏延快步如风，主灯摇曳了几下，竟灭了。魏延惶恐万状，急忙伏在地上请罪。姜维愤怒之余，拔剑便要斩杀魏延。诸葛亮阻止他说："这是我命中该绝，不是文长的过错。"

诸葛亮丢下手中的剑，哀叹一声："生死有命，即使祈祷也不能消除灾殃啊！"然后凝神静气，镇定地说："司马懿肯定是料到我生病了，所以派人来探听虚实。你们都去迎敌吧，打得越狠越好。"

诸葛亮刚吩咐完，就接连吐了几口血，卧床不起。他知道自己只能再活一天，需要采取一些紧急措施，于是召集杨仪、费祎、吴懿等人前来商议，决定退军。

诸葛亮还嘱咐杨仪说："我死以后，不要发丧，可以做一个大龛箱，将我的尸体坐放在龛中，在我口中放七粒米，脚下放一盏长明灯。军中各营像平常那样安静，千万不要举哀，这样我的将星就不会坠落。我军可叫后面的营寨先行，然后一个营一个营地慢慢撤退。如果司马懿派兵追赶，你可以布下阵势，擂鼓迎战。等他追上来时，把先前所雕的那座我的木像，置放在车上，推到阵前，让大小将士分列左右，司马懿见了一定大为惊疑，赶紧撤退。"杨仪含泪点头答应。

魏延、姜维率兵将夏侯霸、夏侯威赶出营寨外二十多里，他们回来后，诸葛亮叫魏延回营把守，而让姜维留下听命。他强支起身子，对姜维说："王平、廖化、吴班、高翔、傅佥等人，都是宁死尽忠之士，久经沙场，经常承担一些重要任务，完全可以信任委用。我死之后，凡事都要按照之前的章法行事。缓缓退兵，紧张而有序，不可慌急。你深通谋略，不必我多嘱咐。"然后把大军撤退断后的任务交给了姜维。

诸葛亮刚交代完毕，李福从成都匆匆赶来了。原来，后主刘禅接到费祎和诸葛亮的奏书后，马上让李福起程到军中向诸葛亮问安。

李福日夜兼程来到五丈原，总算见到了诸葛亮最后一面。此时诸葛亮脸色苍白，脸庞清癯，花白的头发仅用灰色帻巾略略一束，全都撒在瘦而宽的肩上，往日羽扇纶巾的洒脱之姿早已不再。

李福问安过后，诸葛亮流着眼泪说："我不幸在大业未成的半途死去，虚废了国家大事，得罪于天下。我死以后，你们要尽忠尽力，辅佐后主。国家以前的制度不要改变，我所用过的人，也不可轻易废掉。我的用兵之法，都已传授给了姜维，他自会继承我的遗志，为国出力。我命将要终结，得立即给天子上奏遗表了。"

谈完话后，李福离开营地返回成都，路上他突然想起一件很重要的事情，于是又折身返回。当他再次回到营地时，诸葛亮已陷入昏迷，众将慌作一团。李福见诸葛亮已昏厥不能讲话，哭着说道："我误了国家大事啊！"

过了一会儿，诸葛亮悠悠醒了过来，睁开眼睛环视众人，见李福还站在床前，对他说："我已经知道先生返回来的意思。"

李福说："我奉天子之命，请问丞相百年之后可任大事的人。刚才因过于匆忙，忘了问您，所以又回来了。"

诸葛亮说："我死之后，可任大事的人，蒋公琰（蒋琬字）比较适宜。"

李福道："公琰之后，谁可继任？"

诸葛亮说："费文伟（费祎字）可继任。"

李福又问："文伟之后，谁可继任？"

诸葛亮没有回答。众将忙近前察看，发现诸葛亮已经没了气息。

时建兴十二年（234年）八月，霜天寒地，星月无光，蜀汉丞相诸葛亮奄然归天，享年五十四岁。

杨仪、姜维遵诸葛亮之命，不敢举哀，依其遗嘱成殓，安置在龛中，派心腹将士三百人守护，然后传密令，各处营寨悄然无声——撤出。

与此同时，一直盯着蜀军营寨的司马懿似乎察觉到了异常情况，立刻派人去五丈原打探。当探马回报说蜀军已退兵时，他又一脸狐疑。他对付诸葛亮的一贯战术是"敌进我避，敌退我追"，但是，如果蜀军不是真的撤退呢，那岂不是又上了诸葛亮的当？

司马懿犹豫良久，决定再赌一次，以夏侯霸、夏侯威的精骑为前军，以张虎、乐綝的虎、豹二营为后军，杀向位于五丈原的蜀军营寨。当他发现蜀军早已人去营空时，又重施"敌退我追"的战术。司马昭极力劝阻说，不管蜀军是真退还是使诈，都不宜追击，免得出力不讨好。司马懿哪里肯听，命令各军加快追击步伐。

司马懿率军追至秦岭山脚下，远远望见蜀军就在前方，更加奋力追赶。这时，山后忽然一声炮响，山坡上喊声大作，前面的蜀军也回旗返鼓，树影中飘出中军大旗，上面写着一行大字：汉丞相诸葛亮。司马懿大惊失色，定睛细看，只见中军一帮将领簇拥着一辆四轮车从山后转出，车上端坐的正是诸葛亮。

眼看自己置身于险地，司马懿不敢停留，一边惊呼"又上当了"，一边下令全军撤退。

魏军退走后,杨仪、姜维排成阵势,缓缓退入剑阁道口,然后更衣发丧,扬幡举哀。回到成都时,后主刘禅带领文武百官,齐齐挂孝,出城二十里迎接。刘禅放声大哭,哀号道:"这是天要亡我啊!"蜀中上至公卿大夫,下至普通百姓,男女老幼,无不痛哭,哀声震天。

刘禅下令扶柩入城,停在丞相府中。之后遵从诸葛亮的遗嘱,葬灵棺于定军山。定军山山形复杂,有九条小山岗环抱,自西而来,是个不可多得的风水宝地。但诸葛亮的墓地"不用墙垣砖石,也不用一份祭物",具体方位已无可考。

对于诸葛亮十几年的治国之策和政绩,《三国志》的作者陈寿评价说:

"诸葛亮担任宰相,抚恤百姓,明示法规,精简官职,权时制宜,诚心待人,公正无私。凡是尽忠职守,有益时事的人,即使是仇人也会奖赏;凡是触犯法令,懈怠、傲慢的人,即使是亲人也会处罚。坦诚认罪,传布真情的人,即使犯了重罪也会开释;说话浮夸,巧辩文过的人,即使犯了轻罪也会杀戮。

"无论善行多小,一定会奖赏;无论恶行多轻,必然会贬抑。处理事务非常精明干练,管理事情着重于根本,依照官名来要求别人尽职尽责,对虚伪造假的人则不予录用。最后,全国的百姓都敬畏他、爱戴他;刑法政令虽然严厉,却没有人怨恨他,因为他用心、公平而且劝诫明白。他真可以称得上是明白治道的好人才,和管仲、萧何是同一类的人。"

诸葛亮去世后,为了纪念他,人们在他居住过的地方建造了

武侯祠堂。武侯祠内的一副对联,完美地概括了诸葛亮的一生:

收二川,排八阵,七擒六出,五丈原前点四十九盏明灯,一心只为酬三顾;

取西蜀,定南蛮,东和北拒,中军帐里变金土木革爻卦,水面偏能用火攻。

附录

诸葛亮年表

东汉光和四年（181年），诸葛亮诞生于琅邪郡阳都。

东汉兴平二年（195年），诸葛亮的叔父诸葛玄任豫章太守，诸葛亮和弟妹们一起随叔父前往豫章。

东汉建安二年（197年），诸葛玄病故，诸葛亮移居襄阳隆中。

东汉建安十二年（207年），刘备三顾茅庐，诸葛亮对刘备陈说"隆中对"，并出山辅佐刘备。

东汉建安十三年（208年），诸葛亮出使东吴，说服孙权联刘抗曹。

东汉建安十四年（209年），赤壁之战后，诸葛亮开始计划收复荆州江南四郡。

东汉建安十六年（211年），诸葛亮与关羽、张飞、赵云等人镇守荆州，刘备率法正、孟达等将领向益州进发。

东汉建安十九年（214年），诸葛亮留关羽守荆州，与张飞、赵云西进入川，与刘备会师。刘备攻占益州后，诸葛亮任军师将军，署左将军府事。

东汉建安二十三年（218年），诸葛亮留守巴蜀，为在汉中作战的刘备供应粮草。

蜀汉章武元年（221年），刘备称帝，国号"汉"，史称蜀汉或蜀。诸葛亮任丞相。

蜀汉章武三年（223年），刘备托孤于诸葛亮。刘禅即位后，封诸葛亮为武乡侯，领益州牧。

蜀汉建兴三年（225年），诸葛亮率军南征，平定南蛮。

蜀汉建兴五年（227年），诸葛亮上《出师表》，屯兵汉中，北上伐魏。

蜀汉建兴六年（228年），北伐失街亭，诸葛亮斩马谡，自贬为右将军，仍行丞相之事。

蜀汉建兴七年（229年），诸葛亮再次北伐，夺取武都、阴平，恢复丞相之职。

蜀汉建兴八年（230年），诸葛亮再次北伐。

蜀汉建兴十二年（234年），诸葛亮率军再次北伐，因积劳成疾，病故。